KB080527

부자의 언어

The Wealthy Gardener

Life Lessons on Prosperity Between Father and Son

ⓒ 2018 by John Soforic
All Rights Reserved.
Korean translation ⓒ 2023 by WILL BOOKS Publishing Co.
Korean edition published by arrangement with John Soforic
through YuRiJang Literary Agency.

이 책의 한국어판 저작권은
유리장 에이전시를 통해 저작권자와 독점 계약한 ㈜윌북에 있습니다.
저작권법에 의하여 한국 내에서 보호를 받는 저작물이므로 무단 전재 및 복제를 금합니다.

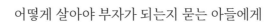

어떻게 살아야 부자가 되는지 묻는 아들에게

부자의 언어

존 소포릭 지음 · 이한이 옮김

The Wealthy Gardener

이 책에 관하여

『부자의 언어』는 반은 소설, 반은 논픽션으로 구성되어 있다. 각각의 이야기들은 하나의 인생 수업을 다루고 있으며, 가상의 이야기로 시작해 현실적이고 개인적인 일화들로 이어진다.

왜 이런 구성을 택했을까? 나는 아버지로서 아들이 부에 관한 수많은 교훈을 깊이 받아들이길 바라지만 일장연설을 하고 싶지는 않았다. 그래서 우화로 '부의 철학'을 풀어냈다. 이야기가 경험담보다 더 와닿을 거라는 생각에서였다. 이런 방식은 전달하고자 하는 교훈을 너무 단순화할 위험이 있지만, 명확하게 전달하는 것이 목표였다. 부디 부에 관한 이 수업을 편안한 마음으로 읽어주시길 바란다.

존 리(전 메리츠 자산 운용 대표)

'부' 대신 '부의 말'을 물려주는 일

우리는 모두 삶이라는 정원을 가꾸며 살아간다. 그 정원에서 무엇이 피어날지는 뿌린 씨앗과 들인 정성에 따라 달라질 일이다. 이 책의 첫 장을 넘기면서부터 마지막 장에 이를 때까지 한 남자가 가꾼 정원을 함께 거니는 기분이었다.

그는 때로는 다정하게, 때로는 진지하게 부에 관한 이야기를 들려준다. 아들에게 물려주고 싶은 말들을 써 내려간 이 책은 '진정한 부를 향한 여정'을 담고 있다. 부를 추구하고 싶지만, 어느 것 하나 명확하지 않다면 이 책을 펼쳐보는 것으로 그 여정의 첫발을 내딛길 권한다.

경제 독립을 가장 잘 이룬 민족은 유대인이다. 유대인은 미국 인구의 2퍼센트 남짓이지만 어느 민족보다도 뛰어난 경제 독립을 이루었다.

그 이유를 성인식에서 찾을 수 있다. 유대인은 남자아이는 열세 살, 여자아이는 열두 살 때 성인식을 치른다. 특이한 점은 성인식 때 아이들이 받는 선물이다. 성인식을 치르는 아이는 세 가지 선물을 받는데, 성경책, 시계, 그리고 '현금'이다.

성경책은 쉽게 짐작하듯이 종교적인 이유에서고, 시계는 시간의 중요성을 일깨우기 위해서, 마지막으로 현금은 성인식을 치른 아이들이 스스로 경제 독립을 할 수 있도록 돕기 위해서다. 어릴 때부터 돈의 중요성을 알고 자신의 삶에 대한 계획을 미리 세운 아이들은 그렇지 않은 아이들에 비해 경제적으로 성공할 수밖에 없다.

경제 독립을 추구하는 유대인은 부자가 되는 이유에 남다른 철학이 하나 있다. 바로 어려운 유대인 민족을 도와야 한다는 철학이다. 나만 잘 먹고 잘 사는 것이 아닌 민족의 부를 도모하기 위해서, 어릴 때부터 돈의 중요성과 함께 경제 철학을 심어주는 것이다.

한국에서 자라는 아이들은 어렸을 때부터 돈에 대한 교육을 따로 받지 않는다. 오히려 돈을 멀리하라고 배우기도 한다. 돈에 대해 가르치는 것은 쉬운 일이 아니다. 특히 부자가 되어야 한다고 가르치는 것은 더욱 어렵다. 그런 사회의 분위기 속에서 자란 뒤, 어른이 되어 사회생활을 하게 되더라도 경제관념을 잘 몰라서 금전적인 부분에서 어려움을 겪는 경우를 어렵지 않게 볼 수 있다. 돈을 멀리하라고 배운 아이들이 부자가 될 순 없다. 잘못된 경제 지식을 갖는 사람은 노후에 어려움을 겪을 수밖에 없다. 우리 모두 부자가 되기를 열망해야 하는 이유다.

많은 이들이 부자가 되고 싶어 하지만, 여러 가지 이유로 대부분은 부자가 되지 못한다. 열정의 부족, 잘못된 경제관념, 무분별한 소비 습관, 혹은 투자에 대한 인식 부족 등이 일반적인 이유다. 마음속으로 부자가 되기를 꿈꾸는 많은 이들이 이렇듯 현실과 타협하면서 굳이 부자가 되지 않아도 행복과는 무관하다고 말한다. 정말 그럴까?

부자란 무엇인가? 단순히 '돈이 많은 사람'을 부자라고 생각하지 않는다. 이 책에 따르면 부자는 '경제적 자유를 얻은 사람'이다. 돈의 노예가 되기보다 돈을 다스리는 주인이 되고, 돈으로부터 인생을 속박당하지 않는 것, 이것이 부자가 되고 싶은 가장 정확하고도 유일한 이유이리라.

　이런 면에서, 이 책 『부자의 언어』는 너무나 소중한 메시지를 전하고 있다. 평범하게 사는 것도 힘든 현실이다. 먹고살 만큼 벌면서 만족할 수도 있다. 하지만, 이 또한 스스로가 선택할 수 있는 것이어야 한다. 부를 추구하는 삶은, 본질적으로 내 삶을 위한 것이다. 돈 걱정으로 피폐해지거나 돈 문제로 고통스럽지 않은 삶, 그렇게 얻은 경제적 자유는 자신의 영혼을 자유롭게 한다. 부를 추구하는 삶은 그래서 우리에게 필요하다. 단순히 돈을 많이 벌기 위해서, 혹은 떵떵거리고 살기 위해서가 아니라, 고귀한 인생을 좀 더 자유롭고 충만하게 살아가기 위해서다.

　자식에게 물려주고 싶은 것은 너무나 많을 것이다. 돈 자체를 물려주기보다 삶의 철학과 부의 언어를 물려주는 건 어떨까? 유대인의 격언 중에 이런 말이 있다. "물고기 한 마리를 잡아주면 하루를 살 수 있지만, 물고기 잡는 방법을 가르쳐주면 평생 먹고살 수 있다." 이 책은 단순히 부자가 된 아빠가 아들에게 부자 되는 현실적인 정보를 알려주는 책이 아니다. 오히려 '물고기 잡는 법'을 알려주는 삶의 지혜와 부의 철학을 일깨우는 책이다.

　삶의 정원에서 어떤 열매를 맺고 어떤 꽃을 피울 것인지는 모두 우리 손에 달렸다. 모든 정원이 그렇듯 시간이 걸리고 노동이 필요하다. 이 책에 나오는 '부의 정원사'의 도움을 받아 여러분의 정원도 언젠가 아름다운 꽃과 열매로 가득하기를 빈다.

차례

1부
정원 일 배우기

The Wealthy Gardener

1장

매일의 씨앗

부를 추구하라

부 : 경제적 안정, 돈 걱정 없이 사는 삶

하루하루는 모두 하나의 씨앗과도 같다.

부를 일구는 정원사

남자는 홀로 벤치에 앉아 자신의 농장 한끝에 자리한 연못을 굽어보았다. 무릎에 두툼한 책 한 권이 놓여 있었고, 그는 자신의 원고 서문에 쓸 구절을 끼적대고 있었다.

이 나이가 되어 돌이켜보니,

인생에서 가장 중요한 것은 삶을 대하는 정신적 태도다.

한 사람의 인생을 책에 비유하면,

매 쪽에 담긴 용기 있는 결정에 따라

그 사람의 인생도 달라진다.

이 구절은 부를 향한 복잡한 여정을 되새겨보기에 좋았다. 그에게 경제적 안정을 안겨준 것이 무엇인지는 어느 한 가지를 콕 집어 말할 수 없었다. 삶 역시 그런 식으로 돌아간다.

정원사는 젊은 시절을 떠올렸다. 그때 친구들은 그에게 일에 미쳤다고 했고, 실제로 그의 삶에서 일과 생활의 균형을 찾아볼 순 없었다. 친구들은 그에게 좀 천천히 가라고, 마음 편히 여가도 누리라고 했다. 하루하루를 즐기라고 했다. 왜 인생에 만족하지 못하는지, 왜 평범한 생활에 만족하지 못하는지 의아해했다.

친구들이 그에게 말했다. "인생에는 돈보다 중요한 게 많아. 왜 그렇게 일에 매달려?"

"진정으로 돈보다 중요한 게 훨씬 많지." 정원사는 친구들의 말에 동의했다. "하지만 '돈 문제'를 극복해야 다른 중요한 것들에 집중할 수 있어. 돈과 시간이 없으면 자기 인생을 뜻대로 살아갈 수 없게 돼."

물론 친구들의 충고는 선의에서 우러나온 것이었다. 하지만 그것이 그를 변화시키지는 못했다. 그는 친구들보다 나아지려는 것도, 높은 수입을 올리고 부유한 생활을 하려는 것도 아니었다. 많은 사람들이 이 정도 성공은 취한다. 하지만 그가 추구하는 건 여타 사람들이 추구하는 것과는 달랐다. 그는 늘 자신이 무엇을 원하는지를 정확히 알았다. 그건 경제적 성배聖杯였다.

그는 수년 동안 엄청난 부를 쌓았고, 친구들은 그를 '행운아'라고 불렀다. 그리고 또 한 번 그에게 지금의 성공에 만족하고 좀 편안해지라고 충고했다. "무덤에 갈 때 돈은 못 가져가. 지금 누리지 못하면 그 돈이 무슨 소용이야?"

친구들은 그의 내면 깊은 곳에 자리한 동기가 무엇인지 몰랐다. 그러니까 그저 돈을 모으려고 은행에 현금을 넣어두는 것이 아니라는 사실을 말이다. 그는 우위를 점하고 싶었다. 사람들 사이에서가 아니라, 자기 인생의 경제적 조건에서.

그는 늘 이렇게 말했다. "돈으로 풀 수 있는 문제가 닥쳤을 때, 그걸 해결하려면 돈이 있어야 해. 그러면 그건 사소한 문제가 돼. 하지만 그럴 돈이 없다면, 가장 사소한 문제가 인생에서 가장 끔찍한 문제가 될 수도 있어."

훗날 인생의 황혼기에 접어들어서, 어마어마한 부를 일구게 된 그는 그제야 세상을 바라보고 경험하고자 여행을 떠났다. 여행을 하면서 그는 사람들이 경제적 문제에 얼마나 시달리고 있는지를 보았다. 장소는 달라도 대부분 경제적 문제로 괴로워하고 있었다.

사람들은 거의 모두 돈에 대해 생각하고, 돈을 바라고 있는 것 같았다. 하지만 분명한 건, 부를 차곡차곡 쌓아나가는 선택은 하지 않았다. 이런 점에서 그는 남들과 다르게 행동했다. 그의 성공은 다양한 목표들이 가져온 결과물들이 한데 모여 이루어진 것이었다. 부는 욕망을 씨앗 삼아 자라난다.

노인은 나이를 먹으며 온화해졌고, 친구들은 그의 포도 농장 단골손님이 되었다. 그들은 그에게 '부를 일구는 정원사'라는 별명을 붙여주었다. 그가 뒤뜰을 가꾸는 걸 좋아했기 때문이다. 조금 유치한 별명이라고 생각했지만, 그는 불만을 표시하지 않았다. 오히려 1년쯤 지났을 때 자신의 농장에 '부를 일구는 정원'이라는 이름을 붙였다.

그는 이 이름이 좋았다. 삶을 정원 일에 비유하고 있었기 때문이다. 정원사는 땅을 일구는 노력을 아까워하지 않아야 한다. 또한 겉으로 보이는 자연 뒤에 자리한, 보이지 않는 불가해한 힘들이 식물을 자라게 한다는 사실도 알아야 한다.

이제 그의 삶도 얼마 남지 않았다. 집으로 돌아갈 시간이 되었다.

그는 책을 팔에 끼고, 자신의 농장을 걸어가면서 세상 만물에 자리한 가장 큰 질문 하나를 떠올렸다. 지금 손에 쥔 성공은 얼마나 가치가 있나? 평생 열심히 살면서 막대한 부를 일구었는데, 생이 다해 가는 이때에 그것이 중요한 것인가?

그렇다, '부'라는 보상을 위해 치른 대가는 분명 가치가 있었다. 그 길에서 인생에 필수적인 것들을 얻었다. 일과 자유, 개인적 성장이 따라 왔다. 가장 뜻밖의 열매는, 그가 부유한 삶을 일구어온 과정을 영적 여정spiritual journey으로 보게 되었다는 점이다.

그는 자신이 쓴 책 한 장 한 장에 이런 진실이 담겨 있기를 바랐다.

집으로 돌아와 그는 정원으로 향했다. 때는 11월이었고, 땅바닥은 얼어 있었다. 그는 비닐 봉투로 책을 잘 싸서 땅에 묻었다. 지미가 책을 발견할 수도 있고, 그가 얻은 인생의 교훈들이 이대로 영원히 사라질 수도 있었다. 그 결정을 운명의 신께 맡기기로 했다.

현실의 이야기를 해보면, 나는 가톨릭 초등학교를 다녔다. 졸업할 때쯤 나는 과도한 부는 악이라는 가르침을 믿고 있었다. 부자가 천국에 들어가기란 낙타가 바늘구멍을 통과하는 것보다 어렵다거나, 돈은 모든 악행의 근원이라거나, 세상을 얻는 대신 자신의 진실된 영혼을 잃는다면 그게 다 무슨 소용인가, 라는 가르침들 말이다.

하지만 20대가 되어 재정적 고난을 겪게 되면서 나는 돈에 대해 다른 관점을 배우게 되었다. 돈이 없다는 사실이 사람을 어떻게 불안과 공포, 벗어날 수 없는 절망 상태로 몰아가는지 경험했다. 일과 삶의 균형, 즉 '워라밸'은 경제적으로 불안하고 초조할 때는 그리 멋진 말이 아니었다.

돈이 없다는 사실이 주는 공포를 체감하기 전까지, 우리는 보통 돈의 가치를 알지 못한다. 돈은 산소와 같아서 부족해지기 전까지는 중요한 줄 모른다. 하지만 돈이 없어질수록 우리 삶은 점점 더 피폐해진다. 그러면 깨어 있는 시간 내내 돈을 벌기 위해 일하든가 돈 걱정을 하게 된다.

내가 돈의 가치를 깨달은 시기는 결혼을 하고 아이가 태어났을 때였다. 가족들은 나만 바라보았다. 책임감이 날로 커졌고 경제적 문제는 거의 모든 순간 내 발목을 잡았다. 경제적으로 자유로워지기 위해 고군분투하는 나날이 계속되었다. 그리하여 지금의 나는 경제적 자유를 누리고 있다.

부는 주중에 숲을 거닐 수 있게 해주고, 대학 등록금을 낼 수 있게 해주고, 인생에 다양한 선택권을 부여해준다. 돈 걱정 없이 지낼 수 있게 해주고, 시간의 압박 없이 살게 해준다. 부는 매 순간 의미 있는 경험을 추구할 수 있게 해준다.

당신에게 지금의 삶과 현재 상황에 만족하라고 말하는 사람을 경계하라. 오직 당신만이 자신의 영혼이 어떤 상황에서 만족하는지 알 수 있다. 오직 당신만이 자신의 야망이 어디로 향하는지 느낄 수 있다.

Seek Prosperity

인생 수업 : 부를 추구하라

부자가 되고 싶다는 야망을 가장 큰 악으로 취급하는 사람들이 있다.

하지만 부유한 인생은 물질적 추구의 과정인 동시에

영적 여정이기도 하다.

●

심판의 날

심판 : 가치, 본성, 성격, 혹은 자질에 등급을 매기는 것

거둔 것들로 하루하루를 판단하지 마라.
그날 심은 씨앗으로 판단하라.

로버트 루이스 스티븐슨

2년 전

우리가 처한 삶의 조건은 우리가 하는 일들을 반영하지, 정원사는 지난 날을 반추했다. 그는 규칙적으로 시간을 할애해 혼자 있곤 했다. 삶을 다시 평가해보고, 한 주간의 일들을 점검하는 시간이었다.

이날은 그가 1년간의 휴가에 돌입한 날이었다. 장기간의 휴식은 평소의 일상적인 일들로부터 벗어나게 해줄 것이었다. 떠나기 전에 그는 날로 번창하고 있는 농장과 포도밭, 포도주 양조장에서 일하는 일꾼들에게 따로 설명하지는 않았다. 하지만 신임하는 총괄 운영 관리인 산투스를 불러 자신이 자리를 비운 동안의 사업적 문제들을 미리 검토했다. 평소 해야 하는 일들에 더해, 그는 산투스에게 뜻밖의 제안을 했다.

"이웃 농장을 사들였네. 내가 자리를 비운 동안 자네가 그곳을 일궈줬으면 하네. 특별한 곳으로 바꿔주겠나? 자네의 노력에 대한 보답은 확실히 약속할 수는 없지만, 한번 자네 생각대로 자유롭게 해보게. 여기 일꾼들에게 일을 시켜도 돼. 그 비용은 내가 지불하지. 자네의 역량

을 모두 시험해보게. 최선을 다해줬으면 하네."

산투스는 이 제안을 조심스럽게 숙고했다. 60대인 그는 상상력이라곤 없는 사람이었지만, 성실함 그 자체였다. "제게 1년 내내 일을 하라는 말씀이신가요? 여가 시간도 포기하고, 월급도 못 받으면서 퇴락한 농장을 일구라고요?"

"실은, 그렇다네."

정원사는 떠났고, 정확히 1년 후에 돌아왔다. 농장은 황폐해지고 수익은 떨어져 있었다. 심지어 새로 사들인 이웃 농장은 전혀 손길이 닿지 않아 황무지 같았다.

정원사로부터 몇 가지 질문을 받고 나서, 산투스는 일꾼들이 급여는 다 받으면서도 초과 근무는 꺼린다고 말했다. 아무도 열정적으로 일하지도, 여가 시간을 자발적으로 할애하지도 않아서 이웃 농장은 방치되었다고 했다.

정원사가 한숨을 내쉬었다. "자넨 수십 년간 나와 함께했지. 충실하게 일해준 보답으로, 나는 그동안 얻은 부를 자네에게 선물하고 싶었어. 이웃 농장은 사실 자네 것이었네. 하지만 이미 기회는 사라졌고 자네는 전과 똑같이 살고 있으니 내게도 선택의 여지가 없어. 자네를 지금과 같이 고용하는 수밖에."

산투스는 뜻밖의 말에 경악했지만 곧 불행한 진실을 받아들였다. 그가 온순하게 말했다. "전 그 과중한 업무를 수행하지 않았습니다. 여기 농장 일로 바빠서요. 사장님께서 월급도 보장하지 않으셨고요."

정원사는 잠시 생각한 후, 관리인을 지그시 바라보았다. "아직 이해하지 못한 것 같군. 미래에 대한 확실한 보장은 그 어디에도 없다네. 그럼에도 우리는 계속 나아가야 하지. 그렇지 않으면 이미 가진 것만 가지고 살 수밖에 없어." 그의 목소리가 나직했다.

산투스는 조용히 고개를 끄덕이고는 자리를 떠났다. 그는 이 상황이 무엇을 뜻하는지 잘 몰랐다. 그의 미래는 특별할 것 없는 일상들 속으로 뚜벅뚜벅 걸어가 사라져버렸다.

"**오늘**은 가면을 쓴 왕이다. 속임수에 넘어가지 마라. 왕이 지나갈 때 그 가면을 벗기라." 왕이 지나갈 때 가면을 벗기라.

심판의 날이 정말로 있다면, 그때 받게 될 가장 중요한 질문은 우리가 시간을 어떻게 사용했느냐가 될 것이다. 즉 당신이 무엇을 했느냐는 말이다. 무엇을 하며 하루를, 한 주를, 한 해를 보냈는가? 너무 바빠서 자신에게 막대한 영향을 미칠 게 분명한 목표들에는 집중하지 못하고 바보가 된 것 같은 기분을 느끼지는 않았는가?

"시간이 충분하지 않다고 말하지 마라. 하루는 헬렌 켈러, 파스퇴르, 미켈란젤로, 마더 테레사, 레오나르도 다 빈치, 토머스 제퍼슨, 알베르트 아인슈타인에게도 똑같이 24시간이다." 작가 H. 잭슨 브라운 주니어의 말이다.

하루는 누구에게나 24시간이다. 삶의 양상은, 그러니까 현재 우리를 둘러싼 환경은 우리가 어떻게 시간을 보냈는지에 대한 일종의 장부라 할 수 있다. 우리가 지녔던 목적, 영향력, 시간을 사용하는 방법이 반영되어 있는 것이다.

대학 시절, 나는 시간이 삶의 양상을 어떻게 바꾸는지 목격했다. 복도 의자에 앉아 있었는데, 학과장실 문이 열리고, 안으로 안내를 받았다. 선고가 기다리고 있었다. 나는 무방비 상태였다. 반박할 여지가 없는 사실들만이 존재했다. 입학 첫해 성적은 재앙이었다. 나는 도살장에 끌려간 송아지처럼 학과장실 안으로 들어갔다.

학과장은 나이 지긋한 노신사였는데, 그가 왜 면담을 하게 되었는지 설명하는 동안 나는 거대한 책상 맞은편 의자에 앉아서 비지땀을 흘리고 있었다.

"조금 쉬운 커리큘럼을 찾아보는 건 부끄러운 게 아니야." 학과장이 말했고, 나는 상황을 판단하려고 머리를 굴렸다. 일단 학교에서 쫓겨날 것 같지는 않았다. 최소한 아직은 아닌 것 같았다. 다음으로 그는 내가 정신적으로 허약하다고 생각하는 것 같았다. 그의 판단은 타당했다.

그분은 내가 여자 친구를 눈알 빠지게 찾고 있다거나, 재미있는 친구들과 어울린다거나, 매일 밤 카드놀이를 한다는 생각은 절대 하지 못했다. 젊은이가 사교 활동을 하느라 대학에서의 교육 기회를 낭비하고 있다는 생각, 그리하여 공부에 투자할 시간이 없다는 것을 가늠할 수 없는 분이었다.

학과장은 내가 능력이 안 돼서 무력하다고 여겼지만, 실상 하루하루의 목적이 없어서 무력했다. 시간은 물론, 내가 지닌 가능성도 낭비했다. 면담을 마치고 나는 목표를 작성했고 일정표를 짰다. 그리고 그 계획을 따르자, 성적이 바로 올랐다.

삶의 양상을 바꾸고 싶을 때 우리는 주간 일정을 쇄신해보려 한다. '천국의 문'이라는 우화가 있다. 이 이야기에는 하루하루를 충만하게 사용하는 일에 관한 교훈이 담겨 있다.

네 사람이 죽어서 천국으로 갔다. 이들은 긴장한 채, 천국의 문밖에 줄을 서 있었다. 문 앞에는 성 베드로가 네 권의 책을 들고 서 있었다. 그 책들에는 이들의 일생이 각각 기록되어 있었다.

맨 앞의 남자가 걸어나가 성 베드로 앞에 섰다. 성 베드로가 이 남자의 일생이 요약된 장을 눈으로 훑었다.

남자는 평균적인 지성과 능력을 지니고 있었다. 그는 결혼을 하고 가족을 부양했다. 자신의 삶에 성실했고, 지역 공장에서 공장장 자리까지 올라갔으며, 깊은 신앙심을 가지고 교회에 봉사했다. 어린이 야구단 코치도 하고 학교 교육 위원회에도 참여했다.

성 베드로가 고개를 들어 말했다. "주어진 시간을 잘 썼군요. 당신을 저 아래쪽으로 내려보내야겠어요. 지역사회의 기둥으로 살았던 인생을 다시 살 수 있게 될 겁니다. 스스로의 존엄성을 지키고, 사람들의 존경을 받을 겁니다."

휙! 연기가 피어오르더니 남자가 사라졌다.

다음으로 한 여성이 앞으로 나왔다. 성 베드로는 얇디얇은 그녀의 인생록을 살펴보고는 몇 번 한숨을 쉬었다. 마침내 그의 시선이 그녀에게로 향했다.

"당신에게도 역시 똑같은 능력과 지성이 있었습니다. 하지만 당신은 그것들을 사용하지 않았지요. 그저 시간을 보내기만 했습니다. 일을 회피했고, 돈에 구애받았지요. 게을렀고, 그 결과 경박한 삶을 살았지요. 그래서 자신을, 먹고 앉아 있기만 한 존재보다 조금도 나을 바 없게 만들었습니다. 당신을 지구로 돌려보내겠습니다. 젖소로 태어날 겁니다. 게으르게 풀이나 뜯다가 도축되겠지요."

휙! 연기가 피어오르더니 여자가 사라졌다. 남겨진 두 사람은 "음메" 소리를 들은 것 같았다.

냉혹한 판결이 내려진 뒤에 다음 사람이 황급히 앞으로 나왔다. 성 베드로가 무거운 시선으로 책을 넘기는 동안 중년 남자는 초조하게 꼼지락거렸다.

"당신은 세상에서 그 누구도 읽어보지 못한 책을 쓰는 작가가 될 재능을 타고났군요. 그 능력을 발휘할 기회도 있었지요. 글을 써야겠다는 내면의 욕구가 일어나기도 했지만, 당신은 술에 절어 살았지요. 번 것보다 더 많이 썼네요. 방탕하게 사느라 월급의 노예가 되었군요. 당신은 자신의 운명을 달성하는 데 실패했고, 세상은 오직 당신만이 쓸 수 있었을 책들을 보지 못하게 되었지요. 자신을 생각 없는 월급 노예로 만들었으니, 당신을 황소로 만들겠습니다. 뜨거운 태양 아래 들판에서 쟁기질이나 하면 됩니다. 거기선 당신의 재능이 필요하지 않을 겁니다."

획! 연기 한 줌과 함께 남자가 사라졌다.

마지막 여자가 한 걸음 앞으로 나왔다. 앞의 사람들과 달리 침착했다. 성 베드로는 그녀의 일생록에서 눈을 떼고는 호기심을 숨기지 않고 그녀를 살펴보았다.

"당신은 자신의 정신을 사용했고, 자기 흥미를 찾았으며 세심하게 시간을 사용했고, 인생의 풍랑을 견뎌냈군요." 성 베드로의 입가에 미소가 걸렸다. "다른 사람들을 깊이 배려했고, 그 이타심이 많은 보답을 준다는 걸 배웠고요. 가정을 일구고, 공익에 기여했으며 자신의 가치관에 따라 살고, 내면의 목소리를 따랐군요. 당신에게 내가 뭘 해드려야 할까요?" 성 베드로가 어깨를 으쓱했다. "지상의 천사로 보내어 당신의 영향력이 미치게 할 겁니다. 당신이 지닌 빛을 밝히십시오."

이 이야기에 담긴 도덕법칙은 무엇일까? 아마 이런 내용일 것이다.

주어진 시간에 충실하고 게으름을 피우지 말라. 평생 황소같이 일하고 싶지 않다면 자신의 재능을 사용하고, 현명하게 일하고, 씀씀이를 관리하라. 존엄성을 잃지 말고 살아가되, 가치 있는 명분에 기여하고, 어떤 사람이 될지 내면의 목소리를 따르라.

"인생의 가치는 그 길이에 있지 않다. 우리는 하루하루를 사용하여 인생을 만들어 나간다. 오래 살 수는 있지만, 그렇다고 꼭 많은 걸 얻게 되진 않는다." 철학자 몽테뉴의 말이다.

아무리 넘치는 재능을 타고났을지라도, 시간을 헛되이 보낸다면 아무런 소용이 없다. 모든 성공에는 대가가 따른다. 지금 우리의 모습은 우리가 그동안 보낸 시간의 결과물이다. 매 순간에 충실히 임하지 않는다면 자신이 지닌 잠재력을 스스로 깎아먹게 된다.

강연가 브라이언 트레이시는 "시간 관리는 태양과 같다. 모든 것이 그 주위를 돌기 때문이다"라고 열렬하게 외친다. 벤저민 프랭클린도 이렇게 썼다. "인생을 사랑하는가? 시간을 낭비하지 마라. 가장 중요한 원료로만 인생을 채워라." 시간은 우리의 환경을 조성하는 가장 중요한 원료다.

Judgment Day
인생 수업 : 심판의 날
내가 보낸 시간은 지금의 나를 만든다.

나는 이를 알고 나서, 내가 하는 일을 변화시켰다.

그렇지 않으면 지금 모습 그대로 살게 될 것이다.

•

효과 활동

효과 활동 : 목표를 달성하게 하는 행위

정원사는 정원의 요구에서 결코 해방될 수 없다.
정원은 정원사의 끊임없는 보살핌을 필요로 하지만,
정원사의 삶을 위대한 모험으로 만들어준다.

파울로 코엘료

산투스가 계속 만남을 청해왔다. 이틀 후 정원사는 그를 만났다. 산투스가 두 번째 기회를 바라는 것은 당연했다. 즉 자기 시간을 들여 이웃 농장을 보수하려는 것이다. 그는 농장 관리인 자리에서 물러나 그 임무에 자신의 전부를 바치겠노라고 말했다.

"뭐든 하겠습니다. 해가 뜰 때부터 질 때까지 일하겠습니다. 잠도 줄이고요. 기회를 주신다면 실망시키지 않겠습니다."

정원사는 산투스의 말을 참을성 있게 들었다. 그는 지칠 때까지 할 말을 죄다 쏟아냈다. 그러고 나서 오랫동안 침묵이 이어졌다. 이윽고 정원사가 목을 가다듬고 말했다. "이웃 농장을 재건하는 동안 생활비는 어떻게 하려고?"

"제 가족이 저와 함께 일할 겁니다. 친구들과 친지들이 기꺼이 생활비를 빌려줄 겁니다. 여기 일꾼들에게 도움은 청하지 않을 겁니다. 작년에 제가 어리석게 날려버린 그 기회만 주시면 됩니다." 산투스는 간절한 어조로 말했다.

정원사가 미소 지었다. "지금 나는 복잡한 심정이네."

"기회를 주신다면 이번에는 최선을 다할 겁니다."

"그렇겠지. 자네의 성실함은 의심하지 않네. 다만, 이따금 아무리 최선을 다해도 그걸로는 안 될 때가 있어. 내가 없는 동안 자네는 이 농장과 포도밭, 양조장에 최선을 다했는가?" 정원사가 부드럽게 물었다.

"1분 1초도 쉬지 않았죠. 해가 뜰 때부터 질 때까지 바쁘게 일했습니다. 다른 일꾼들이 놀게 놔두지도 않았고요."

"그런데 올해는 계속 수익이 떨어지고 있어."

산투스의 얼굴이 하얗게 질렸다. "제가 노력이 부족했나 봅니다."

"세상은 판사와 같고, 결과는 언제나 판결이 나지. 나는 두 가지 조건을 걸고 그 농장을 자네에게 선물하고자 했네. 한 가지는 내가 없는 동안에도 농장의 수익을 계속 유지할 것, 다른 한 가지는 자네가 여가 시간을 기꺼이 바칠 것. 이 두 가지 기준에서 자네는 시험을 통과하지 못했어." 정원사가 얼굴을 찌푸렸다.

산투스의 입이 벌어졌지만, 한마디도 하지 못했다. 어색한 침묵이 흐르고, 정원사는 산투스의 상황을 생각했다. 그리고는 한숨을 내쉬었다.

"하지만 명확한 목표를 가지고 결과에 집중하면 언제나 자신의 영향력을 늘릴 수 있지. 그게 우리에겐 희망이 될 거야. 최선을 다했음에도 올해 그걸로 충분하지 않았다면, 하는 일을 바꾸어서 다음 계절에 효율성을 높일 수 있지."

"두 번째 기회를 주시겠단 말씀입니까?" 산투스가 물었다.

"조언자들의 조언을 받을 거야. 그리고 나서 답을 주지."

만남은 끝났고, 정원사는 작은 사무실에 홀로 한 시간가량 앉아 있었다. 그는 충실한 관리인에게 기회를 주고 싶었지만, 새로 알게 된 사실들로 인해 이제는 의구심이 들었다. 산투스는 최선을 다했지만 실패했다. 자신이 베푼 인정이 그에게 경제적 재앙을 불러온다면 어쩌나? 능력 밖의 일을 주는 게 과연 현명한 것인가?

효과 활동은 목적을 달성하거나 환경을 조성하는 행위다. "수확한 결과물이 만족스럽지 않다면, 그것과는 다른 씨앗을 뿌려야 한다"라고 목사 필 프린글은 말했다. 계속 바쁘게 일하는데 성과가 나지 않는다면, 시간을 더 효율적으로 사용하기 위한 행동으로 전환해야 한다. 더 나은 결과를 만들어낼 효과적인 활동을 해야 한다.

"제대로 된 일을 하는 것이 일을 제대로 하는 것보다 훨씬 중요하다." 경영학자 피터 드러커의 말이다. 제대로 된 일을 한다는 말은, 목표한 결과에 다다를 수 있는 효율적인 일을 한다는 뜻이다.

2000년부터 2002년 사이 주식 시장이 붕괴됐을 때, 나 역시 평생 모은 돈을 잃었고, 부를 쌓으려던 희망마저 사라졌다. 돈을 잃고 가난해지자 수년간 다시 돈을 벌기 위해 일해야 했다. 돈이 사라져버리면, 누구나 그동안의 노력이 쓸모없어졌다는 고통을 느끼게 된다.

돈을 잃기 전에 나는 부유한 삶을 강력히 원했다. 위기 상황에서 고통을 겪고 나자, 부 외의 다른 것은 받아들일 수 없으리라는 생각이 더욱 굳어졌다. 취약한 기반 위에서 스트레스를 받고 돈 걱정을 하며 살고 싶지는 않았다.

그리고 믿기 어려운 일이 일어났다.

그때 나는 척추 교정사로 생계를 꾸리고 있었다. 수입은 평범한 수준으로, 배관공과 비슷했다. 주식 시장이 붕괴한 후 3년 동안 내 수입은 두 배 이상으로 치솟았다. 매월 평범한 척추 교정사가 버는 액수보다 훨씬 많은 돈을 저축할 수 있었다. 하지만 내가 병원을 광고하거나 조금이라도 차별화된 서비스를 제공한 건 아니었다.

그럼, 이 시기에 무슨 일이 일어났던 걸까?

나는 행동을 바꾸었다. 술과 유흥을 끊었고, 혼자 명상하는 시간을 가졌으며, 긍정적인 태도를 유지했고, 매일 운동을 했다. 엄격하게 식단을 관리했고, 돈과 관련된 특별한 목표를 종이에 쓰고 그림으로 그렸으며, 칠판에 목표를 붙여두었다. 전화기에 불이 나도록 환자들이 예약하는 광경을 생생하게 이미지화했다. 내뱉은 말은 꼭 지켰다. 운전하는 동안 오디오북으로 자기계발서를 들었고, 하루의 계획을 세웠고, 일하는 시간을 늘렸다. 가족과 함께 시간을 보냈고, 일하지 않는 시간에는 내 몸과 마음을 재충전했다.

사람들은 오직 내 병원이 미친 듯이 바쁘다는 것만 보았다. 담당 회계사는 갑자기 돈이 넘쳐나고 있다고 말했다. 우리 병원 직원은 계속해서 물었다. "무슨 일이죠? 갑자기 왜 이렇게 바빠진 거죠?"

내 삶이라는 정원은 번창했고, 나는 그것이 작은 행동들을 지속적으로 수행한 결과임을 깨달았다. 새로운 시각과 결심이 에너지를 모아 신비로운 결과를 낸다는 사실을 느꼈다.

확실한 건, 이때의 성공이 내가 더 많이 혹은 더 열심히 일해서 온 것이 아니라는 점이다. 아무 생각 없이 그저 많은 것들을 얻어내려고 애쓰며 정원을 가꾸지 않았다. 길고 긴 '할 일' 목록 같은 것도 만들지 않았다. 다만 돈벌이가 되는 행동들로 범위를 좁혔다. 단순성을 추구했다. 더 작은 것에 집중했다.

이 예를 따르고 싶다면, 명확한 목표를 세우고 그 목표에 다다르기 위한 효율적인 방법을 성실하게 고민하라. 방법을 찾고 나면, 그 작은 활동을 반복하여 정성스럽게 쌓아나가라. 상상하지 못할 정도로 거대한 결과를 마주하게 될 것이다.

효과 활동들에 시간을 쏟으면서 내 수입은 두 배가 되었다. 어떤 활동들은 정신에 관련된 것인데, 가장 친한 친구들에게조차 밝히지 않았다. 나는 매일 홀로 앉아, 소망들을 머릿속에 그리는 데 완전히 집중했고, 꿈이 달성된 삶을 상상했다. 이 시기 동안 나는 온전히 내 삶을 장악했다.

만족스러운 결과를 내고 정신적으로도 깨달음을 얻었다. 하지만 얼마 안 가 이것이 나를 새로운 위기로 몰아넣을 것이라고는 조금도 생각하지 못했다. 성공 가도에 브레이크를 건 일 하나는, 내가 감당하기 벅찬 일이었다. 주식 시장 붕괴 정도는 그저 딸꾹질에 불과했다.

Impact Activity

인생 수업 : 효과 활동

당신이 한 행동들이 눈에 보이는 성과를 올리지 못하고 있다면,
최선의 활동들을 하는 데만 시간을 쓰도록 일정을 조정하라.

•

효과 시간

효과 시간 : 목표를 달성하는 데 들이는 노동 시간

오늘 핀 꽃은 어제 뿌린 씨앗에서 나온 것이다.

미국 원주민 속담

하루는 길지만, 한 해는 짧지, 정원사는 반추했다. 지난주는 다소 의미 있는 바람이 불어온 듯했다. 모든 시간을 효과 시간으로 쓰는 데 전념하지 않았는데도 말이다.

해야 할 일이 많았지만 정원사는 그보다 자신의 건설적인 목적에 많은 시간을 할애했다. 요즘 그가 가장 우선시하는 일은 한 시간 동안 두 조언자들과 함께하는 것이었다. 그들의 조언을 들으면서부터 그는 경솔한 결정을 피할 수 있었다. 이 조언자들은 언제나 미래의 재난들로부터 길잡이가 되어주었다.

매일 저녁, 누군가 그의 집을 지나치면서 창문을 올려다본다면 정원사가 아무것도 하지 않고 가만히 있는 모습을 보게 될 것이다. 하지만 그는 '생각'을 하고 있는 것이다. 그러니까 '하는 일'이 있었다.

그는 매일 하루의 긴급한 문제들을 곱씹으며 이 '생각 시간'을 갖고, 가능한 해결책들을 모색했다. 현명한 결정을 내리기 위해 그는 밝혀진 '사실들'을 이성적으로 복기했다. 가능성 있는 행동 방침과 그 장단점들을 적어 내려가기도 했다.

이따금 아무것도 느껴지지 않을 때가 있었는데, 그건 알아야 할 사실이 더 많다는 신호였다. 어떤 행동 방침은 자연스럽게 옳다고 느껴지고, 어떤 행동 방침은 다소 잘못된 것으로 느껴졌다. 이유를 정확히 설명할 수는 없었지만, 그는 그런 예감들을 내면의 '빨간 불' 혹은 '파란 불'이라고 불렀다.

조언자들은 오직 마음속에만 존재했다. 그러나 생각을 정리하는 데 가장 필수적인 도움을 주었다. 첫 번째 조언자는 '이성', 두 번째 조언자는 '직감의 목소리'였다. 두 조언자가 함께하는 팀은 신뢰할 수 있었다. 하지만 어느 한쪽으로 치우치는 건 그를 기만하고 위험으로 몰아넣을 수도 있었다. 그는 오랫동안 매일 한 시간씩 이 두 조언자와 함께했다.

일주일 후 정원사는 한 번 더 농장 관리인을 만났다. 두 사람은 양조장 사무실에 앉아 앞으로의 방책을 논의했다.

"자네에게 한 번 더 기회를 주지." 정원사가 말했다. "하지만 자네 제안에는 동의할 수 없어. 그보다는 앞으로 1년 동안 나와 함께 일하면서, 사업 수익을 유지할 수 있는지 증명하게. 그리고 여가 시간에 이웃 농장을 보수하게. 여기 일꾼들의 도움 없이 모두 혼자 해내야 하네."

정원사는 몸을 의자에 묻고 잠시 기다렸다. 산투스가 진지한 표정으로 고개를 끄덕였다. "물론이죠. 기회를 주셔서 감사합니다. 내년 오늘 전 두 가지 일을 하고 있겠지요? 지금 이 기회를 기뻐하는 것처럼, 꿈이 이루어진 걸 기뻐하게 될까요?"

"먼저 내 조언자들 의견으로는, 자네의 가치를 보여주어야 한다네. 세상은 노력이 아니라 결과를 두고 판단하지. 자네는 작년에 내가 없는 동안 최선을 다했다고 말하지만, 수익은 떨어졌어. 내년 오늘 자네는 같은 시간 동안 어떤 결과를 만들어냈는지 파악하게 될 거야. 두 번째로, 자네가 여가 시간을 자신의 꿈에 할애할 수 없다면, 성과를 낼 씨앗도 없다는 거네." 정원사가 말했다.

오랜 침묵이 흘렀고, 산투스는 불편한 듯 의자에서 자세를 이리저리 바꾸었다. 목적을 달성하려면 무슨 대답을 해야 할지 생각하는 듯 보였다. 하지만 두 사람 모두 알았다. 둘 중 한 사람만이 이 협상에서 힘을 가지고 있다는 것을.

"하지만 제가 지금 하는 일을 그만둘 수 있다면, 더 빨리 성과를 내고 그 일을 끝마칠 수 있을 텐데요." 그가 조심스럽게 반박했다.

"자넨 내 제안을 이미 들었어. 여가 시간을 사용해서 꿈을 추구할 수도 있고, 지금의 자리를 그대로 유지할 수도 있어. 이제 선택하게. 어떻게 할 텐가?"

산투스는 포기의 한숨을 쉬었다. "그렇게 하겠습니다."

정원사가 몸을 앞으로 기울이며 말했다. "한 가지 조건이 더 있네. 청년 하나를 수습으로 고용했으면 해. 최저 임금을 주고 일을 시키게. 자네 일을 덜 수 있을 거야."

"누굽니까? 왜 제게 그 아이가 필요한 거죠?"

"아이 이름은 지미야, 놀라운 아이지. 그 아이는 좀 쉬어갈 필요가 있어. 그리고 난 호의를 베풀고 있는 거야."

산투스가 미심쩍은 눈초리로 정원사를 쳐다봤다. "베풀어주신 데 대한 교환 조건이군요."

효과 시간이란 중대한 결과를 가져오는, '제대로 된' 일을 하는 시간이다. 무의미한 시간의 반대말로, 우리가 목표를 향해 똑바로 나아가게 해준다. 성과를 내는 데 필요한 일을 양적으로 많이 하는, 노력의 시간이다.

우리에게는 모두 똑같은 시간이 주어져 있지만, 어떤 사람들은 다른 사람들보다 훨씬 강한 영향력을 발휘한다. 여기에는 멋진 이야기가 하나 있다. 미시시피의 한 변호사에 관한 이야기다. 그는 수많은 일로 터져나갈 듯한 생활 속에서 날마다 효과 시간을 만들어냈다. 그의 이야기는 꿈을 향해 뛸 시간이 없다는 변명을 하는 우리를 부끄럽게 한다.

30세의 이 남자는 바빴다. 로펌에서 주 60시간을 일했고, 결혼을 해서 두 아이를 두었다. 일정은 꽉 차 있었다. 인생에서 해야 할 일이 가장 많은 시기였다.

어느 날, 이 변호사는 법원 청사에서 젊은 성폭력 피해자의 증언을 우연히 듣게 되었다. 그는 깊이 감동받았고, 그날 들은 증언을 바탕으로 소설을 쓰고 싶다는 열망을 느꼈다.

이제 이야기를 천천히 따라가보자. 이 변호사가 인생에서 맞닥뜨린 흥미로운 '때'에 대해 생각해보자. 그는 아주 잠깐 소설을 쓰고 싶다는 열망을 느꼈다. 그런데 왜 이 생각을 바보 같다고 일축하지 않았을까? 우리는 그가 잠시 멈춰 선 순간을 기억해야 한다. 내면의 목소리에 귀기울이던 그 5초가 그의 생에서 가장 가치 있는 시간이었다.

그가 멈춰 서서 생각할 시간을 가지지 않았더라면, 그의 아이디어는 무시되고 세상은 작가 '존 그리샴'이라는 이름을 알지 못했을 것이다. 하지만 그는 조용히 내면의 목소리를 따르기로 택했다. 아이디어와 영감을 별것 아닌 것으로 치부하고 싶을 때, '잠시 멈춤'이 주는 지혜의 힘에 관한 이야기는 앞으로도 이 책에서 수없이 등장할 것이다.

그런데 그는 어디서 그 일을 할 시간을 찾았을까? 꿈은 영감에서 시작되지만, 하루하루의 시간으로 만들어간다. 효과 시간은 가치 있는 성과를 쌓는 벽돌 같은 것이다.

바쁜 나날들 속에서 시간을 낼 수 없자, 그리샴은 일 외의 시간, 그리고 가족과 함께 보내는 시간에서 효과 시간을 만들어냈다.

"전 5시에 일어나야 했습니다. 그리고 5시 반에 출근했지요. 하루 중 유일하게 조용히 보낼 수 있는 시간이었어요. 커피를 진하게 내려 자리로 돌아와 글을 쓰기 시작했습니다. 로펌은 바빴습니다. 주의회에 가고, 때로 9시에 법원에 가야 하는 날도 있었습니다. 죽을 것같이 피곤해서 법정에서 그냥 앉아만 있던 날도 있었어요. 그때까지 세 시간 동안 글을 쓰고 갔기 때문이죠. 그리고 아내와 함께 아이들을 돌보고 생활을 꾸려나갔습니다. 진이 빠졌죠. 많은 일을 하면, 정말로 진이 다 빠져요." 그리샴은 이렇게 말했다.

이 이야기는 일상사로 인해 그저 흘려보내는 시간들을 조금 더 활용하고, 그렇게 꾸준히 효과 시간을 쌓아간 한 남자의 증언이다.

그리샴은 이렇게 말했다. "서점에 갈 때마다 수만 권의 멋진 책들을 바라보면서 생각했습니다. '누가 내 이야기를 듣고 싶어 할까?' 그러니까 '내가 무엇을 말해야 하나?', '어떻게 저기에 내 책 한 권이 놓일 수 있을까?'라고 말이죠. 전 그저, 그냥 그 원고를 끝마쳤습니다. 3년 후에요. 그리고 출판할 운이 따랐고요."

존 그리샴이 처음 세운 목표는 단지 '원고를 다 쓰는 것'이었다. 간과할 수 없는 사실은, 그가 매일 그 자리에서 수년간 고된 작업을 했다는 점이다. 그는 시간을 효과 활동을 하는 데 썼고, 매일 꾸준히 어마어마한 노력을 했다.

지금 일만으로도 너무 바빠 무언가 더 할 수 없다고 생각하는가? 진정 시간이 없는지 되돌아보라. 사실 모든 것은 본인의 선택이다. 바쁘다는 핑계로 지금 상태를 유지하거나, 변화를 이끌거나.

마침내 존 그리샴은 『타임 투 킬』을 완성했다. 이 책은 상업적으로 실패했다. 하지만 그는 계속 써나갔다. 다른 사람들이 평범한 생활을 하는 동안 매일 자신의 꿈에 시간을 들였다. 그는 또 한 편의 원고를 완성했다.

두 번째 소설 『그래서 그들은 바다로 갔다』는 엄청난 베스트셀러가 되었다. 이 성공이 첫 소설의 판매에까지 불을 지펴 첫 소설 역시 베스트셀러에 올랐다. 영화가 만들어졌고, 더 많은 책이 나왔으며, 모든 책이 아직까지도 빛을 발하고 있다.

우리는 너무 자주 그 사람 자체를 관찰하지 않는 우를 범하고 만다. 어두운 곳에서 홀로 불확실한 일에 매달리며, 오직 내면의 소리에 따라 앞으로 나아가고, 가족과 생계라는 수많은 요구에 시달리면서도 그저 모래 알갱이 같은 일을 하는 데 시간을 들이고 있는 사람을 보지 못한다. 그는 보상이 확실치 않은 일을 하는 데 매일같이 시간을 들였다.

오늘 보내는 한 시간이 성공의 디딤돌이 될 수 있다.

Impact Hour
인생 수업 : 효과 시간
매일 부족한 시간으로 인해 대부분의 꿈들이 죽어간다.

그래서 나는 효과 시간을 늘리고자 제대로 일정을 조정했다.

•

2장

먹고사는 일

노동의 존엄성

노동의 존엄성 : 노동은 자신이 가치 있는 사람임을 증명해준다

정원은 육체적 노동에 대한 존엄성을 보여주는 것으로 우리에게 보답한다.
그것이 인간 세상에 다시 합류하는 방식이다.

웬델 베리

게으름뱅이도 즐거운 일은 할 수 있지, 정원사는 뒤뜰을 가꾸며 중얼거렸다. 하지만 가을에 풍성한 수확을 거두려면 매일같이 꾸준히 일한다는 대가를 치러야 한다.

숨 막힐 듯한 여름날, 그는 잠시 쉬면서 자신의 집과 옆집을 가르는 울타리로 걸어갔다. 울타리 너머에 있는 이웃집의 넓은 정원이 어수선했다.

정원 옆 잔디밭에서 제러드가 옥외용 안락의자에 누워 휴대전화를 들여다보고 있었다. 정원사는 그를 주의 깊게 살펴보았다. 서른두 살의 제러드는 최근 실직과 이혼을 겪었다. 그러고는 경제적 부담을 덜고자 부모님 댁으로 돌아와 있었다.

"그 휴대전화에 잡초 뽑는 앱이 있으면 좋겠군!" 정원사가 소리쳤다. 제러드가 놀라서 고개를 들고는 크게 웃음을 터트리더니 울타리로 다가왔다.

"어쩐 일이세요, 아저씨? 오늘은 평소보다 더 지저분하고 땀투성이

시네요." 제러드가 악수를 하며 농담을 건넸다.

"이걸 고된 노동이라고 하는 거지." 정원사가 재치있게 응수했다. "흙투성이 정원사가 행복한 정원사라네! 그래서 자넨 오늘 오후에 무얼 하나?"

"새 일자리를 찾고 있어요. 부모님 댁에는 잠깐만 머물 거예요."

"자네 소식은 들었네. 다 잘 풀릴 계획이 있다고 믿네. 일은 어떻게 찾으려고?"

"솔직히 말하자면, 예전에 하던 일 말고 다른 걸 하기가 어렵네요. 이력서를 보내고는 있는데, 대부분 고용을 안 해요. 몇 년이나 최저 임금을 받으면서 고되고 지루한 일을 했는데, 다시 밑바닥에서 시작하고 싶지도 않고요."

"자네 생각에, 고되고 지루한 일이란 뭔가?"

제러드가 크게 한숨을 내쉬었다. "기본적으로 관리자들이 하고 싶어하지 않는 일들이죠. 단조롭고 거친 일이나 아무도 원하지 않는 일들 같은 거지요."

정원사가 미소 지었다. "정원에 씨를 뿌리는 일과 비슷하겠군."

제러드가 고개를 끄덕였고 두 사람 사이에 어색한 침묵이 흘렀다. 정원사가 말했다. "제러드, 내가 참견할 일은 아니지만, 자네 어머니는 늘 뒤뜰을 생기있게 가꾸셨지. 그런데 지금은 뜰이 엉망이군. 어머니는 괜찮으신가? 아니면 건강이 안 좋으신가?"

"건강은 괜찮으세요." 제러드가 빙그레 웃었다. "슬픈 사실은, 제가 여기 있는 동안 그 정원이 제 몫이 되었다는 거죠. 전 좋은 정원사는 못 되는 것 같은데, 보세요, 저렇잖아요. 전 정원을 가꾸는 기쁨을 이해하지 못하겠어요."

정원사가 그의 말을 곰곰이 생각했다. "노동의 의미를 찾지 못하고 있다면, 가장 먼저 네 인생의 목표가 무엇인지 되짚어보렴. 꼭 이루고자 하는 목표가 있다면 우리는 그곳에 다다르기 위해 기꺼이 시간과 에너지를 할애하지. 좋아하는 일만큼, 좋아하지 않는 일을 하는 거야. 최선을 다해 삶을 살아내기 위해서 말이야."

제러드가 웃음을 터트렸다. "흙투성이 정원사가 되면 행복해진다고 말씀하시는 거예요?"

"존엄하지 않은 일은 없다는 말을 하는 거야. 우리는 모두 더 행복해지고, 제대로 된 방향으로 가고, 목적을 달성할 수 있다네." 정원사가 그에게 눈을 찡긋했다.

존엄은 감히 범할 수 없는 높고 엄숙한 상태를 말한다. 독립적인 성인으로 자라면서 우리는 먹고사는 일에 존엄성이 있음을 깨닫게 된다. 자신이 하는 일의 모든 측면을 좋아할 수도 없고, 또 어떤 일에서는 깨지거나 누군가에게 의존해야 하는 굴욕감을 이겨내기도 해야 한다.

대학을 졸업하고 재정적 압박에 몰렸을 때, 나는 내 자신이 부끄러웠다. 사업을 시작했지만 그걸 해낼 능력이 없다고 스스로 느꼈다. 매일 패배감에 빠져 있었다. 내가 다른 사람들보다 못나 보였다. 마음 깊은 곳에서 돈 문제가 내 자존감을 갉아먹었다.

은행 잔고가 줄어들면서 좌절감도 커져갔다. 가장 좌절했던 순간은 공원 벤치에 혼자 앉아 있을 때 찾아왔다. 주변은 어둠침침했고, 나는 잔잔한 연못을 멍하니 바라보고 있었다. 병원을 접을까 고민이 들었다. 하지만 갑자기, 내가 이 일에서 실패한다 하더라도 왠지 살아남을 거라는 느낌이 분명히 들었다. 사업 실패와 나 자신의 몸과 마음은 다른 문제였다. 나는 살아남을 것이었고, 삶도 계속될 것이었다.

하지만 몇몇 친구들은 이 진실을 깨닫지 못했다. 100여 명의 졸업반 친구들 중에서 두 친구는 사업을 시작하고 첫 고비가 오자 자살했고, 또 다른 친구는 사업을 시작한 두 번째 해에 자살했다. 경제적 파탄으로 인한 좌절감과 사업 실패에 따른 무력감으로 고통스러웠을 것이다.

미국 대통령을 지낸 제임스 가필드는 말했다. "가난은 불편한 것이다. 하지만 젊은이에게 일어날 수 있는 가장 멋진 일 중 열의 아홉은 배 밖으로 던져지는 일이다. 그러면 물속으로 가라앉거나, 스스로 헤엄쳐 나오게 될 것이다."

우리 아버지는 열여섯 살에 배 밖으로 내던져졌다. 할아버지가 돌아가시면서 할머니와 세 고모들을 부양하게 된 것이다.

장례식이 끝난 후 아버지는 할머니와 주방 식탁에 앉아 청구서들을 늘어놓았다. 몇 분 지나지 않아 두 사람은 곤경에 처했음을 깨달았다. 빈곤이라는 곤경 말이다. 아버지는 감정을 주체하지 못하고 울음을 터뜨렸다.

일자리를 찾는 것 말고는 선택의 여지가 없었다. 어떤 일이든 돈 되는 일을 해야 했다. 아버지는 지역 출판사에 취직해, 주 3일간 경비로 일하고, 주 2일은 활자 조판 기술을 익혔다. 직장에서 돈을 벌면서 동시에 기술도 배운 것이다.

매일의 단조로운 노동을 사랑하려면, 말로 다 할 수 없는 괴로움이 따라오기도 한다. 성공은 때로 하고 싶지 않은 일을 하는 것을 근간으로 한다. 일은 친구이지, 애인이 아니다. 그것도 수수하고 오래 사귄 친구.

아버지는 하루하루를 일과 친구가 되는 데 사용했다. 결혼을 하고 가정을 꾸렸다. 임금을 더 올려달라고 요청하여 시간당 5센트를 더 받은 이야기를 내게 들려주시곤 했다. 모욕을 참고 아버지는 그 일을 계속하셨다.

마하트마 간디는 말했다. "당신이 하는 일이 무엇이든 그건 중요하지 않다. 가장 중요한 건, 당신이 그 일을 하고 있다는 점이다." 시어도어 루스벨트는 이렇게 조언한다. "당신이 할 수 있는 것을 해라. 당신이 가지고 있는 것으로, 지금 있는 자리에서." 우리의 의무는 우리의 존엄성을 스스로 찾는 것이다.

아버지는 여가 시간에 임대용 아파트 개보수 사업을 시작했다. 아파트 네 채는 초과 수입을 안겨주었고, 그 수입을 다시 저축하고 투자하셨다. 호숫가 집을 공동으로 구입하고 그곳을 수리하는 한편, 가족과도 함께 시간을 보내셨다. 일과 친구가 되자, 그것은 아버지에게 꾸준히 신뢰를 돌려주었다. 아버지는 마침내 출판사 회장이자 CEO가 되셨다.

"일은 가장 친한 친구다. 내가 원하는 걸 주는 친구는 오직 그것뿐이다." 작가 조지 클라슨은 썼다. 안쓰러운 사람은 흙투성이 정원사가 아니다. 집 앞 발코니에 앉아 완벽한 일이 찾아오기를 기다리는 깔끔한 정원사다. 그러는 동안 그의 정원은 황폐해질 것이다.

Dignity of Work

인생 수업 : 노동의 존엄성

돈이 없다는 것은 자존감을 좀먹는다.

존엄성과 고결함은 생계를 꾸려가는 데서 나온다.

•

경제적 안정

안정 : 위험이나 위협에서 자유로운 상태

뿌리가 깊다면, 바람을 두려워할 이유가 없다.

작자 미상

제러드가 관리를 하고 한 주가 지나자 정원의 풍경이 바뀌기 시작했다. 정원은 고요하고 조화로워 보였다. 인간이 노력한 결과였다.

"지저분한 뒤뜰이 확실히 좋아졌군. 자네 손톱 밑에 낀 흙이 어떤 가?" 정원사가 물었다.

제러드가 장갑으로 이마를 훔쳐내며 웃었다. "인정해야겠네요. 전 이 일을 싫어하지 않아요. 하지만 사랑하지도 않죠."

울타리를 사이에 두고 선 두 사람은 모두 남루한 옷차림에 땀에 절고 흙투성이였다. 나이 든 쪽이 일에 대한 애정을 느끼며 미소 지었다.

정원사가 입을 열었다. "일은 충실한 친구지, 열정적인 애인이 아니라. 종국에는 자네도 게으름 피우는 것보다 일하는 게 더 낫다는 걸 알게 되지 않겠나?"

"인정합니다. 점점 더 나아지는 모양새를 보니 기분이 좋아지더라고요. 실제로도 그 일은 제가 생각했던 것과는 달랐고요." 제러드가 마지못해 대꾸했다.

"그러니 말해보게, 제러드, 노동의 힘 말고 더 배운 게 없나? 일을 하는 동안 정원의 힘과 연결되는 걸 느꼈나?"

"정원의 힘과 연결된다고요?"

"우리가 일을 잘하면, 그 노력은 분명히 눈에 보이지. 노력이 물론 중요하긴 하지만, 정원 일은 그게 다가 아니야. 꿀벌이 꽃가루를 나르고, 꽃이 벌을 유혹하고, 씨앗이 비옥한 토양에 떨어지고, 씨앗을 자라게 해줄 비도 와야 한다는 걸 우린 자주 간과하지. 주위에서 끊임없이 펼쳐지고 있는 자연의 조화를 보지 못하고, 정원의 경이로움을 느끼지는 못해."

제러드가 거들먹거리는 미소를 지었다. "왜 그게 중요하죠?"

"자연 속에서 우리는 주위를 둘러싼 조화로운 에너지를 볼 수 있어. 최소한 그것의 영향력을 보지. 바람을 보진 못해도 나뭇잎이 바스락거리는 건 볼 수 있어. 어느 정원에서든 보이지 않는 힘이 그 정원의 모든 것을 지배하고 영향을 미치는 걸 볼 수 있지. 그리고 그런 종류의 힘이 우리 인생에도 존재한다네."

제러드는 뭔가 불편한 표정으로 잠시 생각에 잠겼다. 마침내 그가 크게 한숨을 내쉬었다. "저한테는 좀 어려운 얘기 같네요. 제가 아는 건 그저 궁둥이가 닳도록 일하면 종국에는 모든 게 잘된다는 거예요."

게으르게 지내던 제러드를 생각하면 모순적인 대답이었다. 정원사는 제러드가 이혼하고, 실직하고, 목적 없이 사는 걸 언급하지 않도록 신경 쓰며 말했다.

"내가 살아온 이야기를 좀 하자면, 나는 늘……."

"저한테 아저씨 조언이 필요한 것 같으세요?" 제러드가 말을 가로막았다.

"내 말 좀 들어보게, 제러드, 그렇게 방어적으로 굴지 않아도 돼. 누구에게나 힘든 시기는 있고, 그건 부끄러운 일이 아니야."

"절 어떻게 도우실 건데요?" 제러드가 그를 응시했다.

"내가 아는 건 경제적으로 번창하는 방법이야."

"아저씨가 저를 경제적으로 안정되게 해주실 수 있단 말씀인가요?"

"아니, 그건 오직 자네 하기에 달렸지. 다만 내게 뭐가 효과적이었는지는 말해줄 수 있지. 그걸 다 설명하진 못하지만, 경제적 안정에는 늘 보이지 않는 힘이 작용했어. 내재적인 힘 말이야."

제러드가 눈썹을 추켜올렸다. "아저씨, 뙤약볕 아래 너무 오래 서 계셨나 보네요."

안정은 위험이나 위협에서 자유로운 상태를 말한다. 스물다섯 살에 나는 사업을 시작했고, 경제적으로 힘들었다. 어느 날, 한 환자가 기울어가는 내 병원에 왔다. 척추 통증으로 찾아온 예순 살의 신사는 내가 그에게 해준 것보다 훨씬 더 큰 도움을 내게 주었다.

신사는 과거에 목사였고, 자기 인생 항로를 바꿀 수 있을지 궁금해했다. 50대 후반에 그는 학교에 들어가 심리학 학위를 따고 마침내 심리상담소를 열었다.

우리는 친구가 되었다. 나는 그에게 돈 때문에 고생하고 있다는 이야기를 했고, 그는 내게 정신적 '성공 코치'가 되어주겠다고 말했다.

나는 그 제안을 곰곰이 생각하고 받아들였으며 그것이 내 인생 궤적을 영원히 바꾸어놓았다.

그의 코치는 주 1회 이루어졌다. 먼저 우리는 이번 주에 무슨 일이 일어났는지 이야기했다. 내 태도와 내 병원이 잘되어가고 있는지 통계를 살펴보았다. 이런 대화를 나눈 후에 그는 방을 떠났다. 그러면 나는 소파에 누워 헤드폰을 쓰고 눈을 감았다. 깊이 숨을 들이마시고 의식을 진정시켰다.

희미한 음악이 헤드폰을 통해 들려오고, 뒤이어 그의 음성이 들렸다. 그는 내가 다음 주의 사업 목표를 머릿속에 그리도록 이끌었다. 새로운 환자, 전체 환자, 수입 같은 것들을 이미지화했다. 단순히 보는 것이 아니라 환자가 병원에 전화를 거는 것을 실제로 '느끼는' 교육을 받았다. 상담이 끝날 때면, 나는 그 녹음테이프를 받았고, 남은 한 주 동안 매일 밤낮으로 믿음을 가지고 그것을 들으라는 코치를 받았다. 다음 주 상담을 받을 때까지 이 정신 수양을 매일 했다.

코치를 받고 첫 주에 새로운 환자가 예약 전화를 걸어오기 시작했다. 어쩌면 우연의 일치겠지만, 내가 확실히 아는 건, 그저 현실 세계에서 전화가 울리고 있다는 것이었다. 변화는 일어났고, 나는 매일의 정신 수양을 꾸준히 해나갔다.

원하는 결과에 초점을 맞추고 생각을 통제하기 시작했다. 걱정이 일어나면 내가 열망하는 일을 떠올렸다. 전화는 계속 울렸다. 열망과 현실의 인과 관계를 믿기 시작하자, 믿음은 확신으로 굳어졌다. 매주 전화가 울렸다. 울리고 또 울렸다. 이윽고 병원은 환자들로 가득 찼다!

아내는 무슨 일이 일어난 거냐고 물었다. 나는 모르겠다고 말했지만, 왜인지 사람들을 내게로 끌어당길 수 있다는 느낌만 들었다. 그 인과 관계를 믿고 있었음에도, 선뜻 이런 경이로운 일을 받아들이는 것을 주저했다. 내가 매일 무슨 일을 하는지는 설명할 수 있었지만, 이 현상을 합리적으로 설명할 수는 없었다.

이 시기에 나는 믿음을 만들어내는 데 매진했다. 그건 희망이나 바람이 아니었다. 소원도, 기원도 아니었다. 오히려 '아는 것'이었다. 내 병원 전화가 울릴 거란 사실을 아는 것. 이는 분명 분별력을 넘어서는 것이었다.

나는 흔들리지 않는 신념과 결과에 대한 확신이 경제적 안정을 끌어당기는 힘으로 작용한다는 것을 배웠다. 가장 바라는 일에 집중하고 끊임없이 상기하자, 경제적 자유가 저절로 따라왔다.

Financial Security

인생 수업 : 경제적 안정

나는 경제적 안정이 내면의 힘에 있다는 것을 배웠고,

죽을 만큼 망가졌을 때 진정한 부를 향해 나아가게 되었다.

●

초과 수입

초과 : 충분치를 넘어선 것

농부와 제조업자는 이윤 없이는 존속할 수 없다.
노동자가 월급 없이 존속할 수 없는 것만큼이나.

데이비드 리카도

생계 비용과 수입이 똑같다는 건 불안정한 상황이지, 정원사는 창 너머 참새들을 바라보며 골똘히 생각했다. 정해진 지출보다 수입이 적다면, 마치 덫에 걸린 것처럼 불안정한 상태에서 헤어 나올 수 없게 된다.

몇 분 지나지 않아 회의가 시작되었다. 두 명의 손님이 정원사의 책상 건너편에 앉아 있었다. 한 사람은 여가 시간에 이웃 농장을 보수하고 있는 농장 관리인 산투스였고, 다른 한 사람은 산투스의 새로운 수습 일꾼 지미였다.

정원사가 천천히 입을 열었다. "사업의 핵심은 수익성이라네. 내년 자네 농장의 수익성을 어떻게 확인할까?"

"그건 가을 작물 산출량과 관계 있지요. 가을의 수확이 1년의 수익을 결정하죠." 산투스가 열심히 대답했다.

"수확이 중요한 요소라는 데는 나도 동의하네." 정원사가 말하고는 지미에게로 시선을 돌렸다. "넌 이 문제에 대해 할 말이 없니?"

"수익은 수입과 비용에 관한 거예요. 수확량이 커도 1년 동안의 비용을 줄이지 않으면 수익을 내지 못해요." 지미가 말했다.

정원사는 미소가 새어나오는 것을 참으려 애썼다. 이런 점이 소년원에 있는 다른 아이들과 이 아이의 다른 점이었다.

스물한 살의 지미는 혼자 지내는 것을 좋아했다. 영리하고 건장하며 천성적으로 진지하고, 나이보다 성숙해 보였다. 그리고 문제 많은 십 대 시절을 왜 소년원에서 보냈는지에 대해서는 입을 다물었다.

정원사는 소년원 주일학교의 자원봉사 교사였다. 지미는 그곳에서 가장 훌륭한 학생이었다. 배움에 대한 열망이 있었고 습득력이 좋았다. 정원사의 인생 수업을 빠르게 흡수하고, 활용할 능력을 가지고 있는 듯 보였다. 정원사는 이 야심만만한 소년이 과거에 저지른 죄를 극복하는 건 시간문제라고 생각했다.

"경험도 없는 주제에 말은 쉽구나." 산투스가 지미의 말을 끊었다.

"그건 경험보다는 수학에 관한 거예요."

정원사가 산투스를 바라보면서 활짝 웃었다. "자, 그럼 논의해볼까. 자네가 돈 버는 능력을 최대로 끌어올렸는데, 연간 비용을 충당할 만큼 운영이 잘 되지 않는다면 어떻게 될까? 어떤 일을 해야 적절할까?"

산투스가 망연한 표정으로 입을 다물었다.

"너라면 어떻게 하겠니?" 정원사가 지미를 쳐다보았다.

"망하겠죠. 비용은 계속 나가는 거잖아요? 수익이 사라지면 직원들은 떠날 겁니다. 간단해요." 지미가 말했다.

정원사는 고개를 끄덕이고는 서류철을 열어 책상 앞으로 내밀었다. 산투스와 지미는 재빨리 거기에 쓰인 예상 손익 내역을 훑어보았다. 총 비용은 30만 달러로 계산되어 있었다.

"이 농장을 1년 동안 운영하는 데 이렇게 많은 돈이 드나요?" 산투스가 불쑥 내뱉었다. "30만 달러라니!"

"전 확실히 모르겠어요. 하지만 비용이 고정이라면, 연간 30만 달러 이상 수익을 내야겠네요. 사업을 하면서 초과 수입 없이 살아남는 건 불가능해요." 지미가 말했다.

정원사가 의자에 몸을 기댔다. 새어나오는 미소를 참을 수가 없었다.

초과 수입은 돈이 충분치를 넘어선 것이다. 경제적 어려움에서 조금씩 벗어나기 시작하자 돈 걱정이 줄어들었다. 나는 가족을 먹여 살리는 노동의 존엄성을 배웠다. 그 안에 있는 힘을 발견했다.

만 3년이 다 되어갈 무렵, 나는 겨우 먹고살 만해졌음을 깨달았다. 주 6일 일했고, 휴가도 가지 못했으며 저축도 못 했다. 4년째도 무척이나 바쁘게 지냈지만, 통장 잔고는 비어 있었고, 나는 좌절했다. 그때서야 수입이 필요 이상이 되지 않으면 안 된다는 걸 깨달았다. 오직 바보들만이 초과 수입이 아니라 살아남는 데만 목표를 둔다.

생계비 이상을 벌지 않으면 가족과 함께 휴가를 보낼 수도 없을 것이었다. 부모님이 노년에 도움을 청해도 거절할 수밖에 없을 것이다. 가족이나 친구와 시간을 보내는 동안에도 일에 대한 생각이 머리에서 떠나지 않을 것이다. 그리고 가장 중요한 건, 경제적으로 조금만 상황이 나빠져도 내게 의지하는 사람들과 나 스스로도 약해진다는 점이었다.

그런 한편, 나는 초과 수입이 우리 가족의 삶을 바꿀 수 있다고 생각했다. 아내와 나는 함께 쉴 수 있을 것이다. 자유로운 마음으로 여가 시간에 생각을 하고 책을 읽을 수 있을 것이다. 우리는 더 의미 있고 고결한 목표를 추구할 수 있을 것이다. 꿈꾸던 휴가를 보낼 수 있게 될 것이다. 흥미를 느끼는 일을 할 수 있을 것이다. 아이들이 경제적 부담을 지지 않게 될 것이다. 우리의 희망은 더 커질 것이다.

하지만 수입이 저축할 만큼 되지 않으면, 내가 무엇을 할 수 있을까? 난 이미 주 6일을 일하고, 일요일에도 응급 전화를 받았다. 아내와 나는 자연스럽게 우리의 지출을 점검했는데, 필요 경비를 아무리 줄여도 한계가 있었다. 우리는 새 차를 사지도 않았고, 화려하게 사는 이웃들과 어울리지도 않았다.

지난 10년간 내 수입이 만족스럽지 않은 데는 이유가 있었다. 내가 살고 있는 곳의 생활비가 너무 비쌌던 것이다. 그래서 남부럽지 않게 벌었음에도 저축할 만큼 돈이 남지 않았다.

아내와 나는 지출 수입 구조를 바꾸기 위해 선택할 수 있는 것들을 살펴보았다. 쉽지 않은 일이었다. 우리가 할 수 있는 선택은 한 가지였다. 그 계획에는 생활 터전을 옮기는 용기가 필요했다.

오랜 숙고 끝에 우리는 전부 바꾸기로 했다. 병원을 8만 달러에 팔고, 시카고를 떠나 피츠버그 인근의 내 고향으로 이사했다. 시골에서는 비용이 훨씬 줄어들었다.

나는 마침내 새로운 지역에서 병원을 열었다. 여전히 주 6일 일했지만, 토요일은 '저축일'이었다. 주말에 번 돈은 모두 초과 수입이었다. 시카고 생활에서는 불가능했던 저축을 할 돈이 생기는 날이었다.

재정 상황이 좋아지고 숨쉬기가 더 나아졌다. 저축을 했고, 임대용 아파트에 투자까지 하면서 새로운 초과 수입이 생겨났다. 얼마 지나지 않아 이는 현명한 결정으로 판명났다.

Financial Excess

인생 수업 : 초과 수입

수입과 지출이 같다면 위태롭다.

초과 수입을 찾는 것은 현명하고도 필요한 일이다.

●

추가 희생

희생 : 더 나은 명분을 위해 무언가를 포기하는 것

목적이 있는 정원은 씨앗에 얽매이지 않는다.
정원을 풍성하게 가꾸려면 당신이 추구할 목적을 찾고,
생의 마지막 순간까지 그것을 따라가라.

월리스 휴이

우리는 특별한 삶을 사는 대가를 치르든가 평범한 삶을 살면서 후회를 하지, 정원사는 생각했다. 특별한 삶은 시간을 희생시키고, 평범한 삶은 꿈을 희생시킨다.

화창한 여름날 아침, 정원사는 이웃집 뜰에 있는 제러드를 창 너머로 지켜보면서 고민에 빠져 있었다. 그는 화단에 물을 주면서 너무 오래 여유를 부리고 있는 듯 보였다. 편안한 삶은 우리를 어디로도 데려가주지 않는다.

정원사는 집 밖으로 나가서 제러드에게 울타리 쪽으로 오라고 손짓했다. 두 사람은 짧은 대화를 나누었고 이내 어색한 침묵이 흘렀다.

정원사가 입을 열었다. "개인적인 질문을 하나 해도 될까?"

"해보세요."

"자넨, 일 하나를 마치고 다음 일을 하기까지 시간이 너무 오래 걸려. 안 그런가?"

제러드가 웃었다. "좋게 말씀하시네요. 너무 오래죠. 특히 제가 어머니, 아버지와 같은 집에 살게 된 이후로는요."

"그렇게 말할 줄 알았네. 얼마 전에 자네가 했던 말을 생각해봤어. 자네가 말했지, 궁둥이가 닳도록 일하면 종국에는 다 잘될 거라고 말이야."

"네, 그게 일이 돌아가는 방식이죠. 전 혼자 일해서 성공하는 편이에요. 신이든 종교든 공상이든 도움은 필요 없어요." 제러드가 말했다.

"자네와 철학을 논하려는 게 아니야. 하지만 그 말 때문에 내가 할 질문이 분명해졌네. 왜 자네는 지금 당장 남는 시간을 돈을 버는 데 쓰지 않는가? 왜 다음 일을 구하기 전에 돈이 될 일을 찾지 않는 거지?"

"철물점에서라도 일하라는 말씀인가요?"

정원사는 흥분하지 않으려고 잠시 쉬었다. 그는 노동을 존엄하고 성스럽게 여겼다. 그가 평생 이룬 모든 것은 노동에서 나왔다.

"돈을 모으고 싶다면 뭐가 문제인가? 평범한 일을 과소평가하는 것 같군. 그게 자네가 수없이 실패한 주된 원인이기도 하고."

"전 지금 엔지니어 일을 찾고 있어요." 제러드가 눈살을 찌푸렸다.

"아니, 자네는 지금 정원에 물을 주고 있어."

제러드가 크게 한숨을 내쉬었다. "그 말이 맞는 것 같네요."

"생각해보게, 부모님과 같이 사는 동안에는 평범한 일을 해도 자네가 성인이 되어서 지금까지 모은 것보다 더 많은 돈을 모을 수 있을 거야. 그저 매일 일을 하고, 더 나은 일이 일어날 때까지는 번 돈을 차곡차곡 모아."

"최저 임금을 받으면서 일하라고요?"

"그게 이 꽃에 물을 줘서 버는 것보단 많을걸." 정원사가 딱 잘라 말했다. "그리고 총 저축액은 잊게. 지금 우리가 얘기하는 건 주 40시간의 노동 시간에 관한 거야. 자네는 마음대로 할 수 있는 시간이 70시간이 넘지. 그 시간을 직업을 찾는 데 사용할 수 있잖나."

"생각해볼게요." 제러드가 한숨을 쉬었다.

"자네의 정원이 어떻게 되길 바라는지 생각하게. 여가 시간을 희생하지 않는다면, 평범한 인생을 살게 될 뿐이네."

희생은 더 나은 명분을 위해 무언가를 포기하는 것이다. 부에는 희생이 필요하다는 것을 우리는 알고 있고, 특별한 희생과 평범한 노동 사이에는 근본적인 차이가 있다. '쥐 같은 농부' 우화에는 그 차이가 묘사되어 있다.

어느 겨울날, 마을에서 평범하게 살아가는 밥과 샐리는 수수한 농장을 하나 샀다. 마을에서는 두 사람이 유산을 물려받았고, 유산을 투자해 농장을 샀다는 소문이 돌았다.

봄이 찾아왔고, 얼어붙은 땅이 녹았다. 밥은 평소 차림으로 일하러 갔다. 매일 그는 농장에 나가 울타리를 세웠는데, 농장을 세 구획으로 나누는 울타리였다. 마침내 울타리가 다 세워졌고, 밥은 그중 한 구역에만 씨앗을 뿌리고 밭을 일구었다. 이웃들은 호기심에 차서 그를 관찰했지만, 아무도 그들을 찾아가지는 않았다.

이 희한한 일은 몇 년 동안 계속되었고, 무슨 이유인지 밥과 샐리는 땅의 3분의 1만 이용해 딱 먹고만 살았다. 밥은 매일 오후 4시 반에 일을 마쳤고, 마을에서 원래 하던 일도 계속했다. 주 40시간은 밥에게 너무 많은 노동 시간이었다.

마침내 언덕 위에 있는 농장에 사는 노인 한 사람이 더는 참지 못하고 나섰다. 그는 몇 년간 지켜본 끝에 대체 무슨 일이 일어나고 있는지 알아내고 말겠다고 결심했다. 저 이상한 놈은 왜 땅의 3분의 1만 경작하는 거지?

노인은 터벅터벅 농장을 가로질러 갔고, 현관 발코니에서 빈둥대는 밥을 만났다.

노인이 말했다. "단도직입적으로 묻겠네. 궁금해 죽을 거 같아서 말이야. 자네는 왜 지금 일을 안 하고 있나?"

"낮에 일을 다 했는데요. 전 4시 반에 농장 일을 마칩니다."

"좋아, 이렇게 묻겠네. 자네는 왜 땅을 세 구역으로 나눠서 그중 한 구역만 사용하는가?"

"그러니까 그게 궁금하셨군요?" 밥이 활짝 웃었다. "처음부터 그렇게 말씀하시지. 앉으세요, 제 비밀을 알려드리죠."

노인이 한숨을 쉬고는 밥 옆에 놓인 흔들의자에 앉았다.

"전 균형 있는 삶을 원해서 농장을 세 구역으로 나눈 거예요."

"그게 자네에게 어떻게 균형을 가져다준다는 거지?" 노인이 말을 재촉했다.

밥이 그에게 윙크를 했다. "구역마다 이름이 붙어 있는 거 모르시죠?"

노인이 미간을 모으고는 농장을 살펴보려고 고개를 돌렸다. 각 구역에 '보통', '추가', '쥐'라고 써놓은 게 보였다.

"음, 대체 저게……."

"무슨 생각을 하시는 줄 알아요. 제가 정말 똑똑하다고 생각하고 계시죠?"

밥이 자리에서 일어나 자랑스럽게 농장에 대해 설명했다. "보통은 보통 땅이에요. 제가 저 구역에 머물 때는 과도하게 일하지 않고 평범한 삶을 살 거예요."

노인의 입이 불신으로 벌어졌다. "그게 자네가 매년 땅을 3분의 1만 경작하는 이유인가?"

"저 구역은 보통 땅이잖아요, 저곳은 저와 샐리를 먹고살게 해주는 곳이에요. 저기에는 주 40시간이 필요하고, 영감님이 일하실 때 전 여기에 앉아 있을 수 있지요." 밥이 말했다.

노인은 아직 어안이 벙벙했다. "그럼 저 '추가'는 뭔가?"

"추가는 추가적이고 특출난 걸 의미해요." 밥이 손가락으로 관자놀이를 톡톡 두드렸다. "저 구역으로는 들어가지 않아요. 저긴 보통 수준보다 노동 강도가 훨씬 높거든요. '추가'로 일을 하고, '추가'로 돈을 더 벌지만, '추가'로 시간을 더 많이 써야 하죠."

"하지만 자네 땅의 3분의 1이잖나!"

"괜찮으시면 영감님 땅에도 해보세요. 추가 구역은 저를 위한 공간이 아니에요. 제 생각에는, 진짜 우선순위에는 들어가지 않는 욕심일 뿐이죠."

"그럼 진짜 우선순위가 있는 사람은 이 시간을 어떻게 보내나?"

"제가 세상만사를 다 아는 건 아니라서요."

"좋아, 그럼, 저 '쥐'는 뭔가?" 노인이 날카롭게 물었다.

"저긴 제가 탈출하러 가는 곳이에요. 저 땅에 들어가면, 아무도 제게 뭘 하라고 말하지 못해요. 지구상에서 가장 생각 없는 동물, 쥐처럼 있을 수 있는 곳이죠. 전 움직임을 멈추고 더 많이 생각하지 않고, 제 시간을 다 써버려요. 돈 걱정을 잊을 수 있는 가장 좋은 장소죠."

"그래서 요는 뭔가?"

"밥벌이 때문에 하는 일상적인 노동에서 삶의 균형을 잡고 살려는 거예요. 동시에 추가 노동이나 필요에 맞서서 여가 시간도 확보하고, 끊임없는 돈 걱정에서 놓여나려고요."

노인이 턱을 문질렀다. "내가 지금 무슨 생각이 드는 줄 아나?"

"뭔데요?" 밥이 실실 웃었다.

"일을 좀 더 열심히 해서 돈 걱정을 덜어내는 게 더 쉬울 거라는 생각, 그러면 여가 시간에 뇌 없는 쥐처럼 보낼 필요도 없지!"

이 이야기는 내게는 터무니없게 들린다. 하지만 동시에 어떤 사실을 일깨워준다.

주 40시간 일하는 보통 땅에만 씨앗을 심으면, 사는 동안 보통 수준의 수확을 거두리라 예상할 수 있다. 하지만 보통 땅과 추가 땅에 씨앗을 심으면, 그러니까 매주 가용할 수 있는 여가 시간을 사용한다면, 평생 수확을 거둘 수 있는 최고의 기회를 스스로에게 주는 셈이다.

우리는 특별한 삶을 살면서 대가를 치를 수도, 평범한 삶을 살면서 후회를 할 수도 있다. 특별한 삶은 여가 시간을 희생시키지만, 평범한 삶은 소중한 꿈을 희생시킨다.

Extra Sacrifice

인생 수업 : 추가 희생

내가 보낸 하루하루는 약간의 희생이 필요했다.

온전히 나의 선택이었고, 그래서 후회도 없다.

•

정신 수양

정신 수양 : 정신 집중을 하는 매일의 의례

정원은 우리의 불완전한 본성을 충족시켜주는 장소다.

마이클 폴란

부를 일구기 위해서는 열심히 일해야 하지, 정원사는 생각했다. 하지만 부에는 대개 멈춰 생각할 시간을 뜻하는 '행운의 브레이크'가 따라야 한다.

때는 가을이었고, 저녁 바람이 선선해지고, 해가 짧아지고, 오크나무 잎들이 땅에 떨어졌다. 겨울이 다가오고 있군, 정원사는 집 뒤쪽 석조 발코니에서 따뜻한 차를 홀짝이면서 넓게 펼쳐진 포도밭 풍경을 즐기고 있었다. 그때 자갈 밟는 소리가 들려왔다. 지프 한 대가 집 앞 구불구불한 차량 진입로를 올라오고 있었다.

지미가 간밤에 전화를 걸어와 오늘 만나자고 했다. 지난 5년 동안 정원사와 지미는 즐거이 멘토와 멘티의 관계를 유지했다. 정원사는 아이가 없었고, 지미 역시 아버지가 없었다.

두 사람은 산투스가 맡고 있는 이웃 농장 일이 어떻게 진척되고 있는지 잡담을 나누다가 사업 이야기로 들어갔다.

지미가 입을 열었다. "산투스 아저씨가 시작하는 걸 돕고 싶어요. 하지만 1년 넘게 수습 신분으로 일하지는 않을 거예요."

"임시 자리야. 일반적인 사업에 대해 배울 수 있는 기회야, 특히 현금 흐름에 관해서 말이다. 산투스와 사이가 좋지 않니?"

"그런 거 없어요. 산투스 아저씨의 의도는 좋아요. 친지들에게도 도움을 청했고요. 봄이면 농장을 시작할 수 있을 거고, 그럼 돈이 굴러 들어올 거라고 믿고 계세요. 제가 보기엔, 실제로 전략이라 할 게 아무것도 없는데 말이죠." 지미가 말했다.

"전략에 대해서 의논하려고 만나자고 한 거니?"

"어느 정도는요. 전 늘 궁금했어요. 어째서 아저씨 일들은 그토록 잘 굴러가는지 말이에요. 아저씨가 하는 사업적 모험들에는 왜 실패가 없는 거죠?"

정원사가 조용하게 빙긋 웃었다. "내가 실패를 무척이나 잘 감췄나 보구나." 그는 지미를 바라보았고, 진지한 이야기를 나눌 때가 왔음을 알았다. 정원사는 낯선 아이디어는 생각조차 않는 제러드보다 지미가 훨씬 열린 마음의 소유자라고 여겼다.

"나이를 먹어갈수록, 내 행운이 어디서 왔는지에 대해 겸허해지게 돼. 고생하며 일하지 않았더라면 아무것도 이룰 수 없었을 거라는 사실도 알고." 그가 지평선 너머를 응시했다. "하지만 열심히 고군분투하고 있는데 형편이 조금도 나아지지 않는 사람들도 있어. 내가 그들보다 더 나은 것도 아닌데 말이다. 진실을 말하자면, 내게는 '행운의 브레이크'라는 축복이 수없이 있었어. 운을 믿니, 지미?"

지미가 고개를 저었다. "행운이 있을 거라 생각하는 건 별 가치 없는 일이에요."

"나 역시 인과율을 믿는단다. 열심히 일했으니까 성공했다고 생각해. 하지만 개인적으론, 매일의 정신 수양이 행운을 불러왔다고도 생각하지."

지미는 궁금함이 가득한 눈으로 그를 쳐다보았지만, 대답을 재촉하진 않았다. 정원사가 의자에서 일어나 다리를 쭉 폈다. "좀 걷자꾸나. 날도 좋은데."

지미가 고개를 끄덕이고는 말없이 일어나 포도밭 자갈길로 걸어가는 정원사를 뒤따랐다. 두 사람은 말없이 걸었다.

정원사가 뒷짐을 지며 말했다. "미국 원주민들도 여기와 같은 땅을 걷곤 했지. 그들은 날씨가 변하길 기원하면서 춤을 추며 기우제를 올렸단다. 우리는 그런 일을 비문명인들의 원시적인 제례라고 일축하지만, 기우제는 사하라 사막, 에티오피아, 중국, 아프리카, 태국, 심지어 유럽에도 있었어. 내가 기우제를 믿는 건 아니지만, 하나의 목적에 대해 사람들이 고양되어서 거기에 집중할 때를 생각하면, 마음의 힘에 대해 배울 게 많다고는 생각해."

"아저씨만의 기우제를 보여주실 수 있어요?" 지미가 장난스럽게 말했다.

"어느 정도는. 우리 솔직하게 이야기할 수 있을까?"

지미가 고개를 끄덕였다. "전 그거 말고 할 게 없는걸요."

두 사람은 오솔길을 걸었다. "난 돈을 벌려고 고군분투하고도 보상받지 못하는 사례를 많이 보았단다. 그건 부자가 되게 해달라는 기도에 응답받지 못하는 일만큼 흔하지. 하지만 내 성공에는 고된 노동과 매일의 정신 수양이 있었다는 걸 깨달았지. 이 두 가지가 나의 경제적 명운에 영향을 끼쳤단다."

지미가 미심쩍은 눈빛으로 쳐다보았다. "아저씨가 기적을 불러올 수 있단 말씀이세요?"

"기적처럼 보이는 우연을 몇 번 봤지. 그 기적들은 인과율에 따른 자연스러운 현상이라고 믿고 있단다. 자연이 우리에게 아직 보여주지 않은 인과율. 목표와 신앙에 응답하는 '보이지 않는 힘'은 존재한단다. 난 그 증거를 봤어." 정원사가 분명한 어조로 말했다.

"아저씨가 매일 하시는 정신 수양이 정확히 뭔데요?"

정원사가 말했다. "네가 내 작은 정원에서 무얼 보든, 그건 오래전에 처음으로 상상했던 것이란다. 조용히 몽상하면서, 가장 원하는 것에 초점을 맞추지. 그 목표를 생각하며 깊이 명상하는 의례를 매일 같이 치른단다. 목표에만 주의를 쏟아. 마음의 눈으로 그걸 보고. 처음에는 단순히 일을 할 때 정신이 가장 좋은 상태로 회복되는 걸 느꼈어. 나중에는 계획을 세우는 데 필요한 능력으로 연결되는 것 같았지."

"주술사 같은 생각을 하시네요."

정원사가 껄껄 웃었다. "날 너무 엄격히 재단하지 말려무나. 많은 사람이 기원의 힘을 믿는단다. 내 인생에서는 잠시 멈추어 생각할 시간과 영감, 우연의 일치, 계획, 기회가 왔어. 내 운은 모두 내 손에서 나온 게 아니야. 하지만 다시 말하는데, 일하지 않았다면 가뭄으로 죽었을 거야. 정신 수양이 일과 태도, 행운에 모두 좋게 작용했지."

지미가 생각에 잠겨 걸었다. "지금 말씀하신 걸 제 인생에 어떻게 적용할 수 있을까요?"

"가장 원하는 결과에 집중해야 한단다. 마음속으로 욕망을 경험하면, 그게 네가 하는 일에 강점으로 작용할 거야. 거기에서 네가 지닌 힘을 발견할 수 있을 거다. 내면의 지혜가 속삭이는 소리를 들으려 잠시 멈춘다면, 그것이 길을 열어줄 거야."

정신 수양은 깊이 숙고하는 시간, 매일의 의례를 말한다. 기도처럼 매일 집중하는 행위는 그 태도를 계속 유지시켜주고, 투지에 불을 붙이고, 행운의 브레이크를 만들어준다.

나는 매일 정신 수양을 하는 데 시간을 들였고, 일도 무척 많이 했다. "신은 어느 새에게나 먹이를 안배해두셨다. 하지만 둥지 안으로 먹이를 던져주시진 않는다"라고 작가 조시아 홀랜드는 우리를 일깨운다. 히포크라테스 역시 이렇게 말한다. "우리는 신을 부르짖는 한편으로, 스스로 도와야 한다."

시카고에 살았을 때, 나는 정신 수양을 행하면서 사업이 성장하는 모습을 목격했다. 사업이 번창하면서 정신 수양에 더 애를 썼고, 다시금 사업이 성장하는 선순환이 일어났다.

800킬로미터 떨어진 곳으로 이사하고 나서, 나는 다시 목표를 종이에 쓰면서 무엇을 해야 할지 생각했다. 미래는 진공 상태였다. 그 진공 상태를 채우는 것이 내 임무였다.

나는 혼자 조용히 있을 수 있는 장소를 골라 매일 밤, 그곳에서 재정적 목표들을 깊이 숙고하며 정신 수양을 했다. 벽에는 목표를 걸어두었고, 목표를 이룬 모습을 이미지화하여 마음속에 새겼다.

이런 숙고의 시간은 경제적 자유를 얻은 상태를 체험하는 것이 목적이었다. 내가 원하는 바를 이미 손에 넣었다고 상상함으로써, 내 목표와 열망을 충족하게 되리라는 믿음을 가지는 것이다.

처음에는 잠시 아무 생각도 하지 않는다. 어떤 단어도 생각하지 않는다. 마음을 비우고, 현재의 순간 '나 자신에게 집중'하고자 낭랑하게 콧노래를 부른다. 마음이 평온해지면 눈을 뜨고 벽에 걸린 목표를 응시한다. 다시 눈을 감고 이 목표들을 경험한다고 느낀다. 그렇게 해서 나 자신을 미래의 꿈으로 보낸다. 잡생각이 떠오르면 눈을 뜨고 다시 목표를 써놓은 메모를 본다. 그러면 주의를 집중하게 된다.

그 문구는 이런 내용이다. '경제적 안정 : 손실 없이 한 달을 쉬는 힘' 나는 이 문장을 반복해서 되뇌인다. 내 목표는 경제적 걱정 없이 1년 중한 달을 쉬는 거였다.

벽에 걸어둔 두 번째 문구는 쉰 살까지 달성할, 더 고차원적이고 장기적인 목표였다. '경제적 자유.' 나는 이 문구를 반복해서 말했다.

시간이 흘러가면서 정신 수양은 확신을 주었다. 나는 무의식 수준에서도 자신감을 갖고자 부를 달성한다는 또 다른 확약서를 벽에 덧붙였다.

나라고 '왜 안 되겠는가?' 나도 부자가 될 수 있다.
부란 원하는 자의 것이다. 힘과 지혜를 모아 부자의 길에 들어설 것이다.

이 의식이 누군가에게는 우스꽝스럽게 보일 수도 있을 것이다. 그러나 나 자신의 삶이 그 결과를 보증한다. 인간은 엄청난 잠재력을 지닌 존재다. 마음이 분명한 목표에 고정되었을 때 어떤 일이 일어나는지, 우리는 아직 배울 게 많다.

행운은 모두 내 손에서 나온 것이 아니었다. 하지만 내 손으로 해낸 일들이 없었다면, 부를 일구기는커녕 가뭄으로 말라 죽었을 것이다. 나는 열심히 일할 때 내 옆에 있는 '보이지 않는 힘' 역시 느꼈다.

Mental Practices
인생 수업 : 정신 수양

부를 일구는 데는 고된 노동은 물론 행운의 브레이크도 필요하다.
둘 사이의 균형이 내 삶을 바꿨다.

●

세상에서 가장 부유한 정원사

무성의하게 정원 일을 해서는 안 된다.
자기 정원이 좋든 싫든, 그 정원을 사랑해야 한다.

W. C. 셀라

부를 얻으려고 애쓰는 건 자유로워지려는 자연스러운 열망이라고 정원사는 믿었다. 하지만 인생에서 가장 큰 보물은 마음의 평화다. 그는 삶에서 가장 힘들었던 시기에 바로 이 교훈을 얻었다.

비극은 6년 전에 닥쳐왔다. 토요일 밤 9시에 울린 그 전화를 그는 결코 잊을 수 없었다. 전화를 건 사람은 그의 아내가 자동차 사고로 즉사했다고 알려왔다. 메리는 63세였고, 교직에서 은퇴한 뒤였다.

미성년자가 술에 취해 차를 몰다가 중앙선을 넘어 사고를 낸 것이었다. 아이는 목숨을 건졌지만, 징역 2년 형을 선고받았다. 1년 후, 그 아이는 지역 소년원으로 보내졌다.

정원사는 우울증에 빠졌다. 돌연 아무 기대가 없어졌고, 앞으로의 일에 대해 생각하지 않았으며, 무엇에도 관심을 가지지 않았다. 그는 내면으로만 침잠했다. 메리는 그의 절친한 친구이자 일생의 뮤즈였다. 그녀를 잃은 건, 모든 것을 잃는 것이나 다름없었다.

1년이 지나 이웃 프레드가 마침내 이 상황에 개입했다. 프레드는 그에게 주일학교에서 봉사하는 게 어떻겠냐고 권했다. 사람들을 도우면서 그의 영혼은 회복되기 시작했다.

다시 사업에 마음을 썼고, 늘어나는 주말 손님들에게 맞추고자 포도주 양조장을 확장했다. 방향을 갖게 되자 현실에서의 생활력이 되살아났다. 하지만 영혼 깊은 곳은 아직 회복되지 않았다. 내면으로부터 쓸쓸함이 이따금 밀려왔다.

그는 아내를 죽게 한 소년에 대해 알아보았고, 직접 만나기로 결심했다. 아이를 만났을 때, 아이가 후회로 가득 차 흐느껴 우는 모습을 보고 정원사의 마음은 변화를 겪었다. 그는 거듭 사죄하는 소년을 용서하며 자신이 치유되고 있다는 걸 알 수 있었다. 이제 평소의 일상으로 돌아올 수 있었다.

겉으로는 똑같아 보였지만, 그의 내면 깊은 곳에서 무언가가 끓어오르고 있었다. 내면의 목소리가 그의 정신을 그 아이에 대한 기억으로 끌고 갔다. 그는 이 느낌을 무척이나 잘 알고 있었다. 다소 불편하고, 살짝 고통스럽고, 행동을 촉구하는 그 느낌을. 하지만 그 메시지가 뭔지는 확실히 몰랐다. 그는 잠시 멈춰 서서, 이 직감에 대해 곰곰이 생각했고, 시간을 들여 그 의미를 판독하려고 애썼다.

어느 날 아침 그는 잠에서 깨어나면서 무언가 제대로 되어가고 있다는 걸 직감했다. 그는 늘 올바른 방향을 감지할 수 있었다. 이 경우 올바른 방향은, 아이들을 가르치는 자원봉사를 하는 것이었다. 소년원에 있는 10대 아이들에게는 성공의 기회가 적었다. 어쩌면 아이들에게 삶의 방향을 찾도록 도와줌으로써 그 자신도 목적의식을 회복할 수 있을지 몰랐다.

아이들이 범죄자의 삶으로 끌려들어가지 않으려면 적절한 경제적 기반이 필요했다. 그는 아이들에게 말했다. 부를 일구려고 애써야 하는 이유는, 그것이 언젠가 돈을 버는 것보다 더 중요한 목적을 추구할 수 있게 해주기 때문이라고. 주일학교는 '독수리 클럽'이라고 불렸고, 아이들은 수업을 들으며 성장했다.

정원사는 소년원 주일학교에서 봉사한 일로 선물을 하나 받았다. 그가 가장 바라던 바였다. 그가 졸업생들에게 나눠준 글귀를 졸업생들이 정원에 꽂아두는 표지판에 새긴 것이다. 그 내용은 다음과 같았다.

세상에서 가장 부유한 정원사

세상에서 가장 부유한 정원사는 시간을 들여 삶을 이룩한 사람이며, 조건에 구애받지 않는 태도를 익힌 사람이다. 스스로 얻는 것 외에 어느 것도 허용하지 않으며, 결과에 상관 없이 노력에 대한 자부심을 아는 사람이며, 적은 것에 만족하기보다 "나라고 안 될 게 뭐야?"라고 조용히 묻는 사람이다.

그는 비현실적인 선지자이며 때론 조롱받을 각오를 한 사람이고, 독립적으로 생각하는 사람이다. 그리고 영혼의 이끌림을 따랐을 때 무슨 일이 벌어질지 궁금해하면서 후회할 일을 저지르지 않도록 내면의 목소리에 귀 기울이는 사람이다.

그는 목적을 가지고 살아가는 사람이다. 매일 나가서 열심히 일하는 사람이다. 행복보다는 만족감을 추구하는 사람이다. 차이를 만들어내고, 세상을 더 나은 곳으로 만들려는 사람이다. 그러나 자신의 행동들이 영향력을 발휘하지 못했을 때도, 노력을 다하지 않아서 실패한 게 아님을 아는 사람이다.

마침내 삶의 마지막 순간에 이르러 목적을 지니고 열정과 양심에 따라 살았노라 말할 수 있는 사람이다.

3장

부의 정원

도전

도전 : 극복해야 할 문제에 부딪혀보는 것

좋은 정원에는 씨앗이 있을 것이다.

토머스 풀러

마음의 준비가 되어 있지 않으면 도전적인 상황이 닥쳤을 때 고통을 겪게되지, 정원사는 생각했다. 하지만 전투 준비를 마쳤다면, 격변의 상황에서 침착함과 평정심을 지닐 수 있다.

저녁나절, 정원사는 산투스가 어디까지 일구었는지 보려고 이웃 농장으로 갔다. 해가 떨어지기 두 시간 전인데 농장에 사람이 없어서 이상하다는 생각이 들었다. 쓸쓸한 땅을 살펴보고 있노라니 새로 페인트 칠한 헛간 쪽에서 숨죽인 신음소리가 들려왔다.

그는 소리를 따라갔고, 얼마 안 가 어떤 장면을 보고 멈춰 섰다. 그의 입가에 웃음이 걸렸다. 지미가 채소밭에서 혼자 채소들을 향해 몸부림치며 투덜거리고 욕을 퍼붓고 있었다. 정원사는 그 우스운 장면을 지켜보았다. 몇 달 전에 그는 지미가 농장 일에 더 익숙해지도록 정원 가꾸기 프로젝트를 제안했었다.

정원사가 목청을 가다듬고 소리쳤다. "채소들이 그 욕을 되돌려줘야겠구나. 네가 정신을 차리게."

지미가 고개를 들고는 만면에 미소를 띠고 소맷자락으로 얼굴을 훔쳤다. "이 일이 즐거운 사람이라도 분명히 잘 안 되는 일이 있을걸요!"

"기분이 상하는데." 정원사가 빙그레 웃었다.

"그러셔야죠!" 지미가 그를 향해 걸어오며 응수했다. "그러니까 계속 문제가 터져서, 이 망할 놈의 정원과 맨날 씨름했다고요. 잡초를 뽑으면, 곧 새 잡초가 나와요. 민달팽이랑 딱정벌레를 잡으면, 그 자리에 새로운 벌레가 나타나요. 토끼를 못 들어오게 하려고 울타리를 세웠더니, 그 아래로 두더지랑 쥐가 굴을 파요. 식물들은 병에 걸리고, 벌레와 짐승들에게 먹혀요. 어느 날은 햇살이 너무 내리쬐고, 어느 날은 햇빛이 부족해요. 대체 어떤 미친 인간이 정원 일을 즐기는 거죠?"

정원사가 웃음을 터트렸다. "내가 왜 정원에 조그만 채소밭을 가꾸라고 했는지 생각해봤니?"

"이걸 하면 농장 일에 익숙해질 거라고 그러셨잖아요."

그가 솔직하게 털어놓았다. "내가 널 속였다. 이 작은 정원에서 일하다 보면 네가 더 큰 정원이 필요하다는 걸 깨달을 거라고 생각했어."

지미가 작은 텃밭을 바라보았다. "솔직히 말씀드리면, 여가 시간에 흘리는 땀과 고된 노동 이상의 것을 배우진 못했네요."

정원사가 웃음기 없는 얼굴로 말했다. "부를 일구는 데는 그게 필수란다. 정원에서는 언제나 고난에 맞서 전투를 치러야 한다는 걸 네가 알길 바랐어. 인생 역시 크게 다르지 않을 거니까. 어느 날 문제를 극복하면, 다시 곧 새 문제가 나타나지. 인생은 고난의 연속이고, 수많은 일을 해야 한단다. 하지만 너는 일을 하면서 선택을 할 수 있어. 그러니까, 고생한 날들이 아까워서 화를 낼 수도 있고, 숙련된 정원사의 태도로 일할 수도 있지."

"문제를 받아들이는 걸 배워야 한단 말씀인가요?"

"단순히 받아들이는 게 아니고 그걸 수용해야 한단다. 고통은 문제 그 자체가 아니라 준비되지 못한 마음가짐에서 온단다. 그것이 고통의 여지를 만들지. 매일이 도전이라고 생각하는 사람은 거기에 짓눌리지 않는단다. 이게 첫 번째 교훈이야." 정원사가 강조했다.

"이 정원에서 얻을 두 번째 교훈은 뭔가요?"

정원사가 책망했다. "아직 그걸 모른다면, 이 텃밭에서 시간을 좀 더 보내야겠구나. 당분간은 네게 나타난 이런 문제들이 결국엔 도움이 될 거라는 정도만 알아두렴."

도전들은 언제나 생겨난다. 나는 한때 매일 일어나는 문제를 제거하고 극복하는 것만으로도 행복하다는 순진무구한 생각을 하면서 몇 년을 낭비했다.

20대에 『좋아하는 일을 하라, 그러면 돈은 따라올 것이다Do What You Love, the Money Will Follow』라는 책을 읽은 적이 있다. 이 책은 내게 일이 주는 스트레스와 고난이 비정상적이고 불필요한 것이라는 확신을 주었다. 유사한 뜻으로 "너의 행복을 따르라" 혹은 "네 열정을 따르라"라는 말도 있다.

나의 문제는 이런 열정이 즐겁고 행복한 일에 대해 기대를 품게 했다는 것이었다. 다른 사람들도 이 문제를 공통적으로 겪고 있는 듯 보인다. 일에는 좌절이 따르는 게 당연하다는 걸 몰랐을 때, 매일 벌어지는 문제들이 히말라야 산처럼 느껴졌다. 저 유명한 책과 그 책에 등장하는 류의 사람들이 하는 조언은, 나를 잘못된 방향으로 이끌었을 뿐 아니라 위험하기까지 했다. 어느 정원에나 시험은 존재한다. 문제란 당연히 일어나는 것이고 하루하루가 도전이라는 사실을 마음에 품고 늘 문제에 대비하는 마음가짐을 가지는 편이 낫다.

"고난은 좌절이 아니라 의욕을 고취시키는 것의 다른 이름이다. 인간의 정신은 갈등으로 인해 더 단단해진다." 유니테리언 목사 윌리엄 엘러리 채닝의 말이다.

나중에 나는 세 가지 작은 사업을 했는데, 내 인생에서 가장 생산성이 높고 바빴던 이 시기는 하루하루 문제에 맞서는 나날들이었다. 달아날 수 있었더라면 운동화 끈을 질끈 매고 뛰쳐나갔을 것이다. 하지만 혼란이 이어지는 생활 속에서 점차 스트레스 조절 능력이 생겨나기 시작했다. 스트레스와 문제에 지속적으로 봉착하면 그것을 견디는 인간의 역량도 점점 더 강해진다. 나중에는 한때 나를 짓눌렀던 도전적인 상황을 다룰 수 있게 된다.

"잔잔한 바다는 항해 실력을 늘려주지 않는다"라는 영국 속담이 있다. 고난의 시기를 보내면서 나는 그 고난이 별것 아니고, 이 역시 지나가리라는 마음가짐을 고수했다. 그러면 늘 그렇게 되었고, 고난의 한 주가 지나고 주말을 맞이하는 상상을 더 잘할 수 있게 되었다.

제아무리 역량이 뛰어난 사람이라도 문제에서 벗어날 수는 없다. 오직 해야 할 질문은 이런 것들이다. 당신은 승리의 날에 관한 이미지를 가지고 있는가? 끝까지 견뎌낼 마음가짐을 지니고 있는가? 전사처럼 싸우고, 자신의 방향대로 나아가고 있는가? 문제에 관해 마음의 준비가 되어 있지 않으면, 그 무게에 짓눌려 무너지게 될 것이다. 일은 문제의 연속이며 모든 문제는 지나간다, 이런 태도가 최선이다.

"쉬운 삶을 기원하지 마라. 강한 사람이 되길 기원해라. 자신의 힘으로 감당할 수 있는 일을 기원하지 마라. 일을 감당할 힘을 기원해라"라고 설교가 필립 브룩스는 말했다. 삶에서 각기 다른 것은 삶을 다루는 우리의 힘이다. 삶의 무게가 아니다. 시어도어 루스벨트는 이렇게 말했다. "짐이 가볍기를 기원하지 마라. 등이 더 튼튼해지길 기원하라."

좋은 정원에는 늘 우리를 일하게 하는 씨앗들이 있다. 행복은 문제 없는 삶이 아니라 문제를 극복하는 삶에 있다. 삶은 도전 덕분에 더 가치 있다.

Challenges

인생 수업 : 도전

도전하는 삶이 쓸모 있는 삶이다.

문제는 언제나 발생하고, 어떻게 그 문제를 해결하는가가 더 중요하다.

●

위기

위기 : 어려움, 문제, 혹은 위험이 극심한 시기

정원에는 약간의 성취가 있으면, 그에 맞서 일련의 손실도 있다.
삶 역시 마찬가지다.

메이 사턴

사악한 태풍이 휘몰아치고 경제적인 시련이 닥쳤을 때 진짜 문제는 불운을 핑계삼는 태도에서 시작되지, 정원사는 생각했다. 역경은 어둠이 될 수도 있고, 내면의 빛이 될 수도 있다.

세 사람은 주간 사업 회의를 하러 모였다. 농장의 위기 상황과 장차의 재난을 어떻게 방지할지 의논하는 자리였다.

"위기에서 살아남는 일에 대해, 우리는 아저씨의 사업 운영 방식을 모델로 해왔어요. 아저씨가 겪은 최악의 시련은 20년 전의 태풍이라고 들었어요. 그 태풍으로 곡식들이 완전히 망가지고, 헛간들이 주저앉고, 거의 망할 뻔하셨다고요."

정원사가 천천히 입을 열었다. "정말이지 그해는 힘들었다. 그 뒤로 몇 년이나 수익을 내느라 고생했지. 한순간에 그런 일이 일어나 모든 걸 앗아가고 무너뜨리리라고 누가 예상했겠니?"

"그러면 자연재해가 가장 큰 위기인가요?" 지미가 물었다.

"음, 잊지 말아야 할 게 있는데, 나는 비상금을 모아두었고, 손해 보험에도 가입되어 있었단다. 난 내가 괜찮을 거라고 자신했었다. 아직 몸도 마음도 건강하고, 사업상의 지식도 있었으니까. 계획을 세울 능력과 복구할 해결책도 가지고 있었지. 태풍이 이런 무형의 자산들까지 빼앗아가진 못해. 내 야심과 관심사, 자신감은 온전하고, 그것들을 바탕으로 나는 다시 일어설 수 있었지. 한번 그랬으니, 다시 할 수도 있을 게다."

정원사는 잠시 말을 멈추고, 창문 너머 무성하게 우거진 포도밭으로 시선을 돌렸다. 그가 부드럽게 말했다.

"그건 내 사업에서 가장 큰 위기는 아니야. 최악의 시련은 그 태풍이 있고 나서 15년 후에 왔지. 메리가 사고로 죽었을 때. 태풍은 내 물리적 자산을 쓸어갔지만, 메리의 죽음은 더 중요한 것을 쓸어갔어."

산투스가 죽은 듯 침묵했고, 지미는 바닥을 내려다보았다. 정원사는 지미를 가슴 아프고 걱정스러운 눈길로 살펴보았다. 그는 이 청년이 비극적 사고를 겪었다는 사실을 알았고, 지미가 그 일을 스스로 용서하지 못할까 봐 걱정했다.

"인생의 어떤 단계에서는 그저 견디는 것만 가능해. 그 이상 할 수 있는 게 없지." 정원사가 말을 이었다. "그냥 위기인 거야. 시간은 상처를 치유해주지 않아. 우리는 상처를 키워나갈 수 있을 뿐이야. 하지만 그 상처를 지닌 채 세상에서 제 역할을 하며 살아가는 걸 배우지. 절뚝거리면서 최선을 다하는 거야. 그렇게 다시 세상으로 나가야 하지. 그게 나 자신을 위한 게 아니고 다른 사람을 위한 거라 해도 말이야. 우리는 어떤 상황에서든 회복할 수 있다는 믿음을 가져야 해." 정원사와 지미의 시선이 잠시 마주쳤다.

위기는 어려움, 문제, 위험이 극심한 시기다. 인생의 재난은 찾아오지만, 모든 태풍은 지나가기 마련이고, 우리는 다음 방향으로 다시 나아가야 한다.

"우리가 이 세상에서 해야 할 첫 번째이자 마지막 일은 위기를 버티고, 위기로 인해 망가지지 않는 것이다"라고 어니스트 헤밍웨이는 말했다. 중국 속담에 따르면 "불운은 누구에게나 온다".

어떤 태풍이 우리 땅을 쓸고 갈 것인가? 살다 보면 부모, 형제, 친구 그리고 어쩌면 자녀의 장례식에 참석하게 될 수도 있다. 직장을 잃을 수도 있고 사업상 배신을 당할 수도 있으며, 심지어 결혼 생활에서 그럴 수도 있다. 다쳐서 경제적 어려움이 올 수도 있다.

이런 일들을 곱씹을 이유는 없지만, 준비할 이유는 있다. 인생이 쉽고 편안할 거라고 기대하는 건 망상이다. 예기치 못한 위기를 침착하게 헤쳐나가기 위해서는 내면의 강점과 지혜를 찾아야 한다. 비극은 그것이 변명거리가 될 때만 진정한 비극이 된다.

"견뎌라, 그리고 더 나은 일을 위해 자신을 지켜라." 고대 로마 시인 베르길리우스는 현명하게도 이렇게 말했다. 그렇다면 이 세상의 어려움에 맞서 어떤 준비를 해야 하나?

이 책에서, 내가 겪은 최악의 경제적 위기에 대해서도 이야기할 것이다. 그 회오리는 내 땅을 쓸어가고, 날 시험했다. 원형탈모도 생겼는데, 얼굴과 눈썹, 머리털이 숭숭 빠진 자리가 훤히 보였다. 약 없이는 잠을 자지 못했고, 심지어 약에 취해 잠이 들었다가 한밤중에 깨어나기도 했다. 하지만 이 최악의 위기는 나를 고민에서 벗어나게 해주고, 가장 중대한 인생 교훈 하나를 남겨주었다. 그건 그 어떤 재앙도 내면의 빛을 빼앗아갈 수 없다는 사실이었다. 우리들의 내면에는 가장 중심적인 존재가 하나 있다. 그 존재는 아무것도 남지 않았을 때 더욱 잘 느껴진다. 가장 암울했던 몇 달 동안 나는 직업을 잃고 아이들의 교육비도 날렸다. 하지만 그 누구도, 그 어떤 사건도 내면의 빛을 앗아갈 수는 없었다. 그것은 오직 나만의 것이었다. 그것이 그때 내가 가진 전부였다.

위기 상황임을 깨달았을 때, 겨울 북부지방의 강인한 참나무를 떠올려라. 추위가 몇 달 동안 밀려오고, 바람이 아우성치고, 해가 짧아지고, 어둠이 길어지지만 나무는 꼿꼿하게 서서 견딘다. 고통을 수용하고 감내한다. 봄이 올 때까지 살아남는다.

"나는 휘어진 것이다, 부러진 것이 아니라." 시인 라 퐁텐의 말이다. 문제를 있는 그대로 받아들이면서 몸을 수그리는 편이 낫다. 부당하다고 느껴지겠지만, 우리는 고통을 배우고, 부러지지 않고 견뎌내는 법을 배워야 한다.

"햇빛을 보고 싶다면, 태풍을 견뎌야만 한다"라고 사업가 프랭크 레인은 말했다. 우리에게는 회복력이 있다. 죽음과 고통, 손실을 겪으면서도 우리는 늘 회복할 수 있다.

비극 자체보다 비극을 대하는 우리의 반응이 인생을 정의한다. 우리는 불평하지 않고 무거운 짐을 옮길 수 있다. 드와이트 D. 아이젠하워는 여론조사 기관 갤럽에서 당대 가장 존경받는 인물로 열두 번이나 선정된 사람이다. 그는 2차 세계대전 기간에 유럽 연합군을 이끌었고, 컬럼비아 대학 총장이 되었고, 북대서양 조약 기구의 최고 사령관을 역임했고, 한국 전쟁을 종식시키고, 미국의 고속도로 체제를 수립했으며, 미국 항공우주국을 승인한 2선 미국 대통령이었다. 그는 개인적 비극을 겪었음에도, 전 세계적으로 영향력을 발휘하는 삶을 살았다. "네 살 난 아들의 죽음을, 나는 결코 극복하지 못했다." 삶의 마지막 순간 그가 한 말이었다.

아이젠하워는 그 일을 잊지는 않았으나, 그 일이 그의 빛을 끄지는 못했다.

"겨울이 한창일 때, 마침내 내 안에 아무도 꺾을 수 없는 여름이 자리하고 있음을 나는 배웠다"라고 알베르 카뮈는 말했다. 우리는 그 계절을 버텨야만 한다.

Crisis

인생 수업 : 위기

모두가 선망하는 사람들의 삶에도 비극은 있다.

하지만 비극은 그것이 핑계가 될 때, 진정한 비극이 된다.

●

꾸물거림

꾸물거림 : 행동 혹은 결정을 미루는 것

행동하지 않고 말만 하는 사람은, 잡초로 우거진 정원과 같다.

존 플레처

정원은 미래에 뭘 하겠다는 생각에 응답하지 않지, 꿈도 언젠가 할 행동들에 대답하지 않고, 정원사는 생각했다.

그때, 이웃 남자가 두 집 사이 울타리로 와서 기대 섰다. 최근 퇴직한 프레드는 게으른 아들 녀석이 갈피를 못 잡아 걱정을 안고 있었다. 하지만 프레드 역시 꾸물거림의 늪에서 빠져나오지 못하는 듯 보였다.

"쉬지 않고 일을 하는군. 자네가 은퇴한 줄 알았는데, 집에 오면 자넬 보는 것만으로도 내가 다 피곤해." 프레드가 농담을 걸어왔다.

"내겐 이게 은퇴라네. 나는 움직이는 게 좋아. 좋아하는 걸 하면서 말이야. 이런 단순한 기쁨들이 행복한 은퇴의 비결이야." 정원사가 만면에 미소를 머금었다.

프레드가 고개를 끄덕였다. "나도 비슷한 걸 배우고 있네. 노동의 책임이 없어지면 더 행복해질 거라고 생각했는데 말이야."

"나한테 자네가 쓸 낙엽 갈퀴가 하나 더 있네만."

"됐어, 나도 갈퀴는 있어. 우리 집에도 낙엽은 있고."

두 사람은 크게 웃음을 터트렸다. 그러고 나서 긴 침묵이 흘렀다.

"내 말을 오해하진 말게." 정원사가 말했다. "그저 내가 자네에 대해 아는 걸 말하는 거야, 프레드. 자넨 큰 책임들을 짊어졌을 때 행복하고 만족스러워 보였어. 내 생각에, 어쩌면 자네가 은퇴 생활에 적응하는 데 시간이 좀 걸릴 것 같아."

프레드가 농담으로 받았다. "제러드와 이야기를 해봐야겠군, 그 애는 은퇴 생활을 즐기는 것 같으니 말이야."

두 사람은 함께 웃었지만 프레드의 표정이 서서히 심각해졌다. "그 앨 어떻게 도와야 할지 모르겠어."

정원사가 말했다. "내가 제러드와 이야기를 해보긴 했는데, 계속 노력해볼게, 자넬 위해서라면."

"자네가 도와준다면 고맙지. 말투가 불퉁해도 이해해주게."

정원사가 크게 웃었다. "자네는 어떻게 할 생각인가? 하고 싶은 일에 대해 생각해봤나? 그러니까, 자네에게는 이제 기회가 주어졌잖나. 즐거운 일을 할 기회를 얻은 거야. 남은 삶 동안의 꿈이 뭔가?"

프레드가 말했다. "이런 악당 같으니! 제러드가 갈피를 못 잡는 것 같다고 불평하고 있었는데, 이제 나에게 주의를 돌리는군. 알겠네. 날 믿어. 생각해보겠네."

"잘할 거라고 믿어. 오늘 밤 카드놀이 계속할 건가?"

"물론이지. 자네가 내게 기부한 돈으로 일주일 치 커피값이나 할 생각이야."

두 사람은 크게 웃고는 헤어졌다. 하지만 정원사의 직감으로는, 프레드가 확언한 것처럼 잘될 것 같지 않았다. 은퇴자들 중에는 자신이 아직 모험을 할 수 있다는 사실을 모르는 사람도 있다. 아무 활동도 하지 않는 것이 습관이 될 수도 있다.

꾸물거림은 어떤 행동이나 결정을 미래의 언젠가로 미루는 것이다. 꾸물거리는 사람들은 꿈을 이루는 행동 단계에 발조차 들이지 못한다.

그레그는 30대 때 만나 평생을 사귄 친구다. 그때 그는 제재소 회계 과장이었다. 결혼해서 딸 하나를 두었고, 수영장이 있는 주택을 소유한, 농담을 잘하는 친구였다. 그는 진지할 때면 부동산에 대해 생각해보라고 나를 부추겼다. 그의 처남이 치과의사인데, 32채의 임대용 아파트를 소유하고, 그 임대 수익으로 별장을 두 채 샀다는 것이었다.

그레그 역시 꿈이 있었다. 플로리다로 돌아가서 사는 것이었다. 그는 거기에서 살다가 북쪽으로 이사를 왔는데, 여전히 마음은 그 햇살 쨍쨍한 곳에 남아 있었다. 언젠가 그는 세인트피터즈버그에서 수상스키 임대를 하거나 낚시터를 운영하는 사업을 하고 싶다고 말했다. 그는 자신이 물에서 보냈던 시간을 이야기해 주었다.

그레그는 가정을 일구고, 주택담보대출을 갚고, 차 세 대를 가지고 있고, 직업도 있고, 인생은 탄탄대로였다. 고등학생 딸이 살던 곳을 떠나는 걸 원치 않았다. 그가 진심으로 사랑하는 아내는 처가도 플로리다에 있지만, 그를 따라 기꺼이 이사를 했다. 나는 그의 꿈을 부추겼고, 그도 나의 꿈을 부추겼다. 시간이 흐르면서 우리는 형제같이 끈끈해졌다.

"왜 플로리다로 돌아가지 않나?" 내가 물었다. 그는 '언젠가' 그 일을 할 것이라 했다. 그것은 그에게 제정신을 유지시켜주는 '작은 거짓말'이었다. 그 꿈에 대해 "못 해"라고 말하는 순간, 그는 무너질 것이었다. 그래서 "못 해"라고 말하지 않고 그저 언젠가로 그 일을 미뤘다.

그레그의 딸은 고등학교를 졸업하고, 대학에 진학했다. 이제 딸은 방학 때만 집을 찾아왔다.

"지금 안 하면 영영 못 해. 자네 이제 나이가 오십이라고." 나는 그를 일깨웠다.

"알아, 자네 말이 맞아. 딸애가 졸업하고 나면 할 거야."

그의 딸이 대학을 졸업했고, 나는 더는 묻지 않았다. 이제 그 대화가 그를 불편하게 하는 것 같았기 때문이다. 결국 그레그는 방아쇠를 당길 수 없었다. 그는 그저 매일 일을 계속했다. 그러는 동안 꿈은 서서히 희미해지고 죽어버렸다.

"나는 꿈을 이루지 못할 거야"라고 말하는 사람은 거의 없다. 하지만 대부분 '언젠가 시작하겠지'라며 꿈을 향해 나아가는 일을 차일피일 미루며 스스로를 기만한다. '언젠가 하겠지'라며 미루는 일은 당장의 불편과 변화에 대한 불안을 피하려 핑계를 대는 것일 뿐이다. 이러한 마음가짐은 스스로를 수동적으로 만든다.

그는 여전히 농담을 했지만, 그 웃음은 그가 시한부 진단을 받으면서 끝났다. 희귀성 암이었고, 살날은 두 달 남았다. 그는 마지막 두 달을 플로리다에서 아내와 보내기로 했다. 그레그는 그 마지막 날들 동안, 꿈을 너무 늦게 경험하면서 무슨 생각을 했을까? 나는 결코 알 수 없다. 우리는 작별 인사를 하지 못했다.

교황 바오로 6세는 말했다. "우리는 태어나는 순간부터 죽어가고 있다. 매분 매초 죽음으로 향하고 있다는 것을 인식한다면, 우리에게 남은 시간이 많지 않다는 걸 알게 될 것이다. 원하는 게 무엇이든, 당장 뛰어들라. 마치 오늘밖에 남지 않은 것처럼 말이다."

Procrastination

인생 수업 : 꾸물거림

꿈은 '언젠가'라는 단어에는 대답하지 않는다.

오직 용감하게 뛰어드는 사람에게만 대답해준다.

●

LESSON 3-4

무형의 힘

무형 : 만지거나 잡을 수 없는. 물리적 실체가 없는

정원은 인간과 자연이 함께 부르는 사랑 노래다.

제프 콕스

모든 부는 열망에서 시작되고 가장 신비로운 방식으로 자라나지, 정원
사는 생각했다. 자신이 원하는 바를 알고, 그것을 전적으로 믿고, 거기
에 많은 효과 시간을 들이고, 내면의 속삭임에 주의를 기울인다면, 부
의 여정에는 말 없는 동반자가 생기게 마련이다.

어느 가을 따뜻한 토요일에 정원사는 양조장에서 손님들 사이에 섞
여 있었다. 손님들은 와인을 시음하고, 재즈 음악을 듣고 있었다. 정원
사는 제러드가 친구들과 함께 있는 것을 보고 그에게 다가갔다. 그는
한 달 전에 포장 회사에서 일을 시작했고, 그 뒤로 두 사람은 대화를 나
누지 못했다. 인사를 나누고 나서 정원사는 제러드에게 나중에 사무실
에 들르라고 말했다.

세 시간 후, 제러드가 사무실로 왔다. 그는 자신이 그 공장에서 어
떻게 새 일을 시작했는지, 트럭에 박스를 챙겨 올리는 일을 한 지 딱 한
달 만에 포장 작업 팀장으로 승진했다는 둥의 말을 했다.

"발전하고 있구나. 꽃에 물을 줄 때보다 시간을 더욱 효과적으로 사

용하고 있는 것 같군. 새로운 상황에 더 만족하는 것도 같고."

제러드가 입을 열었다. "네, 그리 나쁘진 않은 것 같아요. 하지만 보세요, 1년 전에 저는 에어컨 회사에서 엔지니어로 일하면서 지금 월급의 두 배를 벌었어요." 그는 한숨을 쉬었다. "완전히 만족스럽진 않아요. 더 잘살고 싶어요. 하지만 업무 외적으로 시간이 없어서 엔지니어 일을 구하는 게 진도가 안 나가요."

정원사는 제러드의 상황을 생각해보았다. 현재 상황은 대체로 괜찮았다. 우정을 즐기고 경제적 품위를 지키며 살게 해주었다. 하지만 그는 불만족의 조용한 속삭임을 느끼고 있었다. 내면의 지혜가 들려주는 소리를 무시하면 언젠가 후회하게 된다.

"지금 수입이 있고 돈도 모으고 있다니 다행이군." 정원사가 조심스럽게 말했다. "하지만 지금 자네는 무척 위험한 곳에 있는 것 같아."

제러드가 등을 기댔다. "제가 위험한 곳에 있다고요?"

"지금 상황에서 잘못된 건 없어. 자네가 불만족스러운 느낌을 무시하지 않는 한 말야. '안락의 덫'에 걸리면 영혼의 목소리를 무시하게 돼." 정원사가 말했다.

제러드가 한숨을 내뿜었다. "다시 아저씨네 정원의 신과 이야기하고 있는 것 같네요."

"자네를 생각해서 하는 말이야. 내 양조장에 있던 손님들이 모두 오늘을 즐기고 있는 것 같은가? 그들은 모두 더 나은 삶을 원하지만, 자신의 편안함과 맞바꾸고 나쁜 상황에 처하는 걸 바라지는 않아. 그래서 잠시 멈춰 서서 영혼이 이끄는 곳이 어딘지 생각하는 대신, 오늘 잠시 자기 삶에서 탈출하는 거지."

제러드가 웃음을 터트렸다. "제 눈에는 모두 행복해 보이는데요."

"그렇지, 그렇게 시간을 흘려보내고 있을 때는 말야……. 자넨 잘 지내고 있지. 하지만 자네가 갈 곳은 어디인가? 그리고 지금 삶에서 자네의 잠재력을 다 발휘하고 있다고 말할 수 있는가?"

"임시적인 거예요." 제러드가 간단히 말했다.

"내면의 지혜를 무시하면, 잠재력을 다 발휘할 수 없어. 자네가 가볍게 말하는 것, 거기에는 보이지 않는 힘이 작용해. 이 힘은 삶이 만개하도록 도와주지. 자네는 이 힘을 이용할 수 있어. 그렇지 않으면 홀로 고군분투하거나." 정원사가 말했다.

제러드가 그를 응시했다. "전 고군분투할 겁니다."

팽팽한 침묵이 흘렀다. 정원사가 도토리 한 알을 집어들었다. "내가 왜 이 도토리 한 알을 앞에 두고 매일 보는지 아나?"

제러드가 어깨를 으쓱였다.

"이건 내가 모든 걸 알고 있다고 생각하는 오만에 빠지지 않도록 일깨워주는 거야. 나는 이 도토리를 보면서 여기에 담긴 잠재력을 떠올린다네. 그리고 내 이해가 미치지 않는 신비로운 작용들을 생각하며 겸허해지지. 오직 자연만이 씨앗을 만들고 키울 수 있어."

제러드가 도토리를 바라봤다. "수업이 시작되고 있는 것 같네요."

"잠재력을 완전히 발휘하려면, 미지의 가능성에 대해 열린 마음을 가져야 해. 도토리 한 알에 담긴 엄청난 잠재력처럼, 우리가 완전히 이해할 수 없는 삶의 경이에 대해 생각해야 하지."

"전 도토리 한 알은 이해할 수 있는데요!"

"자네 마음은 지금 이 도토리와 같아. 도토리 안에는 거대한 나무가 될 잠재력이 들어 있지. 만약 이 도토리가 내 책상에 10년 이상 놓여 있으면 여기 담긴 잠재력은 어떻게 될까?"

제러드는 생각하는 듯했지만, 대답은 나오지 않았다.

"이제 그 미스터리를 생각해보게." 그가 말을 이었다. "우리가 이 씨앗을 비옥한 토양에 심는다면, 어떻게든 소생하겠지. 잠자고 있던 씨앗은 신비하게도 거대한 참나무로 자라게 되고 그 나무는 열매들을 수천 알 만들어내지."

제러드가 깊이 숨을 들이마셨다가 내쉬었다. "그래서요?"

"무형의 힘에 대해 절대 가벼이 말하지 말게. 미지의 것들에 의심을 품으면, 자기 자신에게도 의심을 품게 돼. 자네에게는 이 도토리 한 알보다 큰 잠재력이 있고, 보이지 않는 힘이 자네의 개성을 완전히 꽃피우도록 도와줄 수 있어."

"딱 하나 여쭤볼 게 있는데요, 만약 그게 다 헛소리라면요?" 제러드가 이의를 제기했다.

"실수는 경고를 해주기도 하지. 그래서 난 실수를 좋아해." 정원사가 빙그레 웃었다. "하지만 자네의 완벽하게 이성적인 질문에는 이렇게 답하겠네. 목표에 초점을 맞추고, 믿음을 키우고, 계획을 발전시키고, 시간을 들이고, 목적을 가지고 살아가는 일들만이 꿈을 이룰 수 있게 해준다고 말이야. 그러다 보면 우연의 조화들을 볼 수 있을 거야."

무형은 만지거나 손에 쥘 수 없다는 의미다. 물리적 실체가 없다는 말이다. 어떤 결과를 상상하고 간절히 원할 때, 무형의 힘들이 우리에게 협력한다. 최선을 다하고 내면 깊이 믿으면 보이지 않는 힘이 작용하여 기회가 자연스럽게 찾아온다. 신기하게도.

50세 무렵, 나는 경제적으로 목표한 지점에 다다랐다. 오랜 노력의 결과였지만, 이상하게도 마음속 깊이 만족감이 느껴지진 않았다. 산 정상에 올랐는데도 희열이 느껴지지 않았던 것이다. 나는 당혹스러웠고, 왜 그런지 답을 찾고자 조용히 숙고했다.

그때 아들은 대학 졸업반이었고, 곧 자신만의 경제적 여정을 시작하게 될 시점이었다. 오랜 숙고 끝에 30년 이상 배워온 지식을 아들에게 들려주고 싶다는 끌림을 느꼈다. 침묵 속에서 이 영감이 밀려왔고, 내게 힘을 주었다.

부에 관한 원고는 서재에서 비밀리에 조금씩 썼다. 한 달 내내 시간이 나면 이 메시지를 쓰며 끙끙댔다. 마침내 일을 끝냈다. 10쪽이었다.

그리고는 학교에 있는 아들에게 이 원고를 이메일로 보냈다. 내가 부에 관한 책을 쓸 것이며, 첨부한 제1장에 관해 인정사정 없이 평해주길 바란다고 썼다.

그러고 나서 스스로 발가벗겨진 듯 혼란스러운 기분을 느끼며 고뇌에 빠졌다. 마이크는 그날 밤 전화를 걸어왔고, 멀리 떨어져 있는 아이의 지지에 나는 안도감을 느꼈다. 우리는 내용에 대해 논의했다. 나는 전화를 끊고, 제대로 되어가고 있다고 직감했다. 아버지와 아들로서 우리는 진심 어린 대화를 나누었다.

나는 부에 관한 수업을 책으로 쓰기 시작했다. 1, 2주 만에 원고를 다 쓰고 나서 다시 마이크에게 보냈다. 아들은 소감과 제안들을 덧붙여 보냈다. 6개월쯤 지나자, 예기치 못하게 또 우울감이 밀려왔다. 내면의 목소리가 변화를 촉구하는 것이었다. 나는 다시 한번 조용히 생각에 잠겨 내면의 지혜가 무엇을 말하려는 것인지 이해하고자 했다.

당시 나는 여전히 병원을 주 3일 운영하고, 65채의 임대용 아파트를 운용하고 있었다. 딱 석 달만 병원을 떠날 수 있다면, 아들과 함께 나누고 싶은, 그리고 어쩌면 많은 사람과 나눌 수 있는 수많은 교훈에 관한 글의 윤곽을 잡을 수 있을 듯했다.

수입이 더 이상 필요하지 않고 책을 쓰는 일이 점점 더 큰 목표가 되어가면서, 임시로 병원 문을 닫고 싶은 유혹이 일었다. 나는 여기에 끌렸으나, 그 방아쇠를 당기지 못했다. 교착 상태에 빠져 있었다.

어느 날 병원에서 일을 마무리하고 있는데 아내가 집 하수관이 막혔다고 전화를 걸어왔다. 나는 배관공 세 사람에게 전화를 걸었지만, 모두 와줄 수 없다고 했다. 하지만 한 사람이 내게 자신의 집에 들르면 배관 뚫는 기계를 빌려주겠다고 했다. 나는 감사를 표하고, 기계를 빌린 뒤 집으로 가져갔다.

기계는 2.5센티미터 두께의 금속 코일이었다. 동력 모터가 둥글게 회전하는 기계였다. 나는 얇은 장갑 한 벌을 끼고, 기계를 지하실 배관으로 밀어 넣었다. 그 순간, 왼손 장갑이 선회하는 코일에 감겨들면서, 손이 기계 안으로 빨려 들어갔다.

손가락뼈가 여섯 동강이 났고, 의사는 석 달간 일을 쉬어야 한다고 말했다.

단순히 우연의 일치라고 여러분은 말할 것이다. 하지만 나는 이 책에 관한 글을 모으고 윤곽을 잡기 위해 고독하게 있을 소중한 시간을 간절히 원하고 있었다. 우리의 야심에 부합하는 기묘한 우연들은 늘 믿기 어렵지만 말이다.

부상이 축복이라고 말하는 걸 이상하게 여길 수도 있다. 하지만 오프라 윈프리가 말했다. "인생은 늘 우리에게 먼저 속삭여온다. 그 속삭임을 무시한다면, 언젠가는 비명을 지르게 될 것이다." 나는 이 말의 진실을 경험으로 배웠다.

Intangible Forces
인생 수업 : 무형의 힘

고요 속에서는 내면의 지혜가 조용히 속삭이는 소리를 들을 수 있다.

간절히 원하면 보이지 않는 힘이 언제나 답을 보내온다.

•

LESSON 3 - 5

부의 계절

계절 : 특정한 활동이 나타나는 기간

정원에는 인생의 전체 과정, 그러니까 나고 죽는 것이 다 존재한다.

티파니 베이커

첫 30년은 돈에 대한 배움의 기간이고, 다음 30년은 돈을 버는 기간이며, 마지막 30년은 정확하게 돈을 쓰는 기간이지, 정원사는 원고를 쓰면서 빙그레 웃었다.

그는 옆집 제러드를 보고는 활짝 웃으며 일어섰다. 제러드는 한 손에 맥주병을 든 채, 정원용 안락의자에 앉아 있었다. 잔디밭에는 빈 맥주병이 이미 다섯 병 쓰러져 있었다.

"목이 엄청 말랐나 봐." 정원사가 농담을 건넸다.

제러드는 맥주를 단숨에 들이켜고는 울타리로 다가왔다. "지난 주말에 아저씨가 하신 말씀을 생각해봤어요. 아저씨 말씀이 맞아요. 제 인생은 한심해요."

"난 그런 뜻으로 말한 적 없어."

"전 서른두 살에 이혼했고, 이름을 날리지도 못했어요. 제 친구들은 집도 있고, 가정도 잘 꾸려나가고 있지만, 전 부모님께 얹혀 살죠. 심지어 더는 직업적으로 성공하지도 못해요. 좀 더 어릴 땐, 이 나이쯤이면 대단히 성공했을 거라고 생각했는데 말이죠."

"하지만 자넨 아직 올라가는 중이지 않은가?"

제러드가 어깨를 으쓱했다. "8년 후면 인생의 절반이 지나요."

정원사가 그 말에 박장대소를 했다. "내가 도토리 이야기로 자네를 신경 쓰이게 만든 건 분명하군. 하지만 내가 그 작은 씨앗에 관한 이야기를 다 한 건 아닌데."

"지금 그 이야기를 하시려나 보네요." 제러드가 냉소했다.

"지금 우리가 참나무 아래에 서 있다는 걸 알고 있나?"

제러드가 고개를 들어 큰 나무를 바라보았다. 나뭇가지들이 머리 위로 넓게 퍼져 있었다.

"54년 전에 내가 직접 심은 나무야. 비옥한 땅에 작은 도토리 한 알을 묻어서 말이야. 작년부터 이 나무에 도토리가 열리기 시작했어. 무슨 말인지 알겠나, 제러드?"

제러드가 당혹스러워하며 맥주를 꿀꺽꿀꺽 마셨다. "짐작조차 못하겠는데요."

"저 나무는 평균 수명이 200년 정도인데, 저 애처로운 것은 지금껏 그냥 위로 자라기만 하고, 간신히 겨울을 견뎌내고, 그저 깊이 뿌리만 내리고 있었어."

제러드는 말뜻을 알아들었다. "아직까지 열매를 많이 맺지 못했다는 거군요."

"재미있지 않나?" 정원사가 물었다. "지금껏 열매를 맺지 못했었는데, 이제는 예정된 걸 제대로 하고 있어. 자네도 자네 인생의 계절들을 깨닫게 될 거야. 부가 찾아오는 일에도 계절과 주기가 있지. 자네는 지금 생의 단계에서 그저 무척이나 힘든 지점에 있는 것뿐이야. 인생의 여름을 그냥 즐기게나."

"여름은 어떤 시기인데요?"

정원사가 말했다. "경제적 주기로 치면, 서른둘이란 나이는 그때까지 살아남기 위해 애쓰던 계절을 지나서, 돈이 모이는 계절로 진입하는 때야. 난 자네 인생이 한심하다고 말한 적 없어. 단지 이걸 깨닫길 바라서 그런 말을 했네. 가야 할 방향에 초점을 맞추고, 잠재력을 사용해야 해. 자넨 지금 여름을 맞은 거야."

계절은 특정한 활동이 나타나는 기간을 말한다. 부를 쌓는 것은 3막짜리 드라마다. 경제적 부는 봄, 여름, 가을 동안 성장한다. 부의 계절에 관한 이 같은 진실을 파악하면, 스트레스를 좀 덜게 될 것이다.

어느 여름날, 아내와 나는 손을 잡고 산책을 하면서 동네를 지나갔다. 그때 우리는 20대 중반이었다. 나는 길가에 늘어선 꽤 괜찮아 보이는 주택들을 관찰하고는, 그 집의 주인들을 생각했다. 집주인들은 직업이 있고, 그 직업은 저런 집을 살 수 있을 만큼의 수입을 안겨줄 것이었다. 젊은 우리는 간신히 월세를 낼 따름이었다. 당시는 경제적 생애 주기에서 봄철이었다.

서른 무렵에도 나는 여전히 목표에 부응하기는커녕 그 언저리에도 못 갔다. 나는 열심히 일하고 살아남는 법은 이해했지만, 돈을 버는 법은 아직 몰랐다.

"자연을 깊이 들여다보라, 그러면 모든 것을 더 잘 이해하게 될 것이다." 아인슈타인의 말이다. 자연 만물은 인내심을 가지고 곧장 거침없이 자란다. 큰 나무도 작은 나무에서부터 서서히 자라난다. 경제적인 생애 주기는 계절들에 맞추어 일정한 패턴을 가지고 펼쳐진다.

제1막. 0~30세, 경제적 안정기

1막은 살아남는 걸 배우는 일들로 이루어진다. 이 시기에 우리가 지닌 돈에 대한 관점은 가족으로부터 배운 것이다. 우리는 학교에 다니고, 직장 생활을 하고, 시간을 돈과 맞바꾸기 시작한다. 경제적 성장을 배워나간다. 은행, 신용, 비용에 대해 배운다. 때때로 지출이 무섭다는 것을 깨닫게 되고, 경제적 안정성을 하락시킨다는 것을 배운다. 경제적 봄철에는 아직 시간이 많은 것처럼 느껴지고, 미래가 밝다. 가장 긍정적인 기간이 봄이다.

"4월은 만물의 영혼에 청춘을 부여한다"라고 셰익스피어는 썼다.

하지만 서른이 되어가면서 경제적 상황은 더욱 만만찮은 것이 된다. 우리는 삶의 조건이 경제적 상황에 따라 달라진다는 걸 깨닫게 된다.

제2막. 30~60세, 경제적 축적기

2막은 돈을 모으는 것으로 이루어진다. 우리는 청춘의 이상주의를 잃고, 돈이 중요하다는 사실을 깨닫는다. 안정적인 인생을 바라게 된다. 적어도 경제적 부분에 대해 걱정하지 않을 만큼의 돈을 벌길 바란다. 경제적 주기에서 여름철인 것이다.

여름은 어른으로 더 성숙해나가는 계절이다. 우리는 경제적 목표들을 세운다. 심지어 그 목표를 어떻게 얻어낼지도 모르면서 돈을 모으려고 한다. 돈벌이에 관한 잠재력이 최고조에 달한 시기지만, 또한 그만큼 많은 비용이 발생한다. 우리는 가족을 얻고 부양의 의무를 진다.

그러면서 계산해야 할 것이 얼마나 '버느냐'가 아니라 얼마나 '모으느냐'임을 알게 된다. 우리는 차곡차곡 돈을 모은다. 저축한 것을 투자하여 그것으로 돈을 벌고 더 모으는 일을 배운다.

제3막. 60~90세, 경제적 독립기

마지막 막은 가을 수확으로 이루어져 있다. 그동안 축적해놓은 것으로 안정적인 은퇴 생활을 하는 것이다. 가을의 생활 방식은 그동안 모은 부의 양에 기반한다. 모으지 못했다면 계속 돈벌이를 해야 한다.

경제적 생애 주기는 계절처럼 예측 가능하다. 에머슨은 "자연의 속도를 받아들이라"라고 말했고, 노자는 "자연의 비밀은 인내다. 성급하게 굴지 않지만, 모든 것이 완성된다"라고 했다.

서두르지 말라. 부는 각각의 계절에 따라 다른 양상으로 펼쳐진다는 사실을 알아두라.

Wealth Seasons

인생 수업 : 부의 계절

부는 연극처럼 3막으로 구성되어 있다.

그 과정에서 인내가 요구된다.

●

개인적 성장

개인적 성장 : 발전하고 더 나아지는 과정

정원사가 정원을 가꿀 때, 성장하는 건 식물들만이 아니다.
정원사도 역시 성장한다.

켄 드루스

오늘 불가능한 일들이 내일은 현실이 될 수 있지, 정원사는 생각했다. 명확한 생각, 지속성, 헌신이 있다면 초보 정원사도 깜짝 놀랄 만큼 짧은 시간 안에 숙련된 정원사로 성장할 수 있다.

전문 원예가들을 제치고 정원사는 최근 정원 관련 대회에서 올해의 정원상을 수상했다. 지미는 그날 밤 모임에 따라왔고, 두 사람은 정원사의 트럭을 타고 집으로 향했다.

"정원 일이 이렇게 복잡한 줄 몰랐어요." 지미가 창밖을 응시하며 말했다.

"사실 그렇게 복잡하진 않아. 핵심은 간단해. 하지만 모임에 있던 정원사들은 장인들이고, 도전을 좋아하지."

"제겐 무척 복잡하게 들렸어요."

"평소 듣지 못했던 말이지." 정원사가 의미를 분명히 했다.

지미가 미소를 지었다. "네, 그 말이 맞는 것 같네요."

"하지만 넌 이미 정원 일이 주는 교훈 하나를 알고 있잖니."

"고귀한 짐이라는 거 말고 또 있어요?" 지미가 농담을 했다. "정원 일이란 자연에 맞선 끝없는 투쟁이란 걸 알게 됐어요. 제가 계속 노력해도요."

정원사가 동의했다. "그게 진실이지, 정말 매일 늘어나기만 하는 일들과 혼돈, 무질서에 대항해 싸우는 일이야. 하지만 숙련된 정원사들은 정원 일이 노동의 만족감을 준다는 걸 알고 있단다. 정원 일은, 거기에 존재하는 수많은 문제들에도 불구하고 영적인 기쁨을 주거든."

"정원 일에 숙달되려면 배울 게 많지요."

"내가 생각하기에, 그저 우리 모두 성장하기를 바라기만 하면 돼. 매년 똑같은 정원에 식물을 심는데, 문제가 전혀 발생하지 않는다면 지루하지 않겠니? 너는 평생 그 작은 정원에 계속 머무를 수 있겠니? 변하는 것 하나 없는 인생을 상상할 수 있겠니?"

"죽는 게 낫겠네요." 지미가 농담을 던졌다.

"하지만 사람들은 그걸 바라지. 문제없는 인생을 선택하는 거야. 게을러서일 수도 있고, 불확실한 미래가 두려워서 그럴 수도 있지. 자기 내면의 지혜에 귀 기울이지 않는다면, 인생을 시작한 곳에서 마감하게 돼. 너무 많이들 자신의 작은 정원을 유지하는 데 급급하지."

"그렇게 얽매여 사는 건 상상도 못 하겠어요."

정원사는 운전을 하면서 고개를 저었다. "네 채소밭이 주는 그다음 교훈을 모르겠니?"

"전 바보인가 봐요. 땀과 노동, 그 이상의 의미는 못 찾겠어요. 실제로 지루해지고 있고요." 지미가 한숨을 쉬었다.

정원사는 말없이 차를 몰았다. "그 지루함에 교훈이 있다는 건 생각해봤니? 지루함이 너의 내면에서 오는 것이라고 말이야."

지미가 그 말에 대해 생각했다. "정원이 좋아지지 않아서 지루해요.

이런 느낌이 변화하라는 내면으로부터의 신호인가요?"

"힘들고 단조로운 일이 어떤 방식으로든 네 발전에 도움이 된다면 의미를 가질 수 있지. 하지만 넌 정원 일을 그저 지루하게 느끼고, 네가 성장하지 않았다고 보는구나.

"짜증만 나요."

"식물에게 도움이 되는 일은 정원사에게도 도움이 된단다. 식물이 태양을 향해 자라는 것처럼 인간 역시 늘 자신의 잠재력을 발휘하는 쪽으로 가야 해. 변화가 필요할 때, 우리는 그걸 직감으로 알아."

"어떻게 해야 잠재력을 완전히 발휘하죠?"

"그 일에 대해서라면 나도 많이 생각한단다. 간단하게 대답할 수 없는 문제고, 나도 아직 찾고 있어." 정원사가 미소 지었다.

트럭이 농장의 긴 진입로를 따라 구불구불 달리다가 집 앞에서 섰고, 두 사람은 안으로 들어갔다.

"네 정원에는 한 가지 교훈이 더 있는데, 내가 아이였을 때 일구었던 채소밭 크기랑 정확히 똑같이 만든 거란다." 정원사가 지미의 맞은편 흔들의자에 앉아 지미에게 눈을 찡긋했다.

지미가 어리둥절한 표정으로 바라보았다. "왜 그렇게 하신 거예요?"

"10대 시절 나는 삼촌네 땅 한 뙈기를 맡았어. 지금 네가 일구는 곳이지. 그리고 평생 내 정원을 더 키워나갔단다. 네게 이 일을 주면, 내가 인생 초반에 배운 걸 너도 알게 될 거고, 그러면 내가 시작했듯이 너도 시작할 수 있겠다 싶었지."

지미가 똑바로 몸을 세웠다. "어떻게 하셨는데요?"

"나는 마음의 경계를 넓힘으로써 정원을 넓혀나갔단다. 계속 배우고 스스로 숙련해나가는 데 시간을 바친다면, 불가능한 목표란 거의 없지." 정원사가 말했다.

지미가 눈살을 찌푸렸다. "아저씨가 어떻게 성공하셨는지 듣고 싶다니까요."

정원사가 의자에 등을 기댔다. "나한테 진실이었던 걸 말해줄 수는 있지. 난 네가 가진 작은 채소밭과 정확히 똑같은 데서 시작했어. 얼마 지나지 않아 앞으로 평생을 고작 이 작은 채소밭이나 일구게 될지도 모른다는 걸 깨달았지. 내가 변화하지 않는 한 말이다."

지미가 말없이 고개를 끄덕였다.

"더 큰 정원이 더 낫다는 건 어렵지 않게 알 수 있었어. 난 이 진실을 10대 때 알았단다. 많이 배우지 못한 부모 아래서 자랐지만, 난 책 읽는 걸 대단히 좋아했어. 허레이쇼 앨저의 이야기가 사물을 보는 내 관점을 바꾸었지. 그 이야기들은, 가난하지만 야심만만한 소년들이 성장하는 세계로 나를 보내주었어."

"하지만 아직, 아저씨는 그냥 채소밭에서 시작했단 이야기만 하셨는데요."

정원사가 말을 바로잡았다. "더 많은 걸 이야기했는데……. 난 머리가 있었고, 시간도 많았지. 돈은 없었지만, 일하고자 하는 열망은 있었어. 내게는 위험할 게 없었다. 잃을 게 없었으니까. 그래서 나는 기회들을 잡았지."

"좋아요, 하지만 어떻게 해서 아저씨가 클 수 있었냐고요?"

"저 작은 텃밭이 내가 지금 운영하고 있는 농장이 되리라는 게 쉽게 상상이 되니?"

"아뇨, 전혀요."

"불가능하다고 말할 줄 알았다."

"무슨 말씀이세요?"

"난 결말이 어떻게 될지 전혀 짐작도 못 했단다. 그건 가능한 일이 아니었어. 난 그저 내 능력 밖의 목표 하나를 선택했고, 그렇게 커나갔어. 그러고 나면 또 다른 능력 밖의 목표를 선택하고, 또 그렇게 성장했어. 이런 방식으로 힘을 키웠지."

"알아들었어요. 아저씨는 자기 자신에게 도전했고, 스스로를 성장시키고, 그렇게 꾸준히 발전해나가자 불가능한 목표들이 가능해졌단 말씀이시군요." 지미가 말했다.

"그 이상으로 내 시간을 사용했어. 그 시간이 내 잠재력을 몽땅 발휘하게 해준 핵심 요인이란다. 노력에 더해, 나는 마음의 힘을 깨달았고, 크게 도약할 수 있었지. 믿고 노력하니까 보이지 않는 힘이 나와 함께 일해줬단다." 정원사가 사려 깊게 말했다.

지미가 한숨을 쉬었다. "이제 아저씨가 하신 것처럼 제가 시작할 차례군요."

"부를 일구겠다는 목적을 가지고 시작하렴. 내 말은 정확히 돈의 '양'을 뜻하는 거다. 그리고 언제까지 해낼지 정해. 그걸 받을 만한 자격을 갖추도록 성장하는 거야. 지금 있는 환경이 네게 좁다고 느껴질 때까지 마음을 넓혀라. 그러면 정원이 정원사의 마음에서 자라나는 걸 목격하게 될 게다. 더 큰 정원을 만드는 방법은, 네가 가진 정원이 가득 차서 네게 맞지 않게 되는 거야. 불가능한 목표를 세우고, 현실에 영향을 주는 활동을 하는 데 전념하거라." 정원사가 말했다.

"그럼 아저씨는 능력 밖의 목표를 추구했기 때문에 부를 일구게 되신 건가요?"

"그렇단다, 능력 밖의 목표지. 자라느냐 죽느냐, 이게 자연의 방식이란다. 식물들은 성장을 멈출 때, 죽어가기 시작해. 우리는 늘 스스로를 길러야 한단다."

"그럼 최종 꿈에 도달하면요?"

정원사가 웃음을 터트렸다. "그럼 그땐 멋진 문제를 가지게 될 거다. 숙련된 정원사는 늘 발전하고, 그들의 꿈도 그렇게 되지."

지미가 활짝 웃었다. "그럼 우리는 절대 자신의 잠재력을 모두 다 발휘할 수는 없겠네요?"

"그게 지금 내가 만족스러운 답을 찾지 못한 문제란다. 과연 자신의 잠재력이 얼마만 한지 우리가 어떻게 알 수 있을까? 자신이 목표를 달성할 만큼 똑똑하진 않아 보일 때, 그 일을 하기에 힘이 부족해 보일 때, 정말 최선을 다해 분투하고 있음에도 실패할 것 같을 때, 자기 능력의 끝을 볼 수 있으리라고 난 믿는다. 열망과 믿음이 충분하다면, 꿈을 얻기에 충분한 지력과 힘이 자신에게 있다는 걸 알게 될 거야."

지미는 대꾸하지 않았다.

정원사가 담담하게 말을 이었다. "네가 가진 잠재력이 얼마만 한지 알고 싶다면, 일단 도전하렴. 내가 확실히 아는 건, 잠재력을 완전히 발휘하는 건 우리의 과제이자 의무라는 거야."

Personal Growth

인생 수업 : 개인적 성장

불가능한 목표가 개인의 성장을 이끈다.

목표와 잠재력은 서로 영향을 주며 커져간다.

●

2부
부의 정원 가꾸기

The Wealthy Gardener

4장

55가지 부의 언어

목적

목적 : 목표, 특히 개인의 욕심을 초월한 목표

나는 정원 일을 좋아한다.
정원은 휴식이 필요할 때 나 자신을 발견하게 해준다.

앨리스 서볼드

부로 가는 여정이 화려한 오르막일 거라 생각하는 건 환상일 뿐이지, 정원사는 생각했다. 오히려 현실에서는 희생의 여정이자 괴로움의 여정일 뿐이다.

수요일 저녁의 카드놀이가 한창이었다. 나이 든 남자 둘은 오랫동안 똑같은 이야기를 반복하면서 웃음을 터트렸다. 정원사는 사람들과 함께 즐기고 있었고, 프레드 역시 편안함을 찾은 것 같았다. 요즘에는 이런 관계가 중요했다.

"솔직하게 말하자면, 은퇴 생활이 이렇게나 상실감을 안겨준단 걸 믿을 수가 없어. 일을 잃어서는 아니야. 그저 공허함이야, 뭔가를 잃은 듯한. 직업이 있었을 때는 아침에 침대에서 일어나는 이유를 알았지." 프레드가 시인했다.

정원사는 테이블 너머에서 친구를 살펴보았다. 몇 년 전에 은퇴한 프레드는 아직 힘든 적응기를 겪고 있었다.

"과도기에는 시간이 필요하지. 자넨 고등학교를 졸업한 뒤로 열심히 일했잖나. 점점 더 나아질 거야." 정원사가 위로했다.

"난 시간이 별로 없어. 코니는 내가 골프를 계속하든지, 정원 일을 시작해야 한다고 생각해. 하지만 난 더위 속에서 작은 공이나 쫓든가 흙구덩이에서 씨앗이나 뿌리고 싶진 않아. 이렇게 자유로운데도 재미가 없어."

정원사가 연민 어린 표정으로 고개를 끄덕였다. 마침내 그가 물었다. "메리가 죽은 뒤에 자네가 내게 했던 말 기억나나?"

"가치 있는 명분을 찾으라고 했지." 프레드가 한숨을 깊이 쉬었다.

"그렇게 말했지. 알다시피 자네의 그 말에 난 분개했었어. 자네에겐 아내도, 가족도 있었으니까. 자넨 공장장이었고, 모든 일이 잘 풀리고 있었으니까. 나는 비참한 상황에 깊이 빠져 있었어. 고통스러워서 아무 것도 할 수가 없었어. 그냥 눈물만 나왔고, 사는 것도, 베푸는 것도 그만 두었지."

프레드는 대꾸 없이 이 말을 곰곰이 생각했다.

"자네가 내게 뭐라고 말했는지 기억하나?" 정원사가 물었다.

프레드가 천천히 고개를 끄덕였다. "나는 자네가 삶에 뛰어들어야 한다고 생각했지. 그때, 자네는 엉덩이를 떼고 움직여야 했어. 살게 할 뭔가가 필요했어."

"날 침대에서 나오게 할 뭔가가 필요했지." 정원사가 동의했다. "나 자신 말고, 삶의 목적이 필요했지. 자네가 말한 게 그거였어. 그리고 그게 내겐 구명줄이었어."

프레드가 시선을 들어 친구를 바라보았다. "자네가 말하는 게 뭔지 아네, 고마워. 하지만 자네 부인의 죽음과 내가 은퇴하고 몸부림치는 것은 달라. 나는 자네가 잃은 걸 잃진 않았어."

"자네 말이 맞아. 하지만 나는 아침에 침대에서 일어날 목적을 잃었어. 그리고 자네 말처럼, 나는 단순히 엉덩이를 움직이고, 가치 있는 명분에 나를 던질 필요가 있었어. 자네는 딱 맞는 조언을 했고, 소년원 주일학교 수업에서 나는 살아갈 이유를 찾았지."

프레드는 마지못해 미소를 띠었다.

목적은 목표 혹은 겨냥점이다. 특히 개인의 욕심을 초월한 목표를 이른다. 부를 얻고자 한다면 아무리 험난할지라도 그 여정을 계속해나가야 하고, 지치지 않고 나아가기 위해서는 뚜렷한 목적이 있어야 한다.

나는 직업상의 일만 하며 살고 싶지 않았다. 물론 매일 직장 일을 하는 건 의미가 있다. 기초적인 생존을 위해 당연히 해야 하는 일이다. 설령 대단한 명분이 없을지라도 우리는 그렇게 해야 한다. 선택의 여지가 없기 때문이다. 일을 하는 건, 좋든 싫든, 이 지구상에서 살아가기 위해 요구되는 것이다.

달리 방법이 없었고, 나는 내 일을 계속해야 했다. 그러던 어느 날, 책을 쓰기로 결심한 그날부터 나에겐 새로운 삶의 목적이 생겨났다. 3년이라는 시간 동안 글을 쓰는 데 온 힘을 쏟아부었다. 힘들었지만 행복했다.

우리는 목적이 있는 인생을 추구하고 앞으로 나아가도록 태어났다. 무엇이 우리를 행동하게 하는지 알게 되면, 자신의 모든 잠재력을 발휘할 수 있게 된다.

Purpose

인생 수업 : 목적

부를 일구는 데는 지속적인 불편이 따른다.

또한 일신의 안락보다 더 큰 명분이 언제나 우리를 움직인다.

•

보상

보상 : 어떤 것에 대한 대가로 갚는 것

나는 오직 식물의 관점으로만 사물을 바라보는 실수를 저질렀다.
정원 일에 관한 내 재능은 이 실수들의 결과물이다.

H. 프레드 데일

중요한 일에 이바지해야 중요한 소득이 나오지, 정원사가 중얼거렸다.

정원사는 소년원 아이들에게 수업을 하려고 강단에 서 있었다. 지난 6년 동안 그는 자원해서 이 아이들에게 시간을 썼다. 주일학교는 독수리 클럽이라고 불렸으며, 오늘은 돈을 버는 일에 관해 설명할 차례였다.

그는 칠판에 네 가지 질문을 휘갈겨 썼다. 이 내용들은 여기 있는 학생들 모두가 지금 알아야 할 것이었다.

내가 하는 일이 세상에 필요한 일인가?

어떻게 하면 내 일을 더 잘할 수 있을까?

나는 대체하기 어려운 사람인가?

내가 하는 일이 얼마나 많은 사람에게 도움을 주는가?

그는 말했다. "인생에서 원하는 만큼의 소득을 벌지 못한다면, 너희가 하고 있는 일에 대해 이 네 가지 가치를 고려해서 생각해야만 한다. 소득은 언제나 세상의 관점에서 너희가 얼마나 세상에 기여했느냐를 반영하거든."

지미가 책상 의자에 앉아 조용히 응시하고 있었다. 지금 교실 안에 있는 소년들은 지미가 얼마 전까지 이 교실에 있던 학생이었다는 걸 알지 못했다.

한 아이가 대답했다. "제가 누구에게든 쓸모 있는 일을 하고 싶지 않다면요?"

"그럼, 너에겐 나쁜 소식을 전해야겠구나. 세상은 네가 뭘 원하는지 신경 쓰지 않는다. 실은 네가 이 지구상에 존재하는지 아닌지도 신경쓰지 않지. 네가 어떤 쓸모를 보였느냐에 따라서 네가 얻는 것이 달라질 뿐이야."

아이가 강조해 말했다. "그럼 돈을 벌려면, 내가 다른 사람을 위해 희생해야 한단 거예요?"

"어떤 사람이 너에게 돈을 지불하는 이유는, 네가 그 사람에게 이익을 만들어주기 때문이란다. 그게 현실이야. 대부분의 일이 그러하듯, 너는 맡은 일을 수행한 데 대한 돈을 받는 거야. 네가 무언가에 기여하기를 거부한다면, 굶주리게 될 거야."

"우리 할아버지는 평생 노예처럼 일했어요. 회사에서 일하다가 허리가 망가지셨고, 결국 일자리를 잃으셨어요. 난 그렇게 안 살 거예요." 아이가 목소리를 높였다.

"할아버지는 어쩌면 돈벌이를 하는 동안 네 생각을 하셨을 거야. 이제 그분의 삶에서 배움을 얻어보자. 할아버지의 기여가 세상에 필요했을까?"

"할아버진 30년을 조립 라인에서 일하셨어요."

"오랫동안 그 일에 기여하셨구나." 정원사는 노동의 존엄성을 강조하면서도 어떤 일들은 다른 노동자로 대체되기 쉬우므로 취약하다는 점을 설명했다. "사람들 대부분은 자신이 그 무엇으로도 대체될 수 없다고 생각하는 우를 범해. 그렇게 생각하면 대개 잘못되지."

교실 앞줄에 앉은 아이 하나가 손을 들었다. "저희 엄마는 누구나 하나뿐인 자질과 흥미를 가지고 있다고 말씀하셨어요. 우리가 그걸 사용하면, 돈 문제는 쉽게 해결되지 않나요?"

정원사가 아이를 응시했다. "어머니는 무슨 일을 하시니?"

"피아노 선생님이세요."

"피아노 교사는 물론 의미있는 일이지. 하지만 수요가 제한적이고 언제든 다른 피아노 교사가 대신할 수 있다는 점이 문제야."

교실이 조용해졌고, 정원사가 말을 이었다. "사랑하는 일을 찾는 게 좋단다. 그리고 그 일이 네가 준 사랑을 되돌려 줘야만 해. 네가 계속 사랑을 주는데 그걸 돌려받지 못한다면 억울해질 테니까."

"어떻게 하면 사랑을 되돌려 받을 수 있죠?" 뒷줄에 앉은 아이가 물었다.

"만족감이라는 보상이 오는 일을 해야 한단다. 네 일이, 네 안의 요구를 충족시킬 수 있어야 해. 삶에 필요한 돈도 너에게 주어야 하고. 시간이 지날수록, 노력만 하고 보상받지 못하면 억울함이 생겨나게 마련이야." 정원사는 그렇게 말하며 아이들을 둘러보았다. 아이들의 눈이 반짝였다.

보상은 우리가 준 것에 대해 되돌려 받은 것을 말한다. 적절한 보상은 필수다.

"돈은 두통거리인 동시에 치료약이기도 하다"라고 테리 길리메츠는 말했다.

나는 남들이 쉽게 할 수 없는 일을 찾아야 했다. 결국 찾은 일은 플리핑 하우스 사업인데, 이는 허름한 집을 사서 수리한 후 되팔아 수익을 내는 사업이다. 나는 네 가지 질문을 스스로에게 던졌고 다음과 같은 답을 얻었다.

첫째, 나는 수요가 있는 일을 했다. 내가 사는 지역에서는 주택 구입자들이 가진 돈을 몽땅 계약금으로 쏟아부었다. 집을 수리하거나 새로운 가전을 사거나 지붕을 얹거나 조경을 하는 데 쓸 돈이 남지 않았다. 이런 상황을 감안하여 나는 일괄 공급 체계의 부동산을 제공했다. "들어와서 살기만 하세요"라고 광고한 것이다.

둘째, 희소성을 제공했다. 집을 개조하는 데 필요한 일꾼들이 완벽하게 일하길 요구했다. 최대한 완벽한 집으로 만들고자 했고, 성과가 있었다. 그러고 나서 내 집들이 다른 집들보다 더 완벽하다고 홍보했다.

셋째, 대체하기 어려운 일을 했다. 나는 저축해놓은 돈이 있었고, 경쟁자들 대부분은 현금을 보유하고 있지 않았다. 내 돈은 눈덩이처럼 불어나서 사업에 힘을 실어주었다. 초기자본금이 탄탄하니 모든 단계를 좀 더 섬세하게 이행할 수 있었다.

넷째, 나는 연간 다섯 채의 집을 개조했다. 매년 수백채의 집들을 대량으로 찍어내는 바쁘디바쁜 전문가들에 비교해서는 인간적인 소규모 사업이었지만 고객들은 작은 성의와 세심한 수리에 감동했다.

물론 플리핑 하우스 사업은 스트레스와 문제를 끊임없이 안겨주었지만, 부를 이루기 위해서는 기꺼이 감수해야 할 몫이었다.

돈을 모은다는 목적을 추구할 때, 우리가 다른 사람들에게 하는 기여에 대해 다음의 두 가지 질문을 해야 한다. 내가 얼마나 도울 수 있는가? 그리고 그게 내게 어떤 이익이 되는가?

이 질문들 사이의 적절한 균형점을 알아내고, 사람들의 필요를 충족시킬 때, 그러고 나서 하루하루 주어진 시간을 사용할 때, 자기만의 삶의 방식을 발견하게 될 것이다.

Compensation

인생 수업 : 보상

한 사람의 수입은

자신이 한 일이 필요한 일인지,

자신이 그 일을 얼마나 잘 해냈는지,

자신을 대체할 수 있는지,

자신이 얼마나 많은 사람에게 기여했는지와 등가다.

●

5년간의 개혁

개혁 : 대의를 향해 나아가는, 삶을 변화시키는 거센 움직임

제아무리 황량하고 헐벗고 황폐한 황무지라도,
아름답고 멋진 풍경으로 바뀔 수 있다.

거트루드 지킬

정원사는 5년 전 소년원 교실에서 지미를 만났을 때를 떠올렸다. 그때 지미는 희망 없이 방향을 잃은 어린 소년으로 보였다. 지금은 가장 장래가 창창한 청년으로 소년원에서 나왔다. 5년간의 개혁 기간 동안 꾸준히 하루하루를 사용하자, 무슨 일이든 가능해졌다.

토요일 아침, 두 사람은 정원사의 집 거실에 앉아 있었다. 앞에는 난롯불이 타오르고, 창밖으로 눈이 내리고 있었다.

"아저씨가 지금 알고 계신 걸 전에 알았더라면, 제 나이에 저와 같은 처지였다면, 삶에서 어떤 생각을 가장 많이 했을 것 같으세요?" 지미가 물었다.

정원사가 미소를 띠며 말했다. "나는 쭉 보이지 않는 힘을 믿어왔어. 너도 알지 않니, 내가 매일 정신 수양과 깊은 명상이라는 의례를 치른다는 걸. 만일 지금 내가 네 나이라면, 앞으로 5년 동안 이 기술을 배울게다. 그리고 나서 네 앞에 놓인 삶에 대해 생각하면 된단다."

지미는 어리둥절했다. "왜 5년인가요?"

"변화는 정말 세심히 봐야 눈에 띄지. 참나무는 5년쯤 지나야 5미터가 넘게 자라난단다. 사람들은 짧은 시간 안에 참나무가 크게 자라나길 바라지만, 그건 자연이 작동하는 방식이 아니야. 가치 있는 보상, 숙련된 기술은 몇 해에 걸쳐 생겨나는 거란다." 정원사가 말했다.

"전 인내할 수 있어요. 제가 뭘 하면 될까요?"

"할 게 많지. 가장 먼저 해야 하는 건, 원하는 게 뭔지 분명히 하는 거란다. 그다음 시간을 사용하는 법을 배우고, 매일 최선을 다해 써야 한다. 의미를 발전시켜 나가고, 고된 시간을 겪어내야 해. 네가 보지 못한 세상에서 사는 법을 배워야 해. 그러면 결코 혼자가 아님을 느끼게 될 거다."

지미가 웃음을 터트렸다. "그게 다예요?"

"처음엔 대단치 않게 들리겠지. 하지만 매일 낭비되는 시간을 목적을 향한 시간으로 바꾸고, 그 목표에 집중하는 것 말고 다른 건 없단다." 정원사가 싱긋 웃었다.

"아저씨는 어렸을 때, 인생 계획이 있었나요?" 지미가 물었다.

"작은 목표들을 세우고 발전시켰다고 좀 전에 말하지 않았니. 내가 발견한 건 5년마다 큰 변화가 일어났다는 거야. 난 5년마다 개혁 기간 혹은 목적을 가지고 삶을 계획하는 법을 배웠어. 5년은 현재 상태에서 계획을 세우기에 가장 먼 미래야. 모든 걸 변화시키기 위한 행동을 할 만큼 충분히 길고, 견뎌내기에는 충분히 짧은 시간이기도 하지."

"제가 어디부터 시작해야 할까요?"

"매일 고독하게 앉아 있는 시간을 가지렴. 생각을 정리하고, 내면의 목소리를 듣고, 침묵 속에서 네가 원하는 것들에 집중해야 한단다. 초점을 좁히지 못한다면, 평범하고 시끄러운 나날들을 보내면서 네가 가진 잠재력을 영원히 흘려보내게 될 거다."

5년간의 개혁이란 대의를 향해 나아가는, 삶을 변화시키는 거센 움직임을 말한다.

어마어마한 빚의 수렁에 빠진 친구가 있었다. 20대 내내 그는 학자금 대출에 시달렸는데, 결혼을 하면서 비슷한 규모로 아내의 학자금까지 얹어졌다. 두 사람은 아이를 낳고, 집을 사고, 새 차를 두 대 임차했다. 그렇게 점점 빚 속으로 깊숙이 빨려 들어갔다.

30대가 될 무렵, 매일 일을 해서 대출기관에 빚을 갚는 것밖에는 미래가 그려지지 않자, 두 사람은 무기력하고 우울해졌다. 신용카드 비용 3만 5천 달러, 집 담보 대출 15만 달러, 차량 대출 6만 달러, 두 사람의 학자금 대출 총액 11만 달러가 쌓여 있었다. 내가 이 모든 사실을 아는 건 그 친구가 내 아파트 임차 계약을 할 때 신용 보증 서류를 제출했기 때문이다.

그들은 임대 아파트로 이사하면서부터 빚을 줄여나가겠다는 결심을 했다. 그 후 그들의 인생이 변하는 것을 보았다. 아내는 주당 40시간을 일했고, 내 친구도 그만큼 일했다. 여가 시간에도 네트워크 마케팅 사업을 일궈나가기 시작했다. 5년 만에 두 사람은 빚에서 완전히 해방되었다.

"패턴이 깨질 때, 새로운 세계가 떠오른다." 미국의 반체제 시인 툴리 쿠퍼버그의 말이다. 문제를 느낀다면 현재의 상황에서 벗어나야 한다. 좋든 싫든 우리는 새로운 세계 속으로 믿음의 발걸음을 떼야 한다.

5년이라는 기간 동안 비극을 넘어선 친구가 또 하나 있다. 앤지는 결혼해서 아이가 둘 있었고, 그녀의 남편은 갑작스러운 뇌 동맥류로 사망했다. 1년 만에 그녀는 집을 팔고 부모님 댁으로 이사했다. 부모님이 아이들을 돌봐주시기로 했던 것이다. 앤지는 각종 공과금을 내려고 온종일 일했다. 그러고는 여가 시간을 이용해 학위를 받을 수 있는 커뮤니티 칼리지 프로그램의 간호학 과정에 등록했다. 앤지는 마주칠 때마다 지쳐서 얼굴이 허옇게 떠 있었다.

하지만 5년 후에 그녀는 정규 간호학 과정에 등록했고, 부모님 댁 옆집을 구입할 수 있었다.

빌 게이츠가 말했다. "사람들 대부분은 1년 안에 자신이 할 수 있는 일을 과대평가한다. 반면 자신이 10년 안에 할 수 있는 일은 과소평가한다." 5년은 인생을 변화시킬 수 있는 힘이 있다. 왜 개혁인가? 그것이 모든 것을 변화시키는 강력한 움직임이기 때문이다.

5년은 새 삶을 얻을 준비를 하기에 충분한 시간이다. 자신이 처한, 원치 않는 상황을 즉시 바꿀 수는 없지만, 늘 새로운 방향으로 나아갈 수는 있다. 약간 방향을 트는 것으로 목적지가 결정된다.

마하트마 간디는 말했다. "크든 작든 가치 있는 성취는 모두 시작과 투쟁과 승리의 단계를 이룬다."

무슨 일이든, 5년간의 개혁으로 가능하다.

Five-Year Crusades

인생 수업 : 5년간의 개혁

빠른 결과를 원하면 좌절만 겪게 될 뿐이다.

하지만 5년간의 꾸준한 노력은 삶을 완전히 변화시킨다.

●

저항

저항 : 반대하는 힘

성공적인 정원 일이란,
해야 할 일을 제때 제대로 된 방식으로 하는 것이다.
당신이 그 일을 하고 싶든 그렇지 않든 말이다.

제리 베이커

육신에도 관성이 있지, 정원사는 생각했다. 움직이는 육신은 움직이는 상태로 있으려 하고, 쉬고 있는 육신은 수많은 핑계를 생각해낸다.

금요일 저녁 6시, 제러드는 양조장 실내 바에서 와인 한 잔을 들고 앉아 있었다. 정원사는 다가가 근처 의자에 앉았다. 두 사람은 인사를 나누었고, 제러드는 여자 친구를 만나러 왔다고 말했다.

"그래서 요즘 어떤가?" 정원사가 물었다. 일전에 나누었던 대화를 언급하는 것이 분명했다. 두 사람이 마지막으로 대화를 나누었을 때, 제러드는 술에 취해 우울한 채로 부모님 집 뒤뜰에 있었다.

"그렇게 나쁘진 않은 것 같아요."

제러드의 모호한 대답은 그 질문에 대한 일종의 묵살이었다.

"그런데, 새 여자 친구는 누군가?" 정원사가 조금 더 안전한 화제로 옮겨갔다.

제러드의 얼굴이 빛났다. "무척 특별한 여자예요. 그녀 같은 사람은 만나본 적이 없어요. 함께 있을 때 크게 애쓰지 않아도 돼요. 그냥 편하게 있으면 돼요."

"그거 특별하군." 정원사가 동의를 표했다. "그녀는 자네가 인근 지역에서 직업을 찾고 있는 걸 어떻게 생각하지?"

"그녀는 제가 그 말을 하면 늘 조용해져요. 아저씨는 그게 뭘 뜻하는지 아시겠죠."

"조용한 반대지. 하지만 난 자네가 능동적으로 일을 찾고 있는지 물어야겠네."

"전 지금 회사에서 초과 근무를 엄청 많이 하고 있어요. 50퍼센트 초과 근무 수당이 지급되죠. 매일 쉬는 시간이라곤 없이 꽉 차 있어요."

정원사는 그 말에 대해 생각했다. 그러니까 제러드는 엔지니어 일을 찾는 걸 보류한 채, 마을 여자에게 홀딱 반해 있으며, 쉴 시간이 없다는 핑계로 노력하고 있지 않은 것이다.

"그래서 지금 상황이 맘에 드는가?"

제러드가 천천히 미소를 띠었다. "의기소침해 있는 건, 지난번에 아저씨와 대화를 나누었을 때랑 똑같아요."

정원사는 잠시 입을 다물었다.

"그게 나쁜 일인가요?" 제러드가 물었다.

"전혀. 사람과 환경이 우리 주변을 변화시키는 것처럼, 열망이 삶을 바꿀 수도 있지. 안주하지 않는 게 중요해, 그게 전부야."

"제가 안주하고 있다고 생각하세요?"

"난 판단하려는 게 아니야. 그저 자네가 내게 한 말을 따라가는 것뿐이야. 지난번에 이야기 나누었을 때, 자네는 의기소침했어. 난 경제적 생애 주기에서 서른둘이라는 나이는 여름철이 막 시작된 거라고 말했고. 이제 완전히 다른 이야기를 해보게."

"네, 아저씨 말씀이 맞아요. 방어적으로 굴려던 건 아니에요."

"살면서 편안한 상태는 무언가 잘못되고 있다는 거야. 자네가 자기 삶을 선택하고, 원하는 걸 얻는다면, 그건 좋은 거지."

두 사람은 말없이 각자 생각으로 깊이 빠져들었다.

바로 그때 미니스커트를 입은 무척 매력적인 여성이 제러드 옆에 앉았다. 그녀는 소개를 하고, 술을 주문했다. 정원사는 양해를 구하고 자리에서 일어났다. 제러드의 상황은 그에게 벅차 보였다.

저항은 어떤 목표의 반대 방향으로 움직이는 힘이다. 그것은 인간의 타고난 게으름, 꾸물거림, 산만함, 핑계, 생산적인 일 말고 다른 것으로 이끌리는 열망이다. 시급한 일은 우리의 주의를 끌고, 반대로 중요한 일은 저항을 받는다.

국제적인 석탄 회사의 이사실에서 일하는 친구가 있었다. 2015년 석탄 가격이 곤두박질쳤다. 석탄 수요가 감소하고 있었고, 석탄 산업 전반이 암울했다. 대부분의 석탄 회사들이 파산을 선언했다.

"빌, 새로운 회사나 분야를 생각해보는 게 어떤가?" 더는 참지 못하고 내가 물었다. 그의 일은 위기에 처해 있었다. "자네가 할 만한 일을 생각해봐."

"그래, 자네 말이 어쩌면 맞겠지. 그래야 한다는 건 나도 알아."

하지만 그는 새로운 직업을 찾지 않았고, 마침내 파산했다. 그를 멈춰 세운 건 공포가 아니었다. 능력이 없어서도 아니었고, 어리석어서도 아니었다. 그저 자신이 뭘 해야 하는지 알면서도 그 일을 하지 않은 것뿐이었다. "행동하는 힘에 내재되어 있는 건, 행동하지 않는 힘에도 내재되어 있다"라고 아리스토텔레스는 말한 바 있다.

저항을 어떻게 이겨낼까? 모든 도전에는 두려움이 내재되어 있다. 그러나 방법은 하나다. 일단 시작하는 것. 시작하기만 하면, 우리는 그 일을 계속해나가곤 한다. 그것이 일의 관성의 법칙이다.

매일 나는 팔굽혀펴기 150번을 하면서 하루를 시작한다. 행하기는 쉽지만, 행하지 않기는 훨씬 쉽다. 저항을 이겨내기 위해 나는 팔굽혀펴기 한 번을 하도록 나 자신을 몰아가고, 휴식을 취한다. 1분간 쉬고, 팔굽혀펴기 30번 1세트를 행한다. 15분 후면 150번 모두를 완수한다. 단순하지만, 터무니없이 잘 통하는 정신적 도전이다.

이 팔굽혀펴기 의식은 가장 하기 어려운 일과 중 하나다. 수행하기 어려운 게 아니라 시작하기가 어려워서다. 하루 동안 하는 모든 작업은, 저항의 강도 측면에서는 비슷비슷해 보인다. 특히 미루기 쉬운 작업들이 그렇다. 우리는 행동 하나를 함으로써 저항을 이겨낸다.

브라이언 트레이시는 매일 가장 달갑지 않은 작업을 처음으로 하라고 조언한다. 어느 날 '개구리를 먹어야' 한다면, 다른 일과를 하기 전에 개구리 먹는 일에 먼저 최선을 다하라고 말이다. 개구리 두 마리를 먹어야 한다면, 더 보기 흉한 것을 먼저 먹으라고 그는 제안할 것이다.

움직이는 육신은 움직이려고 하고, 휴식을 취하는 육신은 핑계를 수없이 찾아낸다. 일은 결국, 시작이 반이다.

Resistance
인생 수업 : 저항

우리는 그날 할 일 중 어려운 일을 하는 데 늘 저항을 느낀다.
그렇지만 행동을 '시작'하는 것으로 각각의 일을 정복할 수 있다.

●

생산성

생산성 : 노동을 들여 만들어낸 생산물의 양

가장 좋은 비료는 정원사의 그림자다.

작자 미상

풍성한 수확 뒤에는 비록 지쳤지만 한결같은 수확량에 만족의 미소를 띤 농부가 있지, 정원사는 생각했다.

지미는 희미한 탁상용 스탠드 불빛 아래 앉아서 정원사와 최근에 나눈 대화를 떠올리고 있었다. 정원사는 생산적인 삶이란 과거 수많은 씨앗을 뿌린 결과라고 말했다.

지속적인 생산성 개념을 설명하려고 지미에게 '참나무 숲' 이야기를 들려주었다.

"토양뿐인 척박한 땅에 네가 120만 평에 달하는 참나무 숲을 만드는 게 목표라고 생각해봐. 그 작업은 네가 죽고 난 뒤에 새와 다람쥐, 사슴, 너구리, 곤충들을 먹여 살릴 유산이 될 거야. 단, 네가 이 일을 앞으로 10년 동안 여가 시간에만 해야 한다는 조건이 걸려 있다면, 이 위업을 어떻게 달성할 테냐?"

지미는 말도 안 되는 임무에 웃음을 터트렸다. "1만 개의 도토리가 필요할 거예요. 매일 그걸 심으면서 시작할 수밖에 없죠."

"일단 심는 걸 시작하고, 무슨 일이 일어날지 본다?"

지미는 이 말을 생각해보았다. "좋아요, 매일 한 시간을 이 일을 하는 데 할애할 수 있을 거예요. 어쩌면 심는 작업을 매주 열 시간 정도 할 수 있고요. 한 달이면 12만 평 정도 심을 거고, 그러면 1년 안에 다 끝낼 수 있을 거예요."

"원하는 것을 알면, 적은 노력으로 효과를 볼 수 있지. 그러면 분명한 목적에 꾸준히 시간을 들이게 되니까. 우리는 그저 큰 일을 작은 조각으로 쪼개고, 꾸준히 행하면 돼. 실행 계획은 우리가 오래도록 그 길을 갈 수 있도록 도와주지." 정원사가 말했다.

"그런데, 성공이란 건 도토리를 심는 것보다 훨씬 복잡하지 않나요? 씨앗을 심는 건 부를 일구는 것보다는 간단해 보이는데요."

"아니란다. 많은 사람이 자기 시간을 경솔하게 보내. 참나무 숲에 씨를 뿌리는 이야기를 다시 떠올려보렴. 그럼 네가 그 작업에 여가 시간을 몽땅 써야 한다는 걸 알게 될 게다. 생산성은 계획을 따르는 데서 생기고, 계획은 명확한 목표로부터 나오는 거야. 자신이 뭘 원하는지 알면, 그 길을 계속 갈 수 있지."

지미가 작게 한숨을 쉬었다. "아직 뭘 원하는지 모르겠다면요?"

"그러면 그걸 생각하는 데 많은 시간을 써야지. 가장 생산적인 시간은 네가 생각하고, 상상하고, 꿈꾸고, 계획을 세우고, 목표를 명확히 하느라 사용한 시간이란다. 이런 시간들이 다른 시간도 질적으로 향상시키지." 정원사가 빙그레 웃었다.

지미는 침실에 홀로 앉아 그날의 대화를 생각했다. 여가 시간을 어떻게 가장 잘 쓸 수 있을까? 매일 밤 홀로 앉아 가장 멋진 미래가 뭘지 생각하고 꿈꾸는 시간을 갖기로 결심했다.

이 의례를 3주 정도 지속하고 나니 지미는 혼자만의 조용한 시간이 지난 진가를 알아보기 시작했다. 그는 이런 시간이 나머지 시간에 얼마나 영향을 미치는지 알 수 있었다. 삶 속에서 이용할 수 있는 여분의 시간이 얼마나 많은지도 깨달았다. 또한 매 시간 더욱 집중해서 일하게 되었다.

생산성은 노동을 들여 만들어낸 생산물의 양을 말한다. 부는 지난 하루, 지난 한 주, 지난 1년에 행한 생산적인 행동에서 이루어진다. 일상의 어떤 의례가 생산성을 지속적으로 유지하는 '올바른 태도'를 갖게 할까?

자명한 사실은, 동기가 마음속에서 계속 일어나야 한다는 것이다. 생각하고 꿈꾸고 계획하고 전략을 짜고 문제를 복기하고 결과를 그리면서 보낸 시간은 큰 의미가 있다. 하루하루 생산성을 유지하고자 하는 마음가짐을 불러일으키기 때문이다.

에머슨은 생산성에 대해 이렇게 말했다. "여분의 시간들을 잘 지키라. 그 시간들은 다이아몬드 원석과도 같다. 그 시간들을 버리면, 그 가치를 절대 알 수 없다. 그 시간들을 잘 사용하면, 가장 빛나는 보석, 유익한 인생이 될 것이다."

『5초의 법칙』을 쓴 멜 로빈스는 하루 동안 결정의 시간 혹은 부정적인 추세를 감지할 수 있는 우리 내면의 지혜에 대해 말한다. 하루 중 취약한 시간에 5, 4, 3, 2, 1을 셈으로써 잠시 멈추어 내면의 지혜에 가 닿으면 더 나은 결정을 이끌어낼 수 있다는 것이다.

하루에는 나머지 다른 시간에 영향을 미치는 보석이 늘 하나씩 존재하기 마련이다. 내게는 매일같이 치르는 의례가 꾸준히 생산성을 유지시켜주었다. 내 목표를 환기시켜주는 정신 수양의 방법은 다음과 같다.

첫째, 확언. 나는 반복적으로 필요한 문장들을 외웠다. 둘째, 이미지화. 나는 주간 목표 및 장기 목표를 최종 달성한 모습을 그려보았다. 지금도 혼자 해변에 앉아서, 원고를 다 끝마치고 만족스러워하는 내 모습을 상상한다. 셋째, 실행 목표. 나는 실행 목표를 글로 적고, 매일의 실행 계획을 따른다.

이렇듯 성공한 사람의 마음가짐으로 매일을 살면, 모든 것이 스스로 돌볼 것이다.

생산적인 삶은 지난날에 뿌린 수많은 씨앗과 관계있다. 뿌린 대로 거두게 되어 있다.

Productivity

인생 수업 : 생산성

부유한 삶은 생산적인 삶이다.

그리고 그 생산성은 만족의 미소를 짓게 할 것이다.

●

정점 상태

정점 상태 : 최적값 혹은 존재 조건

일찍 잠자리에 들고, 일찍 일어나라.
악착같이 일하고 거름을 주어라.

에밀리 월리

노력은 걱정을 자신감으로 바꾸고 피로를 활기로 바꾸지, 정원사는 생각했다. 영혼에는 그 이상 다른 어떤 치료 약도 없다.

지미가 아침 조깅을 하러 막 도착했다. 정원사가 운동화 끈을 묶으며 놀리는 투로 말했다. "지금 조깅하러 온 거 확실하니?"

"기분 나쁘게 받아들이시면 안 되는데, 어르신과 보조를 맞출 수 있다는 건 아주 확실하죠." 지미가 거들먹거리며 말했다.

정원사가 크게 웃음을 터트렸다. 두 사람은 곧 빠르게 뛰기 시작했다. 아침 기온이 3월 하순으로 접어들었음을 알려주었다. 정원사의 사무실까지 약 5킬로미터, 한 바퀴를 돌았다.

"지미, 너는 밖에서는 조용하구나." 정원사가 빙그레 웃었다.

지미가 땀에 흠뻑 젖은 채 크게 숨을 헐떡거렸다. "불공평해요, 아저씬 거의 백 년이나 운동을 하셨잖아요."

정원사가 너털웃음을 터트리고는 지미를 안으로 들어오게 했다. 5분 후에 두 사람은 아이스크림 컵 하나씩을 들고 앉았다.

"아무튼 오늘 이 강제 고문 같은 시간에도 교훈이 있겠죠? 그러니까, 이 힘든 일에서 제가 뭘 배워야 하는 거죠?" 지미가 목소리를 높였다.

"벌목꾼에 관한 이야기를 들어본 적 있니?"

"아뇨, 하지만 저랑 관련이 있겠죠."

"옛날에 벌목꾼 한 사람이 살았단다. 그는 수년 동안 매일 장작을 팼지. 처음에는 그가 점점 강해지고 있다는 걸 상상할 수 있겠지. 하지만 몇 년이 흐르자 그의 강점이 잘 먹히지 않기 시작했어. 오랜 노동으로 인해 피로에 눌려버린 거지. 이렇게 피곤한 상태에서, 그는 회의감이 들기 시작했단다. 어느 날 기운 없이 앉아 있는데, 신참 벌목꾼이 와서 무슨 일이 있느냐고 물었어. 벌목꾼은 짐을 싸서 새로운 일을 해볼까 한다고 대답했지. 신참 벌목꾼은 그 상황을 곰곰이 생각하고는 물었지. '혹시 도끼를 날카롭게 간 적 있어요?' 지친 벌목꾼은 도끼를 그렇게 방치한 자신의 어리석음을 깨닫고는 놀라움에 말문이 막혔어." 정원사가 활짝 웃었다. "우리는 몸과 마음을 튼튼히 유지해야 해. 그렇지 않으면 나무에 무딘 도끼날을 휘두르게 될 거다."

지미가 이 말을 생각했다. "매일 운동하라는 말씀이세요?"

"벌목꾼은 도끼를 갈기만 하면 됐어. 우리도 마찬가지로, 육체라는 도구를 날카롭게 다듬어야 해. 매일 운동을 하려무나, 그러면 자연히 잘 먹고 잘 자게 된단다. 네가 달라질 거야. 운동은 매일 네가 수행하는 일들을 더 잘되게 해줄 거야."

"엄청 쉽게 들리네요."

"하기 쉬운 건, 하지 않기도 쉽단다. 몇 주 해보면 운동에 빠질 거야. 왜 지금 네게 이런 말을 하는 줄 아니?" 정원사가 미소 지었다.

"매일 벌어지는 도전적인 일들에 대비해 마음을 갈고 닦으라고요, 에너지가 충분하면 고된 작업들도 쉬워지고, 에너지가 없으면 쉬운 작업들도 어려워지니까요." 지미가 말했다.

정원사가 고개를 끄덕였다. "네 상태가 좋을수록, 같은 시간 동안 더 많이 달성할 수 있단다. 일하는 날들이 훨씬 즐거워질 거야."

정점 상태는 존재의 최적 상태를 말한다. 30대 초반, 인생의 중반기에 나는 친구 한 명과 상황이 무척 비슷했다. 경제적 책임들은 극도로 컸고, 가족을 부양하는 데 지쳐서 우리는 자신을 돌보는 걸 소홀히 했다.

친구에게는 장래가 밝은 직업과 사랑하는 가족이 있었다. 그는 분명 직업의 사다리를 올라가고 있었는데, 이상하게도 어두운 구덩이 속으로 빠져들기 시작했다. 분명한 이유 없이 육체적으로 지치고, 무기력하고, 동기가 일어나지 않고, 삶의 의욕이 사라졌다.

한번은 그가 이렇게 털어놓았다. "세상 사람들이 행복이라고 여기는 게 내게 다 있는데, 이제는 그 어떤 것에도 관심이 가지 않아."

이런 시기에 많은 사람이 성공이나 물질주의가 불행의 원인이라고 쉽게 결론 내리곤 한다. 물론 수많은 원인이 존재하는데, 그중에서도 신체 상태를 방치한 건 사소한 일이 아니다.

친구는 병원을 찾아다니고, 커피를 거듭 들이켜고, 심리 상담을 받고, 교회에 다니기 시작했다. 아무 소용없었다. 그는 금방이라도 곤두박질칠 것 같았다. 그러던 어느 날 체육관에 갔는데, 그 친구가 땀에 흠뻑 젖은 채 러닝머신 위에서 뛰고 있었다. 운동을 했더니 기분이 나아졌다고 내게 말했다.

내 눈에는 그를 둘러싼 세상에서 변한 것은 아무것도 없었다. 다만 그는 '자기 자신을 바꿨'다. 매일 강도 높은 운동을 시작했다. 먼저 걷기 시작해 조깅을 하다가 마침내는 마라톤에 이르렀다. 하프 마라톤 결승선 통과를 목표로 세우고, 그 일을 해냈다. 그리고 서서히 육체적 힘,

정신적 에너지, 영적 활기를 되찾았다.

"내 몸을 돌봐야 한다고 마음먹은 날부터 모든 게 달라졌지." 몇 년 이 지나서 그는 당시를 떠올리며 이런 말을 했다.

인생이 완벽하다면, 당신은 합격이다. 하지만 힘을 내야만 한다면, 내게 닥친 도전을 뛰어넘기에 힘에 부친다고 느껴진다면, 삶의 시험들 을 견디는 능력에 의구심이 든다면, 운동은 당신이 지닌 힘을 온전히 발현시켜주는 훌륭한 치료 약이 될 것이다.

땀을 흘리는 게 별로 매력적이지 않아 보인다면, 그저 일상적인 걷 기나 요가라도 시도해보라.

정점 상태는 우리의 번영을 돕는다. "몸이 튼튼할 때, 정신은 강건해 진다"라고 헨리 롤린스는 말했다. 키케로 역시 우리에게 이렇게 말한다. "홀로 운동하는 건 영혼을 받쳐주고, 마음에 활력을 유지시켜준다." 도끼 날이 날카로워야 모든 시간이 더 나아진다.

물론 절대적으로 운동이 필요한 건 아니다. 무딘 도끼날을 휘둘러 도 생산적일 수 있다. 하지만 매일 운동을 해서 정점 상태를 만든다 면 하루하루가 더 나아질 것이다. 우리 자신이 더 나아질 것이기 때문 이다.

Peak State
인생 수업 : 정점 상태

지친 상태에서는 자신의 생각을 신뢰하지 못하게 된다.

최상의 상태에서 활동하려면 육체적 힘을 키워야 한다.

•

자기 신뢰

자기 신뢰 : 어떤 대상을 획득하는 능력에 대한 자신감

낙천적인 정원사는
정원의 상태가 얼마나 나빠졌건, 반드시 다시 좋아지리라고 믿는다.

레슬리 홀

정원사는 소년원 교실에 있었고, 그 앞에는 소년원 아이들이 앉아 있었다. 자기 신뢰는 부를 일구는 데 필수지, 그는 생각했다. 삶 속에는 감내해야 할 어려운 상황들이 존재하기 때문이다.

정원사가 입을 열었다. "마지막 수업에서 말했듯이, 여길 나간 뒤에 세상 속에서 살아가려면 돈을 정당하게 벌어야 한다. 여기 있는 누구든, 막대한 부를 쌓는 걸 상상할 수 있겠니?"

아무도 손을 들지 않았다. 교실 안은 쥐죽은 듯 조용했다.

"그게 문제지, 안 그러니? 희망이 없이는, 시작할 의지도 생겨나지 않는단다. 자기 신뢰가 없으면, 견뎌낼 의지도 사라져버려. 너희에게 부를 일구는 방식을 가르쳐서 너희가 헛일하지 않도록 하는 게 내 목표란다. 법을 지키면서 부를 쌓을 수 있다는 걸 알게 되면, 너희도 최선을 다하게 될 거야."

정원사는 칠판 쪽으로 돌아서서 빠르게 쓰기 시작했다.

자신감 선언서

부를 향해 나아가는 동안,

누구나 감당하기 힘든 도전에 직면하게 된다.

그러나 그 도전에 뛰어들어 자신의 한계를 넘는 순간,

자기 능력에 대한 자신감, 즉 자기 신뢰를 얻게 될 것이다.

정원사는 글자를 다 쓰고 나서 강단으로 뚜벅뚜벅 걸어가 말하기 시작했다. "알아야 할 것은 너희가 바라는 만큼의 풍족한 상황에 놓이진 않을 거라는 사실이다. 오히려 어려운 환경에 놓이게 될 거야. 그 순간 많은 걸 바라게 될 수도 있지."

"그런데 자기 신뢰가 무엇인가요?" 한 아이가 외쳤다. 정원사는 방긋 웃고는 가장 중요한 것이 자기 신뢰라며 이야기를 하나 들려주었다.

"어느 날 한 남자가 바위에 올라가 끌과 해머를 들고 바위를 내리쳤다. 그의 꿈은 위대한 명작을 조각하는 것이었지. 그는 매일 온종일 일을 하고 나서, 저녁마다 끌질하러 나갔단다. 처음 일을 시작했을 때의 열정으로 돌을 깎아나갔지. 하지만 1년쯤 지나자 새로운 일이 주는 신선함이 희미해졌어. 노력한 만큼 성과가 나오지 않았거든. 명작은 아직 형태를 갖추지 못하고 있었지. 피로가 누적되었고, 필연적으로 회의감이 들기 시작했어. '이 일이 정말 가치 있는 일일까?', '실제로 이 일을 완수할 수 있을까?', '머릿속에 떠올랐던 독창적인 형태를 만들어낼 자질이 내게 있을까?'라고 그는 물었지. 하지만 조각가는 꿈이 현실이 될 수 있다는 자신감을 가지고 다시 조각을 시작했어. 신뢰가 커졌고, 그래서 그는 견딜 수 있었지. 시간을 충분히 들이면, 자기 머릿속의 형상을 돌로 표현할 방법을 이해하게 되지. 5년이 흘러서 돌은 형태를 드러내기 시작했단다. 그는 계속 끌질을 해나갔고, 결과가 눈에 보이기 시작하자 다시 불이 붙었지. 또다시 5년이 흐르고, 걸작이 완성되었단다. 마지막으로 조각가는 만족스럽게 노동의 성과를 살펴보았어. 사람들이 어떻게 이런 걸 만들었냐고 물었지. 조각가는 말했어. '자기 회의를 극복함으로써요. 몇 년 동안 매일같이요. 의구심이 들었을 때 거기에 신경을 썼다면, 결코 시작하지도, 견디지도 못했을 겁니다. 하지만 믿음을 가지고 이 일에 인생을 바쳤어요. 저는 장차 어떤 조각이 완성될지 알았고, 확신을 가졌고, 그대로 받아들였어요.'"

정원사가 교실 안을 둘러보았다. "인생에서 자신감은 필수적인 거라 운에 맡길 수 없단다. 자기 마음을 통솔하고, 자기 개성을 세워나가야 해. 자기만의 귀중한 비전을 가진 조각가처럼, 부를 추구하는 사람이라면 특별한 부를 얻기 위해 특별한 결심을 해야 한단다. 너희가 그걸 이룰 수 있다고 늘 믿어야만 해."

"조각가는 바위로 뭘 만들었나요?" 한 아이가 물었다.

"그 조각은 너희의 부를 비유하는 상징이란다. 너희는 모두 자신만의 걸작을 만드는 조각가야. 거기에는 시간과 비전, 노동이 필요하고, 온갖 의구심들을 극복해낼 결심도 있어야 하지. 보통 사람들보다 훨씬 큰 자기 신뢰를 갖고, 목표에 매달려야만 한단다."

자기 신뢰는 개인의 능력에 대한 자신감이다. 자신이 꿈꾸는 삶을 살 수 있다고 생각하면, 대개 그렇게 되도록 노력할 것이다. 자기 신뢰는, 목표의 크기는 물론 목표를 달성하고자 무엇을 감내하고, 어떤 분투를 할지 결정한다. 반대로 자기 회의는 환경을 척박하게 만든다.

"성공의 첫 번째 비밀은 자기 신뢰다"라고 에머슨은 말했다. 새뮤얼 존슨도 "위업을 이루는 필수 요건은 자기 신뢰다"라고 말했다. 베르길리우스 역시 "자신이 가능하다고 생각했기 때문에, 그렇게 할 수 있었다"라고 말한다.

삶의 조건은 우리가 바라는 것으로 결정되지 않는다. 우리가 무엇을 받아들이고 감내하는지에 따라 결정된다. 경제적 자유를 '원하는데' 경제적 안정성(그러니까 온갖 공과금을 낼 수 있는 괜찮은 직업)을 '받아들인다면', 경제적 안정성을 구하게 될 뿐이다. 보통의 삶을 받아들인다면, 보통으로 살다가 은퇴하게 될 것이다.

자기 의심은 정원의 잡초와 같다. "낮은 자존감은 종신형이 아니다. 자존감 역시 다른 기술들처럼 습득하고, 연습하고, 숙달될 수 있다. 한번 숙달되고 나면, 삶에서 모든 것이 더 나아질 것이다"라고 자기계발 코치 배리 대븐포트는 썼다. 최초로 에베레스트에 오른 에드문드 힐러리 경 역시 "우리가 정복해야 하는 것은 산이 아니라 우리 자신"이라고 했다.

어떻게 하면 자기 신뢰를 얻을 수 있을까? 실행이 우선이다. 성취하겠다는 자신감이 있으면, 우리는 자기 자신을 믿고 어떤 대가도 치르고, 어떤 역경도 이겨내며, 실수를 극복할 수 있다. 자신을 믿을지 말지는 스스로 선택하는 것이다.

Self-Trust

인생 수업 : 자기 신뢰

자신감은 스스로 해냈을 때만 얻을 수 있는 고귀한 것이다.

자기 신뢰 없이는 도전의 과정을 견뎌내기 어렵다.

●

LESSON 4-8

신념

신념 : 견고하게 지키는 믿음이나 의견

곡식을 자라게 하려고 땅을 갈 때는 잡초를 뿌리째 뽑아야 한다.
그런데 왜 정신의 잡초들은 뿌리째 뽑지 않는가?
왜 성장하기 위해 마음을 정리하지 않는가?

호러스 플레처

가족과 친구들이 지닌 경제적 관점을 그대로 받아들이면, 자신이 처한 환경에 갇히게 된다고 정원사는 생각했다. 새로운 믿음을 가져라. 우리의 삶은 우리가 가진 믿음대로 펼쳐진다.

그는 책상에 놓인 공책을 주의 깊게 응시하고 있었다. 노크 소리가 들려오고 문이 열렸다. 오후 달리기를 마친 지미가 땀을 흘리면서 들어왔다.

지미가 입을 열었다. "산투스 아저씨가 일하는 방식에서 문제점은 다른 사람들의 생각은 받아들이시지 않는다는 거예요. 자기 의견만 고집하시고, 생산성을 늘리거나 비용을 절감할 아이디어는 고려도 안 하세요. 부유한 것보다는 뭐든지 올바르게 하는 게 낫다고 생각하시는 게 분명해요."

정원사가 싱긋 웃었다. "산투스는 예순이란다. 자기 방식에 고착되어 있지. 하지만 때로 소신은 부를 저해하는 신념이 될 수도 있어."

지미가 한숨을 내쉬었다. "무슨 말씀인지 모르겠어요."

정원사가 의자에 등을 기대고 말없이 지미를 응시했다. 우리가 스스로의 주된 믿음에 지배된다는 걸 어떻게 설명할 수 있을까?

　　"산투스는 내가 고용한 사람 중 가장 일을 잘하는 사람이란다. 그는 과거에 혼자 일하는 것을 신뢰하게 되었어. 스스로 책임을 다해야 하는 거지. 하지만 다른 아이디어를 생각하지 못하다 보니 스스로 한계를 만들고 있어."

　　"산투스 아저씨가 생각을 많이 하지 않는다는 말씀이세요?"

　　"산투스에겐 자신이 본 것, 이해한 것만 믿는다는 신념이 있어. 좁은 울타리 안에서 생각하는 거지. 그 친구는 비현실적으로 보이는 건 거부해. 내면의 지혜를 따르기 위해 잠시 멈추는 일도 없지. 처음부터 끝까지 순서대로 일을 해. 그 이상은 하지 않아."

　　"그래서 아저씨가 하시려는 말씀이 뭔가요?"

　　"부를 쌓고 싶다면, 노력은 필수란다. 하지만 그것이 그 자체로 한계가 되기도 해. 우리는 오로지 일만 열심히 할 수 있어. 하루 동안 수많은 시간을 그렇게 쓰지. 하지만 새로운 전략과 가능성에 마음을 열고 지내야 한단다. 노동은 필수라는 믿음은 받아들이되, 보이지 않는 힘도 있다는 걸 알아야 해. 네가 아직 이해하지 못하는 것들에 대해 편협하게 굴어서는 안 돼."

　　"정신의 기우제를 믿으라는 말씀이네요." 지미가 미소를 지었다.

　　"그렇지, 하지만 조심하거라. 어떤 사람들은 부가 주어지길 기도해. 일을 적게 하거나 개인적으로 희생하지 않고 신의 은총으로 말이야." 정원사가 충고했다.

　　"그 사람들은 소원을 들어주는 램프의 요정을 믿나 보네요?"

　　"불행하게도 그래. 그들은 부가 수입이 있기를 기원해. 매일 열심히 일해야 한다는 의무는 도외시하면서. 잡초가 정원을 뒤덮는 동안 그저 앉아서 성심을 다해 기도만 하지."

"그럼 그들은 자기 일에 태만한 거네요."

정원사가 창밖을 내다보았다. "그렇지. 자신이 해야 할 일은 미루면서 기도만 하는 건 그리 바람직하진 않아. 그런데 그들은 잘못된 믿음을 갖고 있을 때도 많아. 부 자체가 잘못이라는 생각이지."

"사람들이 부가 잘못된 거라고 믿는다고요?"

"누가 알겠니? 부를 잘못된 방법으로 축적한 사람들을 많이 봐서 그런 것 같다. 물론 양심에 거스르며 부를 늘리는 경우도 허다하지. 하지만 돈이나 부 자체가 악은 아니야. 만약 그 부를 좋은 사람들이 올바른 방법으로 얻고, 올바른 방식으로 사용한다면 그보다 더 사회에 도움이 되는 일도 없단다. 세상에는 현명한 부자들도 많아. 그들은 자신이 부자가 될 거라는 신념을 잃지 않았을 거다."

신념은 견고하게 지키는 믿음이나 의견을 말한다. 나는 가톨릭 교육을 받고 자랐는데, 가난이 미덕이라고 믿었다. 하지만 약간의 땅을 소유하고 싶어진 이후로, 나는 더 강한 믿음을 받아들이고, 부를 일굴 계획과 행동을 따르기로 했다.

부자는 행복하지 않다고 믿는 사람들이 많다. 그런 사람들은 자신들이 부자보다 행복하다고 말한다. 그들은 이것 아니면 저것이라고 믿는 것처럼 보이는데, 행복이란 양쪽 길 모두에 존재할 수 있다. 그리고 걱정으로 마음이 나달나달해지지 않는다면, 행복하기가 더 쉽다.

서른 살의 나는 가난했다. 그러나 나는 내가 행복하고도 부유해질 수 있다는 신념을 받아들였다. 나는 평범한 가정에서 자랐고, 오직 열심히 일하는 것만으로 좋은 삶을 꾸릴 수 있음을 보았다. 하지만 큰 부자가 되겠다는 꿈을 충족시킬 만큼의 부를 즐기기 위해서는, 약간 보편적이지 않은 신념들을 받아들일 필요가 있었다. 앞서 설명했듯이, 나는 불가해한 보이지 않는 힘이 존재하며 우리는 모두 그것의 일부라는, 지배적인 신념을 가지고 있었다. 보이지 않는 힘에 의해 작동되는 세계의 현실을 믿기로 했다.

내가 맞서야 했던 보통 가정의 또 다른 신념은 균형 잡힌 삶에 관한 이상적 모습이었다. 내가 보기에 균형 잡힌 삶은 평균적인 결과를 냈다. 나는 평균적인 삶이 내 삶의 목표라 생각하지 않았다. 좀 더 나은 상황을 원했고 경제적 불안을 느끼며 살고 싶지 않았다. 경제적 자유를 강렬히 원했다.

또한, 나는 한자리에 오래 머물지 않는 내면의 모험가적인 기질과도 싸워야 했다. 뿌리를 내리는 데 필요한 시간만큼 노력하지 않았다. 그러니까 인내심이 없어서 목표를 달성하지 못하는 경우가 있었다. 부를 쌓기 위해서는 인내심이 요구되었고, 그래서 자기 수양이 더욱 필요했다.

내가 극복해야 할 가장 큰 신념은, 인생이 안온할 것이라는 일반적인 믿음이었다. 하지만 현실은 그리 호락호락하지 않았고 일정한 결과를 얻으려면 희생과 불편이 뒤따랐다.

돈 쓰는 성향 역시 극복해야만 했다. 돈이 새는 걸 관리하지 못하면, 재난이 닥쳤을 때 삶이 취약해진다. 지출을 빡빡하게 관리하지 않고 부를 쌓으려고 애쓰는 건, 배수구 마개를 빼고 욕조에 물을 채우는 것과 같다. 나는 돈을 모으는 데 있어서 지출은 적enemy이며, 호화롭게 과시하거나 사치스러운 데 부를 낭비하지 않고, 가진 것보다 한 단계 낮은 수준에서 생활하는 것이 미덕이라는 신념을 받아들였다.

내 경제적 명운에 힘을 실어준 신념은, 인생이란 자기실현이라는 관점이다. 내 잠재력을 완전히 사용하여 목표를 이루고자 했다. 내 에너지를 통솔하고, 나를 고갈시키고, 나의 능력 최대치에 도달해서 나 자신을 뛰어넘는 목표를 세울 필요가 있었다.

부자가 될 수 있다는 신념, 부 자체가 악은 아니라는 믿음, 인생이 쉽지는 않아서 수많은 노력을 해야 한다는 신념, 그리하여 자기실현에 이를 수 있다는 믿음, 난 그 모든 신념을 마음 깊이 새겼다. 그리고 지금의 나는 그 모든 믿음의 결과다.

〈톰과 제리〉 제작자 큄비는 이 모든 걸 딱 세 단어로 표현했다. "인간은 신념이 표현된 것이다."

Convictions

인생 수업 : 신념

신념은 양면성을 지녔다.

나를 고착시키는 외부적 신념과 발전시키는 신념.

나는 나만의 신념을 만들었다.

●

성취감 있는 일

성취감 : 바라는 걸 가졌다는 느낌 혹은 그쪽을 향해 나아가고 있다는 느낌

같은 두 개의 정원은 없다.
같은 정원이라도 하루하루 달라진다.

휴 존슨

만족감을 주는 직업을 택하는 게 실용적이지, 정원사는 생각했다. 부는 오랜 여정이라 체력이 필요하기 때문이다. 본질적인 보상이 없으면 부는 오히려 짐이 된다.

정원사는 산투스와 마주 보고 앉아 있었다. 산투스가 이웃 농장의 진척 상황을 이야기했다.

"지미에 대해 말씀드리고 싶어요. 전 그 앨 좋아하지만, 그 앤 늘 정말이지 말도 안 되는 아이디어를 내요. 그냥 앉아서 생각만 한다고요. 이젠 행복, 열정, 비즈니스, 부자가 되는 법에 관한 책을 읽고 있어요. 지미는 진심으로 서른이 될 때까지 백만장자가 되고 싶은가 봐요!"

정원사가 싱긋 웃었다. "그래서 문제가 뭔가?"

산투스의 입이 딱 벌어졌다. 그는 노동자였고, 행동하는 인간이자 노동 지상주의자였다. 할 일이 주어지면 농장 관리자는 그 일을 해내야 한다. 그는 사람들이 왜 내면의 충족감에 관해 신경 쓰는지 깊이 생각해본 적도 없고, 그 의미를 가늠할 수도 없었다.

"지미는 공중에 누각을 짓고 있어요. 애들이 부를 추구하고 비현실적인 기대를 품는 건 위험해요." 산투스가 말했다.

"난 지미에 대해 걱정하지 않네. 그 애는 자기한테 어떤 선택지가 있는지 탐색하고 있는 거야. 야망에서 출발하는 건, 젊은 애들에게 그리 나쁜 생각은 아닌 것 같은데."

"목표를 너무 크게 잡고 있으니 실패하게 될 거예요."

정원사가 어깨를 으쓱였다. "우리가 누굴 판단하는가? 지미의 미래를 우리가 예측할 수 있을까? 그 아이의 가능성이 얼마나 되는지 우리가 어떻게 알겠는가?"

"전 위험을 감수해야 할 거고, 그 애는 백만장자가 되지 못할 겁니다. 하는 일 전부를 사랑하게 될 거라고 기대를 품고 있다면, 그 앤 행복하지 못할 겁니다. 전 일에서 열정을 기대하는 아이들을 많이 보았어요. 사장님이 뭘 아십니까? 그런 애들은 절대로 행복하지 않아요. 일은 희생이고, 아이들은 그 사실을 받아들여야 해요." 산투스가 냉소적으로 말했다.

정원사가 창밖을 응시했다. 장기적인 일을 해나가려면 지치지 않아야 하고, 거기에는 성취감이 필수라는 걸 설명한들 그가 알아들을까? 자기에게 맞는 일을 하는 게 어느 측면에서는 본질적인 보상이 된다고 말해도 될까?

"하나만 묻겠네. 어린 묘목을 농장에 옮겨 심으면 어떻게 되는가?"

산투스가 잠시 생각했다. "몇 년 동안 쇼크 상태로 있겠죠."

"그렇지." 정원사가 동의했다. "지미는 어린 시절 비극을 겪고 나서, 옮겨 심어진 뒤에 적응하고 있는 거야. 내가 그 애의 열정에 감동해서 그렇게 하도록 도와주었지. 지미는 철학, 전략, 재무, 돈, 직업 선택, 정신 수양을 공부 중이야. 지금 거기 푹 빠져 있어. 다른 애들이 시간을 낭비하고 있는 동안, 그 앤 생각하고 공부하고 계산을 해. 하루하루를 잘 사용하고 있지."

"그러고 나서는요? 노동이 힘들고, 우리가 돈을 벌려고 일을 한다는 걸 그 애가 배우고 나면 어떻게 되는 거죠? 무슨 일이 일어나겠느냐고 요?" 산투스가 물었다.

"그런 일이 일어날 거라고는 생각 안 하네. 나는 일을 싫어하는 사람들에게서 평생 일 중독자라고 불렸지. 그런 사람들은 내가 목표를 향해 나아가면서 하루하루에 만족하고 있다는 걸 몰랐어. 지미도 나처럼 똑같은 성취의 기쁨을 발견할 거라고 나는 믿어."

"사장님이야 성공하셨으니까 그렇게 말하기 쉽죠! 전 인생이 쉬울 거라고 지미가 기대하지 않았으면 합니다. 그 앤 먹고사는 일의 고통과 고생을 받아들일 필요가 있어요!"

"알아들었네. 나도 자네만큼이나 강한 직업윤리를 믿는다네. 하지만 고백을 하나 하자면, 자넨 왜 내가 농장을 더 넓히지 않고, 지금 있는 포도밭과 양조장에서 다양한 시도를 하기로 한 건지 그 이유를 아나?"

"수입을 다양화하는 데는 그게 합당해 보입니다."

"그냥 포도주 만드는 일에 흥미가 생겨서 그 길을 택한 거야. 그 일이 내 삶을 무척이나 많이 소모시키고 있고, 수십 년 동안 열정을 유지하려면 흥미로운 일을 해야 한다는 걸 깨달았거든. 자기에게 알맞은 일을 해야 더 오래 그 일을 할 수 있다네."

산투스가 대답 없이 고개를 끄덕였다.

"자연에서 교훈을 얻게나. 습지에서는 독미나리가 살 수 없지만, 수양버들은 바로 그 땅에서 잘 자란다네. 층층나무는 산성 토질을 좋아하지만, 단풍나무는 알칼리성 토질에서 가장 잘 자라지. 나무를 심을 장소는 그 미래를 좌우하는 문제야."

"별거 아닙니다. 어디에 심든 우린 꽃이 피게 할 겁니다." 산투스가 말했다.

"우리가 무슨 일을 하느냐가 중요하네, 우리의 직업윤리에 영향을 주니까. 그건 우리 삶을 이루는 거야. 자신의 능력과 흥미에 적합한 일들에서 자신의 잠재력을 온전히 발휘할 수 있지. 지미는 자신이 어디에서 자라고 싶은지 찾고 있는 거야."

성취감 있는 일은 경제적 부로 향하는 오랜 여정에 힘을 준다. 그런데 성취감 있는 일이란 무엇일까? 우리가 일로부터 얻고자 하는 것이 무엇인지 아는 것, 혹은 적어도 올바른 방향으로 나아가고 있다는 걸 아는 것에서 오는 미묘한 기쁨이나 만족감이다. 성취감은 내적 가치, 성향, 재주, 야망, 내면의 목소리와 자신이 얼마나 일치하는지를 시사한다. 각자의 특성에 가장 적합한 환경에서 움직일 때만, 우리는 본질적으로 보상받는 느낌을 갖는 것이다.

"자신이 어떤 사람인지 알라. 자신을 찾으면 고통이 사라지게 될 것이다"라고 평론가 매슈 아널드는 말했다. 헤로도토스 역시 "인간의 운명은 그 자신의 영혼 속에 있다"라고 말한다. 저널리스트 시드니 J. 해리스도 이렇게 쓰고 있다. "세상 고민의 90퍼센트는 자기 자신, 자신의 능력, 약점, 심지어 자신의 진정한 덕목을 알지 못하는 사람들에게서 연유한다."

경제적 자유를 획득하고자 30년을 일한 끝에, 나는 성공할 수 있도록 버텨낸 힘이 뭔지 알아냈다. 그건 바로 본질적인 보상을 주는 활동과 나 자신을 일치시킨 것이었다. 부를 향해 가는 여정에서 나는 좌절하고, 또 성취감을 느꼈다. 그리고 노동이 지닌 모든 측면을 사랑하고 싶어 하는 건 말도 안 되는 일임을 배웠다.

돈을 버는 과정에는 늘 끔찍하고 때로 정말이지 싫은 일이 꼭 따른다. 그중 어느 면은 좋고, 어느 면은 나쁘지 않고, 어느 면은 정말이지 끔찍하게 싫다. 부로 이끄는 '일'은, 말하자면 끊임없는 고된 노동으로 이루어진다는 걸 깨달았다. 하지만 어느 시점에 이르러 좋아하는 일은 더 많이 하고, 끔찍한 일은 덜 하고, 정말 싫은 일은 거의 하지 않을 권리를 얻어냈다. 물론 적응 과정도 겪어야 했지만.

나무가 잘 자라려면, 반드시 몇 년간은 새로운 땅에 적응하는 기간이 필요하다. 나무를 너무 빨리 옮겨 심어서 뿌리가 채 내리지 않으면, 익숙지 않은 환경에서 꽃을 피우기까지 몇 년이 걸린다.

작가 얼 나이팅게일은 조언한다. "자신에게 진실해라. 모두의 심장이 뛰는 일이 아닌 다른 일을 추구해라. 그러면 자신이 누군지 알게 될 것이다. 흥미와 능력이 조화되는 일을 찾아라. 어떻게 찾느냐고? 경험을 통해서, 인생 항로를 생각하면서 찾으면 된다." 성취감이 있는 일을 찾으라. 성취감 있는 일이란 각자의 다양한 가치, 성향, 재주, 야망, 내면의 목소리에 부합하는 것이다.

Fulfilling Work
인생 수업 : 성취감 있는 일
경제적 상승에는 특별한 과정이 요구되며,
결과에 다다르기 위해 필요한 끈기와 체력은
일과 나 사이의 적합성과 관련이 있다.

•

내적 가치

내적 가치 : 삶에서 꼭 가져야 할 것, 그렇지 않으면 내 일부가 죽게 되는 것

초목들도 행복할 수 있을까?
필요한 것이 공급된다면, 저 초목들은 잘 자랄 것이다.
그게 내가 아는 전부다.

테리 길리메츠

우리는 자신만의 가치를 충족시키는 최고의 일을 찾는가, 자신의 가치
관을 그냥 넘겨버려서 자기 일부를 죽게 만들지, 정원사는 생각했다.

서재에서 내다보니 프레드가 강아지와 산책하는 모습이 보였다. 정
원사는 창가에서 프레드를 소리쳐 불렀다. 잠시 후, 두 사람은 함께 포
도밭 자갈길을 따라 걸었다. 한 달 전 카드놀이를 한 후로는, 프레드의
힘겨운 은퇴 생활에 관해 이야기를 나누지 못했다.

"그래서, 이 새 친구는 누군가?" 정원사가 강아지를 쓰다듬으며 물
었다.

"버디야, 남자고. 새로 사귄 가장 좋은 친구지."

정원사가 가만히 고개를 끄덕였다.

"코니가 유기견 보호소에서 빼내 왔어. 원래 자기 친구로 삼으려고
했다더군. 내 친구로 삼으려고 데려온 것 같지만 말야." 프레드가 한숨
을 쉬었다.

두 사람은 말없이 걸었고, 정원사는 깊은 생각에 빠졌다. 수년 전

프레드가 공장 관리직이라는 덫에 걸려 있을 때, 그는 어디서든 더 나은 자리를 찾을 수 있었고, 사표를 냈다. 회사는 그에게 임금을 올려주었다. 회사와 프레드는 팽팽히 서로의 요구를 교환했고, 프레드는 현장 공장장이 되었다. 수년간 새로운 리더 역할을 수행하면서 프레드는 성장했다. 그는 은퇴하는 날까지 성취감을 느꼈다.

"그래서 자네는 어떻게 하고 있는가?" 정원사가 물었다.

"버디는 좋은 개야. 하지만 지금이 내가 원하는 삶은 아니지."

프레드가 미소를 띠고 친구에게로 돌아섰다. "난 아내의 의견도 들었고, 아들의 의견도 들었고, 자네 의견도 들을 거야. 자네가 헛소리하지 않는다면, 난 자네 말을 기꺼이 들을 걸세."

"그거 공평하군." 함께 걸으며 정원사가 싱긋 웃었다. "아는 사람 하나가 중년에 성취감을 느끼지 못하는 상황에 처해 있었네. 그 친구는 만족스럽지 않았지만, 불평하지도 않았어. 가족을 먹여 살리는 데 순응했지. 하지만 어느 날 리더로 승진하게 되었어. 그 자리에서 그가 어떻게 서고, 걷게 되었는지 자넨 상상할 수 있겠지. 그는 중대한 책임을 맡게 되었고, 직원들은 그를 우러러봤지."

프레드가 고개를 끄덕였다. "내가 그 친구를 만날 일이 있을까?"

"그 친구 내면에서는 변한 게 아무것도 없었다네." 정원사가 말을 이었다. "하지만 그 친구가 은퇴하고 나서 삶의 많은 부분이 변했어. 그에게 힘을 북돋아주던 것들은 사라져버렸네. 이제 그는 홀로 시간을 보내. 져야 할 책임도 없지. 인생에서 리더의 역할을 할 게 없어. 자기 말에 귀를 기울이지 않는 아들 녀석 정도나 있을까. 한때 이 친구를 기분 좋게 했던 온갖 책임들은 더는 존재하지 않아."

"그럼 그 친구에게 뭐라고 현명한 조언을 해줄 건가?" 프레드가 진지하게 물었다.

"단순하네. 그 친구에게 자신이 누구였는지 기억하고, 과거에 그를 만족시켰던 걸 떠올리라고 말할 거야. 내가 아는 그 친구에겐 '의미'가 필요해. 사람이 필요하고. 그 친구는 대단한 리더였고, 목적이 있을 때 성장했지."

두 사람은 다시 걸었고, 프레드의 눈앞이 눈물로 부예졌다.

내적 가치는 우리가 인생에서 절대적으로 지녀야 하는 것, 그렇지 않으면 자신의 일부가 죽게 되는 것이다. 핵심 가치들을 분명히 하는 것은 우리를 번창시킨다. 마하트마 간디는 "당신의 가치관이 당신의 운명이 될 겁니다"라고 말했다. 중요한 말이긴 한데, 대체 가치관이 어떻게 우리를 최고의 일로 이끌어준단 말인가?

내적 가치는 개인 고유의 것이며, 자라면서 생겨날 수도 있고 본성에 고착된 것일 수도 있다.

나는 수년간 실용적이고 타당하게 내 가치관을 발견하는 탐색 기간을 가졌다. 앞에서 말한 것처럼, 수년 동안 나는 두 가지 직업에 시간을 쪼개 썼다. 척추 교정사이자 부동산 사업가로 산 것이다.

척추 교정사인 나는 잘 차려입고 좋은 환경에서 일했다. 내 병원 건물에서 시간을 보냈다. 동료와 친구들은 존경할 만한 사람들이었고, 나는 전문적인 환경에서 도움을 구하는 정중한 사람들과 대화를 나눴다. 직원들은 충실했다. 표면적 척도로 따지면 모든 게 행복한 인생이었다. 그런데 나는 이 일에서 알 수 없는, 충족되지 않은 요구를 희미하게 느꼈다.

부동산 사업에서 내 역할은 무척이나 달랐다. 나는 더러운 청바지, 페인트가 튄 셔츠를 입고 낡은 신발을 신었다. 대부분 예기치 못하게 수리할 곳이 생기고 비용이 발생하면서 스트레스가 일어났다. 수리하는 일은 직접 하기도 했고 업체에 맡기기도 했는데, 늘 완벽하게 처리되지는 않아서 골칫거리였다. 그러고 나면, 임대한 방을 쓰레기장으로 만들고 임대료를 지불하지 않아 나를 미치게 하는 질 나쁜 세입자들이 등장했다. 그런데 어떻게 이런 불쾌한 상황에서 기이하게도 에너지를 얻고 성취감을 느낄 수 있었을까?

여러분이 내 중심 가치관을 이해한다면, 어쩌면 그 이유도 이해할 수 있을 것이다. 노동에 관한 나의 중심 가치관은 성과와 가시적인 결과를 보는 능력에 있었다. 내게는 시작과 끝이 있는 프로젝트가 필요했다. 나는 복잡하고(책을 쓰는 것 같은) 큰 도전에 가치를 뒀다. 목표를 향한 진전과 경제적 사다리를 오르는 발전에 가치를 두었다.

척추 교정사 일은, 그 모든 가치 있는 장점들에도 불구하고, 노동에 관한 나의 중심 가치관을 채워주지 못했다. 환자들은 치료되었지만, 그 자리를 또 새로운 환자들이 채웠다. 결과를 체험할 수 있는 일이었지만, 그건 결승점이 있는 가시적인 결과가 아니었다. 척추 치료란 끊임없이 돌고 도는 순환 과정이었다. 나는 이 직업에서 만족감을 느끼지 못하는 데 대해 죄책감이 들었다.

반대로 부동산 일은, 어마어마한 문제들에도 불구하고, 가장 내밀한 가치를 충족시켜주었다. 이 거대한 도전에는 가시적인 결과가 있었다. 프로젝트는 완수되었다. 그러니까 어느 날 결과를 사진으로 찍고, '매매 중' 표지판을 세울 수 있다는 말이다. 이 일은 특정한 지점을 목표로 두고 나아가는 일이었다.

생의 감각을 느끼게 하고 충족시켜주는 가치를 중심으로 목표와 행동, 생활방식을 세울 때 성공은 더욱더 보장된다. 내게 가장 적합한 일을 하게 되자, 나는 자연스럽게 최고의 성과를 낼 수 있었다.

내적 가치들은 도덕법칙을 행하는 것이 아니다. 내가 지금 말하는 건, 인내, 정직, '내가 대접받고 싶은 대로 남을 대접하라'는 식의 가치관이 아니다. 오히려 '자신이 누구인지 알아차리는 것'과 더 가깝다.

가치는 자기 성찰과 직업 성취감에서 시작된다. "인생의 의미와 의의를 부여해주는 건 우리의 가치관이다"라는 말도 있지 않은가. 우리가 선택한 직업에서, 우리는 영혼에 파묻혀 있는 가치들을 충족하면서 의미와 의의를 경험하게 된다.

"살면서 무얼 해야 하지?"라고 묻지 말라. "내가 평생 추구할 나만의 가치는 무엇이지?"라고 물으라. 이 질문이 부를 향한 여정을 더욱 만족스럽게 해줄 것이다.

Inner Values

인생 수업 : 내적 가치

스무 살의 나는 물었다.

"나는 평생 어떤 직업에 종사할까?"

쉰 살의 나는 물었다.

"나를 채워주는 가치, 못 채우면 내 일부가 죽어버릴 그런 가치는 뭐지?"

●

성향

성향 : 타고난 경향, 규칙적으로 무언가를 하는 데 끌리는 것

잡초란 무엇인가?
가능성이 충분하지만, 아직 발견되지 않은 식물이다.

랠프 왈도 에머슨

부로 이끄는 계획은 셀 수 없이 많고, 부를 얻는 노동 방식 역시 다양하지, 정원사는 생각했다.

지미는 정원사의 집 문을 두드렸다. 대답이 없었다. 그는 잠시 기다리고는 뒤뜰로 가서 멘토를 찾았다. 그의 멘토는 실외용 안락의자에 앉아서 잡지를 읽고 있었다. 저녁이었고, 두 사람은 늦게라도 만나기로 한 터였다.

정원사가 농담을 던졌다. "난 무척 바빠. 별거 아니면 혼난다."

지미가 웃음을 터트리며 옆에 앉았다. "단도직입적으로 말할게요. '신념'에 대해 이야기를 나눈 뒤로 많이 생각해봤어요. 부를 일굴 수 있다고 더 용감하게 믿기로 했어요."

"그래서 네 마음은 어떠니?"

지미가 머뭇거렸다. "전 돈으로 살 수 있는 것들에 대해서는 신경 안 써요. 하지만 부가 주는 자유를 원해요. 인생에 선택권이 있길 바라고, 그게 무엇이든 기꺼이 할 거예요. 문제는 어떻게 하면 돈을 벌 수

있을지 제가 잘 모른다는 거예요. 그래서 절망스러워요."

정원사가 미소를 지었다. "젊은이들 대부분은 부를 원하지, 그리고 그걸 어떻게 얻을지는 몰라. 네가 그 방법을 모르는 건 당연해. 믿음을 가지고 네 목표를 밀어붙이면, 하늘이 도와서 그 계획을 건네줄 거다. 그건 절대 실패하지 않아. 자연의 법칙이니까."

지미는 고개를 끄덕였지만, 표정은 여전히 복잡했다.

정원사가 연민 어린 눈길로 지미를 살펴보았다. 그러고는 무릎 위에 놓인, 정원 일에 관한 잡지를 지미에게 건넸다.

"이게 뭐예요?"

"이 잡지 재미있어 보이니?"

지미가 표지를 흘깃 보고는 씨익 웃었다. "전혀요."

"나도 그렇단다." 그의 눈빛이 사려 깊게 빛났다. "하지만 정원 일을 하면 내게 어울린다는 느낌이 들어. 편안하지. 난 그걸 깊은 우정이라고 부르고 싶어, 열정이 아니라. 정원 일을 하면서 오랜 시간을 보내는 게 즐겁단다."

지미가 고개를 끄덕였다. "아저씨는 인생의 목적을 어떻게 알게 되신 거예요?"

"내 생각을 말해주마. 올바른 느낌이 드는 일에 힘쓰면 편안할 거야. 네 친구가 될 거고, 그게 네 길이야. 열정적인 연인보다는 오랜 우정을 함께 해온 친구 같은 편안함이 느껴지지."

"좋아요, 그럼 그 친구를 제가 어떻게 찾을까요?"

"너의 흥미를 끄는, 가치 있게 기여할 일을 찾으렴. 내가 아이였을 때는 수없이 많은 임시직을 전전했어. 그러다 돈을 굴리는 비즈니스를 하는 사람에게 끌렸단다. 난 정확히 그 역할을 원했고, 단계적으로 그렇게 성장해나갔지."

지미가 크게 한숨을 내쉬고는, 옆에 놓인 잡지를 살펴보면서 부동산과 기업의 성공에 관한 잡지를 구독할까 생각했다.

성향은 타고난 경향, 규칙적으로 무언가를 하는 데 끌리는 것을 말한다. 흥미, 애호, 선호, 근성, 호기심, 매혹이라고도 한다. 개인의 소명이고, 끌림이다.

작가 로버트 그린은 이렇게 말했다. "그런 성향들을 어떻게 설명할 수 있을까? 성향이란 우리에게 내재된 힘이다. 우리를 어떤 특정한 경험으로 끌고 가고, 다른 것들로부터 떼어놓는다. 우리가 여기 혹은 저기로 가게 함으로써, 특정한 방식으로 우리의 정신 발달에 영향을 미친다. 내면의 목소리와 힘에 주의를 기울이고 진정한 자신을 깨닫게 된다면, 자신에게 운명 지워진 무언가, 즉 개별자, 주인이 될 수 있다. 우리에게는 일을 통해 고유한 자신을 표현할 생의 과업이 있다."

어린 시절 가장 친했던 친구 한 명은 현재 친구들 모임에서 가장 부유하고 충만하게 살고 있다. 직업을 선택할 때 그 친구는 우리 모두가 고려했을 선택지들을 고려했다. '소득 이하' 접근법을 사용한 것 말고는. 그는 약사가 되는 쪽으로 거의 기울었다가, 그 일의 소득 한계를 받아들일 수 없다고 생각하고는 치아 교정사가 되는 길을 택했다.

학교 교육은 끝이 없었고, 희생도 극심했다. 하지만 서른 살이 넘어서 졸업을 한 뒤, 그 친구의 수입은 내 수입의 네 배가 되었다. 일은 반밖에 하지 않는데 말이다. 기술이 숙련되자 그 일에 대한 헌신과 엄청난 소득으로 인해 그의 성취감은 불타올랐다.

자신을 호기심과 매혹 대상을 찾아 세계를 여행하는 탐험가라고 생각하라. 인터넷을 검색하고, 서점에서 책을 찾아보고, 도서관에 앉아서 자신의 흥미를 발견할 수 있다. 당신의 마음을 사로잡는 것을 숭배하

라. 당신이 끌리는 대상이 당신 영혼 깊이 감춰진 경향, 성향, 흥미를 드러낸다.

로버트 그린은 썼다. "자신의 성향에 대략적으로 부합하는 일을 선택하는 것에서 시작하라. 첫 번째 직업이 당신이 행동할 공간과 당신이 배워야 할 중요한 기술을 제공한다. 당신이 적응하고, 계속해서 스스로에 대해 더 많이 배울수록 기술이 확장될 것이다. 마침내 자신에게 완벽히 딱 맞는 특정 분야, 자리, 기회를 알게 될 것이다. 그것은 눈에 띈 즉시 깨달을 수 있다. 그 순간 어릴 적 느꼈던 흥분과 경이의 불꽃이 튀기 때문이다. '제대로'라는 느낌이 올 것이다."

올바른 일을 추구하는 건 우정과 같다. 흥미가 느껴지는 일을 하는 것이 만족을 준다. 우리는 자신에게 적합한 일을 할 때 최선을 다하곤 한다. 인간은 제한 없는 열정을 발휘할 수 있는 곳에서 대개 성공을 거둔다.

Inclinations
인생 수업 : 성향

성향과 맞지 않는 일을 할 때, 마음속에선 충돌이 일어난다.

성향은 목표 설정만큼이나 중요하다.

•

LESSON 4-12

재주

재주 : 유독 자신에게만 쉬운 활동이나 주제

재능은 꽃과 같다.
아름다운 결과를 바란다면, 온전히 피워내도록 노력해야 한다.

마리넬라 레카

우리가 찾아야 할 건, 유독 자신에게만 쉬운 그런 일이지, 정원사는 생각했다. 한 사람의 완전한 잠재력은 알아차리기 어렵다.

정원사는 강단에 서 있었고, 지미는 문 옆에 놓인 의자에 앉아 있었다. 정원사는 지난달에 소년원에서 직업과 관련된 지침을 가르치면서, 아이들이 직업 생활에서 맞닥뜨리게 될 힘겨운 투쟁에 대해 마음의 준비를 하길 바랐다.

"현실은, 이 세상에서 너희가 되고 싶어 하는 어느 것도 될 수 없다는 거다." 정원사는 이렇게 수업을 시작했다. 교실 안이 조용해졌다. 아이들이 집중한 듯했다. 지미는 정원사가 칠판에 글자를 쓰는 모습을 바라보았다.

정원사가 말했다. "우리는 성공 전략에 관해 이야기한 적이 있다. 모든 존재가 동등하므로 각자 올바른 행동을 한다면, 너희의 잠재력을 완전히 개화시킬 수 있겠지. 하지만 이제 솔직해지자. 이 세상에서 모든 게 동등하지는 않아. 사실, 여기 있는 우리도 다 다르잖니." 그는 통로로 걸어가 교실 뒤에 섰다. 그러고는 소년들이 칠판에 적힌 내용을 곰곰이 생각하도록 잠시 기다렸다.

개성

1. 가치관
2. 성향
3. 재주
4. 야망
5. 내면의 목소리

"너희가 지닌 가치관, 성향, 재주, 야망, 내면의 목소리가 조합되어서 너희를 차별화된 존재로 만들어준단다. 효과적으로 부를 일구기 위해서는 자신의 가장 큰 자질을 발견해야 한다. 그리고 나서 적합한 일에 그 자산을 적용하는 거야."

그는 칠판으로 시선을 돌렸다.

"삶은 힘들 수 있다, 하지만 자신의 강점을 이점으로 사용하면 힘겨움을 덜 수 있지. 각자의 개성을 잘 살려야 부를 일굴 수 있단다."

한 아이가 손을 들었다. "만일 저한테 특별한 재주가 없다면요? 최저 임금을 받고 일하면서 어떻게 이 세상에서 자기 것을 얻어낼 수 있는 거죠?"

"재주에 관련된 이야기 하나 해줄까?" 정원사가 강단으로 걸어가며 말했다. "옛날 어느 농장에 독수리가 한 마리 있었다. 닭들이 길러주었지. 독수리는 자라면서 자기 가족인 닭을 사랑했지만, 애석하게도 그들과는 잘 맞지 않았단다. 독수리는 땅을 파서 벌레를 잡는 데 소질이 없었지. 그래도 매일 다른 닭들이 하는 일을 하려고 몸부림쳤어. 더 불행한 것은, 독수리가 그 일에 흥미가 없었다는 거야. 닭이 되려고 애쓰는 독수리에게 삶은 너무 어려웠지. 그러던 어느 날, 다른 독수리 한 마리가 하늘 위를 날아갔어. 그 모습은 닭으로 자란 독수리의 마음을 휘저었지. 혼란스러운 독수리는 몇몇 닭에게 자신이 저 거대한 독수리처럼 날 수 있을 것 같은 느낌이 든다고 털어놓았어. 물론 모두들 웃음을 터트리면서 말도 안 되는 소리라고 했지. 독수리는 우울해졌단다. 하지만 운명의 날이 다가왔어. 독수리는 마침내 날개를 펴고 공중으로 뛰어올랐지. 닭들은 경악에 찬 눈길로 지켜보았어. 하늘 높은 곳에서 독수리는 지상의 미세한 움직임도 포착할 수 있었지. 급강하해서 발톱으로 먹잇감을 움켜잡았어. 벌레를 잡으려고 땅을 파는 건 하지도 못했던 그 발톱으로 말이다. 독수리에게는 거대한 독수리가 되는 일, 즉 하늘의 지배자가 되는 일이 닭이 되는 것보다는 쉬웠단다. 독수리가 되려면, 자신의 가치와 완전한 잠재력을 찾아야 하지."

그가 교실을 둘러보며 물었다. "이 이야기의 교훈이 뭘까?"

"닭이랑 어울리지 마라?" 한 아이가 재치를 부렸다.

정원사가 크게 웃었다. "네 농담이 생각만큼 틀린 건 아니란다. 두 가지 교훈이 있다. 첫째, 독수리는 자신에게 재능이 없는 활동에는 전혀 관심이 없었다. 둘째, 해야 할 일이 자신의 강점과 일치할 때, 닭들에게는 큰일이었던 것이 독수리에게는 쉬웠다는 것이다. 너희들 역시 자신의 방향을 찾아 날아가는 독수리가 되어 졸업을 하게 될 거다."

교실이 조용해졌다.

"자신의 흥미를 찾아내고 그걸 따라야 한다." 그가 천천히 말을 이었다. "그 흥미 속에서, 자신이 가장 쉽게 할 수 있는 일이 뭔지 알아내거라. 누구나 몇 가지 일에 재능이 있단다. 다른 사람들보다 자연스럽게 더 잘할 수 있는 일들이 몇 가지 있어. 유독 자신에게는 쉬운 일들을 찾아보거라. 닭이 독수리가 되려고 애쓰면 패배한 채로 살게 되고, 독수리가 닭이 되려고 애쓰면 패배한 채로 살게 될 거야."

"우리 아빠는 최저 임금을 받고 일해요. 그럼 패배한 채로 살고 계신 건가요?"

"네 아버지의 상황을 나는 알지 못한단다. 하지만 네가 아버지처럼 살고 싶지 않다면, 네 재능을 발견하고 사용할 전략을 찾아야 할 거다. 다른 사람들이 가치 있게 여기는, 희소성 있는 기술들을 연마하면, 네 아이들에게는 다른 이야기를 해줄 수 있겠지. 자신의 재능을 묵살하면, 인생은 끊임없는 투쟁이 될 거야."

아이가 눈을 굴렸다. "선생님은 지금 우리 아빠가 닭이라고 말하는 건가요?"

지미가 자리에서 일어났다. "저분의 말씀은 너만이 가진 재주를 발견하고, 매일 깨어 있는 시간 동안 그 재능들이 작동하도록 네 궁둥이를 들고 일어나라는 거야. 아니면 닥치고 네 아빠처럼 되든가!"

아이의 말문이 막혔다. 교실에 있는 아이들이 호기심과 존경 어린 표정으로 지미를 쳐다보았다. 정원사는 이 순간이 무척이나 특별한 순간임을 감지했다.

재주는 다른 이들에게는 어렵지만 누군가에게는 자연스러운 활동 혹은 주제다. 기술이 아니라 그 자체로 어떤 기술을 획득하는 타고난 능력이며, 다른 사람들보다 쉽게 그 기술에 숙달되는 능력이라 할 수 있다.

에머슨은 말했다. "자연은 우리 각자를 어떤 능력으로 무장시켜준다. 다른 사람들은 할 수 없지만, 나만은 쉽게 어떤 일을 할 수 있는 그런 능력 말이다." 우리 각자는 재주들을 가지고 있다.

"내게는 남다른 재능이 없다"라고 다수의 사람들이 고함을 쳐댄다.

하지만 재주는 그냥 나타나지 않는다. 적극적으로 찾아나서야 한다. 그렇다면 어떻게 찾아야 할까?

청소년 시절, 나는 극히 평범한 아이였다. 하지만 꾸준히 탐색한 결과, 내가 어느 순간에 깊이 몰입하는지 깨닫게 되었다.

나는 5학년 유소년 야구 리그 선수로 활동했었다. 팀에서 가장 잘 뛰는 선수들은 배팅 라인업 꼭대기에 있었고, 반면 나는 라인업 가장 아래에 있었다. 아홉 살 때부터 그 어떤 지도나 지침도 없이 종이에 격자무늬를 그리고, 세로 열에 선두를 나타내는 통계와 함께 이름을 적어 넣는 작업을 시작했다. 메이저 리그 야구 선수들에 관해 기록하는 것처럼 말이다. 게임이 끝날 때마다 나는 신이 나서 직접 만든 기록표를 채웠다. 그러면 내 숫자가 어떻게 내 성적을 반영하는지, 성적이 좋은지 나쁜지를 볼 수 있었고, 나는 이런 명확성을 갈망했다. 이 사소한 행동으로 내게 효율성을 추적하는 재주가 있음을 알게 되었다.

이 이야기의 교훈은 무엇일까?

첫째, 자신이 가진 재주가 얼마나 특별한지 어떤 결과를 불러올지에 대해서는 미리 걱정하지 마라. 주방 선반에서 사용할 수 있는 재료들을 찾듯 열린 마음으로 당신의 재주를 찾으라. 일단 재료들을 모으고 나면, 무슨 음식을 할지 결정할 수 있다. 일단 자신의 재주를 알게 되면, 그것을 어떻게 최고로 적용할 수 있을지 알게 된다.

둘째, 언제 정신적 몰입 상태를 느꼈는지 찾으라. 깊이 몰두했던 일에 보통은 재능이 있을 가능성이 높다.

셋째, 자신의 재주를 찾는 데 적극적인 태도를 가지라. 누구에게나 더 많은 시간을 보내고 싶은 일이 있다. 우리는 그렇게 끌리는 일에서 번성할 수 있다. 수학에 재능이 있는 사람은 자연스럽게 숫자를 가지고 일하는 쪽에 끌린다. 재주는 열정적으로 흥미를 느끼는 것 주변에 있다.

마지막으로, 온라인상의 적성 검사, 적성 관련 책, 강점 찾기Strength Finder나 마이어스-브릭스 성격유형 검사MBTI 같은 표준 평가 지표들로 자기 자신을 판단해보라. 내 경우, 이 검사들은 수십 년 동안 계속 정확히 들어맞았다.

재주에 관한 고전적인 예는, 워런 버핏에 관한 것이다. 워런 버핏은 소년 시절 신문지상의 알파벳 문자들을 셌다고 한다. 1페이지에 b가 몇 개나 있는지, 2페이지에 c가 몇 개나 있는지 말이다. 이 소년에게는, 남들과 다른 독특한 재능이 있었던 것이다.

"승자는 신이 주신 자신의 재능을 알아차린 사람이다. 뼈를 깎는 노력으로 그 재능을 기술로 연마하고, 목표를 달성하는 데 그 기술을 사용하라"라고 농구 선수 래리 버드는 말했다. 키케로 역시 다음과 같이 말한다. "모두가 자신의 강점을 적절하게 사용하고, 최고조로 행한다면, 자신의 유한한 재능에 유감스러워할 필요가 없을 것이다." 자신의 재주를 발견할 때, 우리는 자신의 전략적 이점을 찾게 된다.

경험상, 발전의 가장 큰 장애물은 자신이 가진 힘과 무관한 방식으로 사는 것이다. 아인슈타인은 "모두가 천재다"라고 말하면서 이렇게 설명했다. "나무에 오르는 재능으로 물고기를 판단한다면, 물고기가 멍청하다고 믿으며 평생을 살게 될 것이다."

Knacks
인생 수업 : 재주
자신만의 독특한 특성을 이용하는 것이
막대한 부를 일구는 데 필요한 장점이 된다.

●

야망

야망 : 목표를 달성하려는 강한 열망,
전형적으로 결단과 고생을 요한다

정원은 병과 같다.
그것은 우리를 감염시키고, 우리는 거기에서 벗어날 수 없다.

루이스 가넷

야망은 잠재력을 완전히 발현하라는 부름이지, 정원사는 생각했다.

5월의 어느 날, 정원사는 정원에 핀 튤립을 바라보고 있었다. 그때 마침 제러드가 인사를 해왔다.

정원사가 그에게로 걸어갔다. "그래, 어디서 지냈나? 늦은 밤에도 자네 트럭이 안 보이던데."

"한 달 전에 여자 친구네 집으로 들어갔어요."

"그 양조장에서 봤던 젊은 아가씬가?" 정원사가 물었다.

"네, 그 친구예요. 벌써 다섯 달 전부터 같이 지내고 있어요. 일이 모두 잘되고 있어요."

"아무튼, 잘됐군. 내 기억에, 그 친구는 자네가 인근 지역에서 일자리를 찾는 걸 기꺼워하지 않았던 것 같은데. 그건 해결되었나?"

제러드가 활짝 웃었다. "집을 2년 임대했어요."

이 새로운 소식에 정원사는 얼굴이 굳어졌다. 제러드는 만족해하는 듯 보였다. 그에게 정말로 야망이 있다면, 삶을 지금의 자리에 묶어두는 2년 임대차 계약을 했을까?

"무슨 생각을 하시는지 알아요." 제러드의 말에 정원사의 생각이 중단되었다. "아저씨는 제가 야망을 포기했다고 생각하시겠죠. 하지만 전 여전히 인생에서 더 많은 걸 바라고 있어요."

"그 말에 내가 뭐라고 말해야 할까?" 정원사가 한숨을 쉬었다. "자네가 행복하다면 나도 좋아. 하지만 그녀가 정말 자네를 위한다면, 자네의 희생을 기꺼워할까?"

제러드가 잠시 땅바닥으로 시선을 옮겼다.

정원사가 말을 이었다. "우린 많은 것들을 무시할 수 있지만 자기 야망을 무시할 수는 없어. 우린 모두 야망을 가지고 태어났고, 거기에 사로잡혀 있어. 자신의 열망을 부인하면, 야망은 불안이 되지. 야망과 함께 가는 게 최선이야."

"그래서, 직장 때문에 여자 친구와 헤어지라고요? 지금 그렇게 말씀하시는 거죠?" 제러드가 물었다.

"자네에게 뭐가 최선인지, 나는 말할 수 없어. 하지만 야망과 소망의 차이는 '희생'에 있다는 건 말해줄 수 있지. 꿈을 포기하면, 한동안은 괜찮아 보일 수 있지만 마침내 억울함이 생겨나지."

제러드가 반발했다. "제가 돈을 모으지 못하면 행복할 수 없을 거란 말인가요?"

"그건 자네의 야망에 달렸지."

"무슨 말씀인가요?"

"누구에게나 실현해야 할 자기만의 운명이 있어. 그 미래가 현실이 되는 건, 우리가 가진 야망에 의해서야." 정원사가 말했다. "내 책상에 있던 도토리 기억나나? 그게 어떻게 내게 늘 살아 있는 만물을 지배하는 보이지 않는 힘을 일깨워주는지도?"

제러드의 눈동자가 이리저리 움직였다. "전부 기억나요."

"도토리 안에는 거대한 참나무로 자랄 수 있는 잠재력이 있어. 그런데 내가 땅에 도토리를 심고는, 그 위에 플라스틱 상자를 덮어둔다고 생각해보게. 도토리는 성장하겠지만, 상자가 그 성장을 제한시킬 거야."

제러드가 그를 응시했다.

"도토리는 성장하겠다는 내재된 야망에 의해 자연스럽게 움직이네. 하지만 상자가 성장의 잠재력을 제한하지. 도토리는 상자에 적응하려고 애쓸 테지만, 그건 헛된 싸움이지. 참나무로 거대하게 자라날 때만이 행복할 수 있으니까."

"솔직하게 말씀하시면 안 돼요?"

"제러드, 이게 가혹한 판결이라고 생각지 말게. 지금 자네의 선택은 야망과 일치하지 않는 것 같군."

부를 향한 야망은 안정과 자유를 향한 자연스러운 열망이다.

경제적인 자유를 얻은 후, 조시라는 친구를 만난 적이 있다. 그는 내가 좋아하는 젊은 친구 중 하나였는데, 대학에 등록하고서는, 야망을 따라 사업을 시작했다. 차량 창문 선팅 일이었다. 사업이 번창하자 그는 휴학을 했다. 스물한 살에 조시는 고등학교 동창 12명을 고용했다. 5년 만에 사업은 확장되고, 사업을 위해 창고까지 한 채 샀다.

조시는 맹렬한 야망의 소유자였고, 그에 따라 희생을 감수했다. 소망과 진정한 야망을 구분하는 건 이런 희생이다. 어느 날 그를 만났을 때 우리는 야망에 대해 이야기를 나누었다. 조시는 내가 희생한 것에 대해 물었다. 부가 그럴 만한 가치가 있는가, 하고 말이다.

내가 말했다. "야망 있는 인생이 늘 행복한 건 아니야. 하지만 만족스러운 인생은 되지. 스스로에 대한 만족감을 느끼는 게 행복한 것보다 더 나아. 진정한 야망이 있다면, 어쨌든 거기에 많이 얽매여 있겠지. 아무것도 하지 않고 해변에서 빈둥대며 야망을 무시하는 건 자네에게 만족을 주지 못할 거야. 그게 좋든 싫든, 자네는 뭔가를 달성하기 위해 움직이겠지."

조시는 바로 자신의 야망과 행복 사이의 관계를 인정했다. 자신은 야망을 따라야 행복하다는 것이다.

10대 때의 어느 날, 저녁 식탁에서 아버지는 내게 당신이 지닌 야망의 힘에 대해 말씀하셨다. "내 삶에 내려주신 온갖 축복들에 대해 하느님께 감사드리고 있단다. 또한 내 삶에 이렇듯 수많은 축복을 얻고자 하는 야망을 주신 것에도 감사드리고 있지." 이 말은 어린 내 마음속에 울려 퍼졌다.

만족감과 개인적 성장은 야망의 결과물이다. 삶의 조건에 좌절하고, 성장 배경이라는 덫에 걸리고, 평범함을 참을 수 없어서 좌절감을 느낀다면, 야망을 가지고 태어난 걸 감사하게 여겨라. 그로 인한 고통은 최고의 삶을 살게 해주는 연료가 된다. 야망으로 인해 당신은 성장하게 될 것이다.

어른이 되면서, 나는 야망을 억누를 게 아니라 거기에 올라타는 법을 배우는 편이 낫다는 걸 깨달았다. 야망은 우리가 가지도록 애써야 하는 종류의 것이 아니다. 오히려 벗어날 수 없는, 무시할 수 없는 어떤 힘이다.

"스스로 움직이는 원동력이 없는 사람은 평범함에 만족할 것이다. 제아무리 뛰어난 재능이 있다고 해도 말이다"라고 앤드루 카네기는 말했다.

도토리가 거대한 참나무가 될 운명을 가지고 있듯, 야망을 충족시킬 능력이 없다면 당신에게 그것은 주어지지도 않았을 것이다. 우리의 야망은 우리가 어딘가로 뻗어나갈 거라는 전조다. 야망은 자연스러운 열망이며, 잠재우려 할수록 솟아날 가능성이 있다.

Ambition

인생 수업 : 야망

야망이란 우리에게 운명과도 같다.

그 사실을 깨닫고 나서는 마치 황소 등에 타듯 그 위에 올라탔다.

•

내면의 목소리

내면의 목소리 : 이성을 넘어선 감각

정원에서 일할 때만큼 이렇게 좋은 생각을
날마다 수없이 해본 적이 없다.

존 어스킨

절대 물러서지 않고 끈질기게 달라붙는 직감이 내면의 속삭임이며, 그건 우리를 놓아주지 않는다고 정원사는 믿었다. 새로운 세상은 귀 기울이고 행동하는 자에게 자연히 열리게 되어 있다.

프레드가 낚시를 하며 연못을 물끄러미 바라보고 있었다. "늦은 밤까지 생각해봤네."

"거 참 별일이군."

"무척 재밌었어." 프레드가 끼어들었다. "지난달에 나눈 대화 말인데, 나는 돈에 대해서는 자네 말이 맞다고 믿어. 은퇴한 뒤로 나는 만족감이 느껴지는 일에서 벗어나 있었지."

정원사가 별다른 대꾸 없이 고개만 끄덕였다.

"좀 미친 소리 같겠지만, 끝까지 내 말을 들어주게나. 아무한테도 말한 적 없는 비밀인데, 사실 꿈 하나가 있다네. 말도 안 되는 일이지만, 그 생각을 털어낼 수가 없었어. 심지어 그건……."

"프레드, 벌써 털어놓았잖은가!"

"좋아, 말할게. 나는 평생토록 작은 사업을 해보면 어떨까 생각했어. 30년 동안 난 주일학교에서 아이들을 가르쳤지. 아이들과 함께 하는 게 너무 좋고, 모험을 한번 해보고 싶어. 사립 보육원을 시작해볼까 생각하고 있다네. 내게는 도전이 될 테지만, 많은 아이들에게 도움을 줄 수 있을 거야." 프레드가 조심스럽게 말했다.

정원사의 입이 딱 벌어졌지만, 소리는 나오지 않았다.

"정말 말도 안 되지 않나?"

"아니, 아주 멋져! 정말 대단하네!" 정원사가 말했다.

프레드가 의외라는 눈길로 친구를 보았다. "솔직히 말해서, 자네가 말도 안 된다고 말해주길 바랐는데. 왜 그렇게 빨리 동의하는 거야?"

"자네는 꿈을 가지고 있고, 그 생각을 물리칠 수 없고, 다른 사람들을 돕고 싶어 하기 때문이지. 성공한 사업은 모두 그렇게 시작된다네."

프레드가 친구를 응시했다. "나는 듣고……."

"나는 우리가 모두 올바른 길을 가지고 있다고 생각하네. 누구에게나 내면의 목소리가 들려오지. 어떤 꿈이 마음속에 끈질기게 남아 있고, 수년 동안 힘을 발휘하고 있다면, 난 그 끌림을 신성한 것으로 받아들인다네. 그게 내면 깊은 곳에서 들려오는 속삭임이니까."

하지만 "난 95퍼센트의 자영업자가 5년 안에 망한다는 사실을 알 만큼 나이를 먹었어." 프레드가 반박했다.

"충동을 조심하는 건 현명한 태도지. 그런데 말일세, 진정한 소명이란 계속 고집스럽게 들러붙어 힘을 발휘하게 되는거지. 그저 지나가는 변덕이나 환상이 아니야. 진정한 내면의 끌림이고, 죽지 않고 끈질기게 남는 포부지. 그건 시간의 시험도 견뎌내."

프레드가 활짝 웃으며 낚싯줄을 감고, 미끼를 확인하고, 다시 연못 한가운데로 낚싯대를 던졌다. "자네에게 솔직히 말할게." 그가 한숨을 쉬었다. "난 실패가 두려워, 인정하겠네. 내 나이에 실패한다면, 바보 같아 보이겠지. 비용도 2만 달러나 들어가. 투자금을 잃어버리면 그걸 회복할 시간이 이젠 없잖나."

정원사는 잠시 말없이 연못을 응시했다. "예상되는 최악의 결과를 가지고 살아갈 수 있는지 생각해보았나?"

프레드가 웃음을 터트렸다. "경제적으로는 견뎌낼 수 있을 거야. 하지만 내 자아는 다른 문제라고."

"자네에겐 몇 안 되는 선택지가 있네. 시도하지 않기로 결심할 수 있지. 시도했다가 실패할 수도 있어. 물론 성공할 수도 있고. 해야 할 질문은, 자네가 마지막 숨을 거둘 때, 시도하지 않은 자신에 대해 어떤 심정을 느낄까 하는 거야."

내면의 목소리는 이성을 넘어선 감각이다. 잠재의식 깊은 곳에서 뭔가를 알아차린 느낌, 즉 본능적인 감각이다. 그것은 불가해한 초자연적 현상처럼 존재한다. 나중에 후회하지 않으려면 그에 응답하고 그것의 안내를 믿어야 한다.

사람들이 죽어가면서 가장 후회하는 것 중 하나는, 영감을 추구하지 않은 것이다. 행동하고, 꿈을 위해 견디고, 내면의 지혜를 따르지 않은 것이다. 자신에게 부합하는 진정한 삶을 살 기회를 놓치면, 훗날 큰 후회를 하게 된다. 그러니까 내면의 목소리를 묵살하면 후회하게 된다는 말이다.

좋은 질문을 하고, 매일 자신의 감정에 귀를 기울이며 살아간다면, 올바른 방향을 알려주는 내면의 목소리가 들려올 것이다. 그 일을 하지 않는다면, 혹은 시도해보지 않는다면, 나중에 무엇을 후회하게 될까?

언젠가 어떤 변호사의 아내와 이야기를 나눈 적이 있다. 그녀는 남편이 지방법원 판사로 출마하려고 한다고 말했다. 선출직이었고, 그는 출마 기회를 노리고 있었다. 부인의 말에 따르면 6만 달러의 출마 경비가 필요했고, 그건 부부의 개인 저축에서 헐어야 했다. 네 아이를 둔 가족의 재정 상태는 빠듯했다. 당선은 불확실했고, 금전적 위험이 있었다.

"그런데 남편은 10년 동안 출마하고 싶다고 말해왔어요." 부인이 한숨을 쉬었다.

나는 말했다. "그저 제 생각일 뿐이지만, 저라면 어떤 열망이 계속 힘을 발휘하고 있다면, 무척 진지하게 고려할 겁니다." 더 이상은 아무 말도 하지 않았지만, 그때의 내 말이 그 변호사가 지금 우리 지방법원 판사로 일하는 데 한몫했다고 생각한다.

예방의학연구소 설립자인 딘 오니시 박사는 표현했다. "우리 모두 내면의 스승을 가지고 있다. 무척이나 분명하지만, 때로 조용하게 속삭이는 내면의 안내자, 내면의 목소리 말이다. 마음의 수런거림과 매일의 사건이 주는 압박에 떠밀려 그 정보는 들리지 않을 수도 있다. 하지만 마음을 차분히 한다면, 그동안 주의를 기울이지 않고 있던 그 무언가를 들을 수 있게 된다. 내게 올바른 것이 무엇인지 발견하게 된다."

Inner Voice

인생 수업 : 내면의 목소리

조용히 촉구하는 목소리를 알아차려야 한다.

그것은 지도를 보기도 전에 방향을 제시해준다.

•

용기

용기 : 두렵지만 이득이 될 만한 일을 하는 능력

거대한 참나무도 한때는 땅에 떨어진 작은 도토리였다.

작자 미상

조심성 없는 야망은 브레이크 없는 버스나 마찬가지고, 용기 없는 야망은 열쇠가 없는 버스와 마찬가지다. 부는 조심성과 용기를 적절히 지닌 사람을 좋아한다.

정원사는 프레드의 아내 코니와 함께 앉아서, 홍수가 일어나 농장 위로 넘실대는 모습을 지켜보았다.

코니는 정말이지 프레드가 걱정된다고 말했다. "프레드는 지하실에 앉아 있기만 해요, 침울한 상태로요."

"그래요? 몇 주 전에 그 친구는 보육원을 할 계획이라고 말했어요. 그렇게 열정적일 수가 없었는데요. 전 지금까지 프레드가 그 계획을 구체적으로 발전시키고 있는 줄 알았어요."

코니가 대답 없이 의자에 몸을 푹 파묻고는 한숨을 쉬었다. 남편에 대해 더는 말하고 싶지 않은 듯했다.

마침내 코니가 입을 열었다. "우리 얘기 비밀로 할 수 있죠?"

"물론이죠, 부인은 친한 친구니까요."

그녀가 조심스럽게 말을 꺼냈다. "프레드는 전에도 이런 적이 있어요. 몇 년 동안 똑같은 패턴이에요. 남편은 자기 꿈에 가까이 다가가지만, 행동으로 옮기지 못하고 좌절감에 빠져들어요. 평생의 고통이죠."

정원사가 말없이 고개를 끄덕였다.

그녀는 말을 이었다. "프레드는 불안을 숨겨요. 겉으로 드러나 있는 모습만 봐요. 다들 그렇긴 하지만요. 이 말은 누구에게도 해본 적이 없어요, 비밀이에요. 그이는 꿈을 실행하는 데 가까이 다가가지만, 실천하지는 않아요."

"유감이군요. 그런 지는 얼마나 된 거죠?"

"보육원 이야기는 평생 한 건 아니고, 20년 전쯤에 불거졌어요. 그 얘길 할 때마다 프레드는 일에 대한 책임 때문에 그걸 할 수 없다고 말했죠. 이제는 닳아빠진 변명으로 물러설 수 없게 됐지만요."

"그래서 지금 침울해져서 지하실에 박혀 있는 거군요."

"가장 바라는 걸 하지 않을 구실을 생각하면서요. 그 사람은 첫걸음을 떼지 못할 거예요." 그녀가 한숨을 쉬었다.

정원사가 슬픈 표정으로 고개를 끄덕였다. "그게 일반적이지 않을까요? 우리는 행동의 결과를 두려워해요. 행동하지 않은 대가는 생각하지 않지요."

"제 말이 그 말이에요. 그는 이제 평범한 핑곗거리가 사라져서 침울해져 있죠. 하지만 제가 아는 프레드라면, 그 일을 하지 않을 다른 구실을 찾아낼 거예요."

정원사는 아무 대답도 하지 않았다.

코니가 말을 이었다. "솔직하게 말해서, 전 그 사업이 실패하고 돈을 잃어도 상관없어요. 우리는 평생 일했고, 잃을 것도 많지요. 너무 늦기 전에 시도해봐야 한다는 걸 알기 위해서라도, 프레드는 이 일을 해야 해요. 지금 아니면 언제 하겠어요?"

"저도 프레드에게 똑같은 말을 했답니다." 정원사가 동의했다.

"제가 어떻게 하면 좋을까요?"

"프레드는 어른이에요, 자기가 바라는 걸 하겠지요." 정원사가 한숨을 내쉬었다. "우리 모두를 위해서, 강아지 한 마리를 더 데려오면 안 됩니다, 아셨죠?"

용기는 두렵지만 이득이 되는 일을 행하는 능력이다. 부는 용기와 조심성을 적절히 가진 사람을 좋아한다. 산악인 아론 랠스턴의 이야기는 영민한 용기에 관한 극단적인 사례다. 랠스턴이 사막의 좁은 크레바스(빙하가 흘러내릴 때 깨어져 생기는 틈_옮긴이)에서 협곡을 오르고 있는데, 바위가 떨어져나와 그의 팔에 떨어졌다. 5일 반 동안 홀로 스물일곱 살의 청년은 꼼짝도 못 하고 죽어가고 있었다.

우리는 모두 이 이야기의 결말을 알고 있다. 그는 살았다. 자신의 팔을 잘라서. 이것은 용기에 따른 이성적인 결정이었다. 그는 행동하는 것과 행동하지 않는 것의 비용을 저울질하고, 상황을 가늠해보고, 주머니칼을 꺼내서 살기 위해 필요한 일을 했다. 랠스턴은 죽지 않으려면 팔을 절단하는 게 낫다고 판단했다. 그것은 합리적인 용기였다. 더 높은 곳으로 향하는 데 힘을 부여하는, 이성적인 용기라 할 수 있다.

부를 일구기 위해서는 행동의 결과와 행동하지 않았을 때의 위험을 가늠하고 결단하는 순간이 필요하다. 자신의 미래가 위험에 처해 있음을 알게 된다면, 무엇을 하게 될까?

우리는 제프 베조스가 아마존이라는 꿈을 위해 고소득 금융권 직장을 박차고 나왔다는 이야기를 익히 알고 있다. 그는 말한다. "나는 실패하더라도 그걸 후회하지 않으리라는 걸 알았습니다. 시도하지 않는다면 후회하리라는 것도 알았죠." 상징적인 이야기다.

"실패는 고통스럽다. 하지만 최악은 성공하려고 시도조차 하지 않는 것이다"라고 시어도어 루스벨트는 말했다. 부동산 업계에는 우리가 도망친 큰 거래로는 망하지 않으며, 오직 우리가 취한 나쁜 거래들로 망할 뿐이라는 말이 있다. 조심하면서도 동시에 대담해야 한다는 사실을 일깨워주는 말이다.

Courage

인생 수업 : 용기

자유의 비밀은 '용기'다.

부를 향한 과정에는 용기와 조심성이 모두 필요하다.

•

LESSON 4-16

비현실적이 되어라

비현실적인 : 이루기 어렵다고 여겨지는 것

정원 일은 당신이 내일에 관해 뭘 믿고 있는지를 보여준다.

작자 미상

현실적인 목표는 평범한 삶을 위한 거지, 정원사는 생각했다. 하지만 부는 높은 야망을 달성할 수 있다고 스스로 믿는 자들의 것이다.

여름의 무더운 주말, 정원사는 마지막 점검을 하러 이웃 농장 옆에 멈춰 섰다. 작년 내내 산투스의 가족은 황폐한 농장을 잠재력 있는 사업으로 바꾸기 위해 열심히 일했다. 그 거래를 기리고, 증서를 전달할 때가 되었다. 산투스가 놀라길 바라며 정원사는 농장 사무실로 들어 갔다.

지미가 프런트 데스크에 앉아 있다가 고개를 들었다. "어떻게 지내 십니까?"

그가 활짝 웃었다. "이보다 더 잘 지낼 순 없지. 혼자니?"

"산투스 아저씨는 농장에 아직 끝나지 않은 일들이 좀 있어서요. 정 오가 지나서 돌아오실 거예요."

정원사가 책상 옆 의자에 앉았다. "나중에 보지 뭐. 여기는 어떻게 돌아가고 있니, 재정적으로 괜찮니?"

"좋아요. 아무것도 부서지지 않고, 날씨도 완벽하고, 모두 자유롭게 일한다면요!" 지미가 웃음을 터트렸다. "사실, 간신히 수익이 나기 시작했어요."

"첫해치곤 나쁘지 않은걸. 이제 네 계획 좀 듣자. 내 기억에 넌 1년 후에 뭘 끝낼지 명확하게 계획을 세웠던 것 같은데."

지미가 두 손을 모아 쥐었다. "그저 떠날 수 있길 바라요. 하지만 그럴 순 없잖아요. 아직은요. 누군가가 저의 자리에 올 만큼 수익이 나진 않아요. 전 한동안 여기 더 있을 거고, 여가 시간에 저를 위한 계획에 공을 들일 거예요."

"정말이지 대단하구나. 그렇게 한 걸 절대 후회하지 않을 거란다."

"감사해요, 여기 분들은 제게 무척 많이 베풀어주셨어요. 하지만 이곳은 딜레마 같은 곳이기도 해요. 제 나이에, 무엇으로 부를 일구어 나갈 수 있겠어요? 전 최저 임금을 받고 일하고, 저축도 없고, 경제적인 도움도 없어요."

"무척 힘들겠지."

"한 가지 결심을 한 게 있는데요, 전 매일 밤 삶이 달라지길 바라면서 빈둥거리고만 있진 않을 거예요. 제 목표들을 생각하고, 선택할 수 있는 것들을 살펴볼 거예요. 전 돈은 없지만, 시간은 있어요. 이제 계획이 하나로 뭉쳐지는 것 같아요."

정원사는 이 놀라운 말에 엄청나게 즐거워하며 웃었다.

"전 부동산 일을 할 거예요. 온라인으로 수업을 들으려고요."

"부동산이라, 왜 그 일을 택했니?"

"왜 그 일이냐고요?" 지미가 되물었다. "제가 할 수 있는 거니까요. 돈도 많이 들지 않고요. 일이 끝난 뒤 저녁에 공부할 수 있고요. 범죄 기록이 있어도 자격증을 딸 수 있대요. 그리고 부동산에 무척 흥미가 있어요. 이미 온라인으로 기본 시험을 통과했고, 국가 시험은 3주 후에 있어요. 이 말은, 시험을 통과하면, 몇 달 안에 사업을 차릴 계획을 세울 수 있다는 거죠."

정원사는 감동했다. "다 컸구나. 계획을 가진 어엿한 성인이 되었어. 하지만 말해보렴, 산투스는 이걸 어떻게 생각하고 있니?"

"산투스 아저씨는 비현실적인 생각이라고 말씀하세요. 저는 영업 일을 하는 사람이 될 수 없고, 정규직 직원들과 경쟁 상대가 안 된다는 걸 일깨우려고 하시죠. 그분 생각에 이건 너무 위험한 사업이라서, 제가 살아남을 만큼 수당을 못 받을 거래요."

"그래서 뭐라고 대답했니?"

"제가 뭔가를 하고 있으니까, 그건 현실적이라고요." 지미가 웃음을 터트렸다. "전 배워야 할 걸 배울 거고, 성장해야 하는 만큼 성장할 거예요. 일해야 하는 만큼 일할 거고요. 그건 현실적이에요."

비현실적이라는 건, 그저 의견일 뿐이다. 평범한 사람들에게는 말도 안 되어 보이는 높은 목표, 일반적이지 않은 목적이나 야망을 언급할 때 쓸 수 있다. 큰 목표를 이루려면, 그것을 이룰 방법을 미처 알기도 전에 우선 믿어야 한다. "믿음의 눈으로 보는 방법은, 이성의 눈을 감는 것이다"라고 벤저민 프랭클린은 말했다.

일반적인 '비현실'에 관한 견해는 직업, 개인의 자유, 휴가, 투자, 부 등 삶의 어느 곳에나 존재한다. 우리에게 비현실적인 건 무엇인가?

나는 여섯 가구로 이루어진 아파트 한 동을 사서 리모델링을 끝냈고, 다시 임대했다. 그 결과는 대략적인 예상을 훨씬 뛰어넘었다. 처음에 이 일은 비현실적으로 보였다. 다른 부동산들을 관리하는 것만 해도 시간과 돈이 부족했다. 하지만, 나는 방법 한 가지를 알아냈는데, 그건 중대한 교훈이었다.

우리는 늘 '무엇'을 저지른 후에 '어떻게' 하는지를 알게 되는 듯하다. 해야 할 일이 까다로울수록, 우리의 능력도 그에 맞춰 커진다. 나는 '어떻게' 하느냐에 전념했다.

성공은 한 번에 한 걸음씩 일어난다. 현실적인 예상을 뛰어넘는 곳으로 팔을 뻗어야만, 특별한 보상의 월계관을 쓰게 된다.

'현실적'이라는 단어는 지혜와 실용성을 암시한다. 하지만 여기에는, 우리가 불가능한 일들을 시도조차 못 하게 된다는 비극이 담겨 있다. 현실적인 의견이라 함은, 목표를 제한하고 보통밖에 안 되는 노력을 용인하는 핑계가 될 뿐이다.

'비현실적'이라 함은 그저 하나의 의견일 뿐이다. 절대 노하우가 없다는 이유로 당신의 꿈을 축소시키지 말라. 꿈을 가지고 시작하고, 마음속에 지니고, 숙고하고, '어떻게'가 나타나도록 두라. 현실적인 기대에 냉소를 날려라. 현실적이라는 말은, 대개 보통 사람이 된다는 뜻이다.

Be Unrealistic

인생 수업 : 비현실적이 되어라

비현실적이라는 건 그저 하나의 의견일 뿐이다.

능력은 목표의 크기에 맞추어 성장하게 되어 있다.

●

강단

강단 : 자기 연민에 빠지거나 불평하지 않고 고통과 희생을 감내하는 힘

연필을 쟁기 삼아 수천 마일의 밭을 갈아본 적 있다면,
농사가 대단히 쉬워 보일 것이다.

드와이트 D. 아이젠하워

창의적 아이디어가 날아가고 나서도 오랫동안 성과를 위해 인내심을 발휘해야 한다면, 야망은 흔들리면서 소진되지, 정원사는 생각했다. 강단은 시작한 일을 자기 연민 없이 마무리할 수 있게 해주는 기질이다.

정원사는 참나무 그늘 아래 산투스와 함께 앉아 있었다. 산투스는 작년 한 해 특출난 직업 정신을 보였다. 산투스의 일꾼 한 명은 평범한 두 사람 몫 이상의 능력을 발휘했고, 불평조차 하지 않았다.

"다시 한번 사장님께 감사드립니다." 산투스가 말했다.

"응당 자네가 받을 보상이야, 친구. 환영하네."

일주일 전에 정원사는 이웃 농장의 문서에 서명했다. 산투스는 정원사의 양조장에서 열린 축하 파티에서 농장 가족의 갈채를 받으며 목이 메었다.

정원사가 말했다. "올해 자네를 지켜봤네, 해가 뜰 때부터 질 때까지 자넨 매일 내 농장에서 일하고, 매일 밤 자네 농장 일을 하러 나갔지. 토요일과 일요일에도 일찍 그 농장에 갔고. 말해보게, 어떻게 그렇

게 강단 있게 계속 일을 할 수 있었나?"

"전 변화를 바랐습니다. 사장님께서는 보상이 있을지 불확실하다고 말씀하셨지만, 저는 어쨌든 계속하든가, 아니면 가지고 있는 것만 유지하게 되어 있었죠. 이 교훈을 절대 잊지 않았습니다. 그리고 제 여가 시간을 더 나은 삶을 위해 썼습니다." 산투스가 말했다.

"많은 사람이 변화를 바라지만 자네처럼 일하진 않는다네."

"두 번째 기회를 놓칠까 봐 겁이 났습니다. 저는 가족을 생각하고, 또 우리의 가족 사업이 우리에게 어떤 의미일지 생각했지요. 지난해 동안 꽤 많은 날을 이 생각을 하면서 지냈습니다."

"재미있군. 자네는 왜 그 일이 중요한지 계속 마음에 품고 있었던 거야. 그게 자네가 그 일을 끝마칠 수 있게 도운 거고."

"의심할 바 없지요."

"그렇다 해도 누구나 에너지에는 한계가 있지." 정원사가 말했다.

"사실상, 일이란 뭐겠습니까?" 산투스가 물었다. "전 온종일 도랑이나 파고 있진 않았습니다. 그저 움직이고, 비품을 주문하고, 계획을 세우고, 전동 공구를 사용하고, 목록에 따라 점검했습니다. 끝날 때면 하루가 무척 고되지 않겠습니까?"

"오직 목적으로 시간을 채우고 있었군."

산투스가 즐거운 듯 활짝 웃음을 띠었다. "그게 다죠. 정직하게 말해도 된다면, 먹고사는 일에는 제 의지가 전혀 필요하지 않습니다. 그 노동이 저와 제 가족을 먹여 살리니까요. 선택의 여지가 없죠. 하지만 여가 시간을 사용하는 데는 어떤 결심이 필요하죠."

"잘 지적했네. 주중 시간은 우리가 먹고살기 위해 치르는 대가이고, 여가 시간은 꿈을 위해 치르는 대가지."

"전 올해 여가 시간을 더 나은 삶을 위해 사용했지요." 산투스가 동의를 표했다. "이전에는 공허하게 시간을 보내면서, 어쩌면 있었을지 모르는 최고의 삶을 잃었다는 사실을 깨달았어요. 얼마나 많은 시간을 발전 없이 흘려보냈는지 부끄러웠습니다."

정원사는 뿌듯해졌다. 전에 산투스는 늘 행동이 완고했다. 일을 해치우고 급여를 받아야 한다는 일꾼의 자세였지만, 지금의 그는 한층 현명해졌다.

"지난 한 해 동안 무얼 배웠나?"

"제가 해야 할 일을 다룰 수 있는 힘을 달라고 기도하는 걸 배웠습니다. 내가 왜 그 일을 하고 있고, 그게 왜 부담이 되지 않는지에 초점을 맞추는 걸 배웠지요. 희생은 일시적인 거고, 자기 존중과 노력에 대한 자부심은 영원하다는 것도 배웠고요."

강단은 야망, 용기, 의지가 줄어들었을 때, 태풍을 견디고 역경을 헤쳐 나아가는 힘이다. 무기한의 고통과 업무량, 희생, 좌절을 감내하는 능력이다.

앞서 나는 여섯 가구로 이루어진 아파트 한 동을 사려고 했던 이야기를 들려주었다. 그때 이 행동은 '비현실적인' 것이었다. 비현실적인 일을 따라갈 때, 우리는 그 결과를 감내하고, 평범치 않은 일들을 극복해야만 한다.

나는 언제나 도전에 준비되어 있다. 부동산 일을 하면서 수십 년간 경험을 쌓아서가 아니라, 강단이 생긴 것이다. 비현실적인 목표에서 오는 과부하를 견딜 수 있는 힘이 있다.

까다로운 일을 감내하기 위해서는 의미에 집중할 필요가 있다. 내가 그 프로젝트를 왜 하는지에 초점을 맞추는 것이다. 다른 일들이 산적해 있었지만, 나는 기꺼이 이 문제에 뛰어들었다. 과중한 일을 하는 이유가 내 경제적 자유를 얻기 위한 것임을 잊지 않았다. 힘들고 단조로운 일이 아니라, 나의 노동, 분투, 피로, 희생이 내 가족에게 이득을 주리라는 희망에 초점을 맞췄다.

사람들은 나를 일 중독자라고 불렀다. 분명 내 인생은 균형 잡히지 않았다는 말도 들었다. 그 해 말까지 나는 빼빼 말라 있었다. 속도를 조금 줄이라는 말도 들었다. 골프를 치고, 스키를 타러 다니고, 텔레비전을 보고, 주말마다 술을 마시고, 안락한 삶을 즐기는 사람들로부터 성급한 판단이 쏟아졌다. 그러나 나는 여가 시간을 개인의 자유를 추구하는 데 썼을 뿐이다.

강단은 시간이 흐르자 충분한 보상을 해왔다. 희생과 인내의 시험을 통과하는 사람들만이 특별한 보상을 받을 수 있다.

Fortitude

인생 수업 : 강단

부에는 진 빠지는 여정이 수반된다.

강단은 끝까지 밀어붙이는 내면의 힘이다.

•

내부자 집단

내부자 집단 : 대개 누군가의 마음가짐과 생각에 영향을 미치는
사람들로 구성된 사적인 소규모 집단

친구는 삶이라는 정원에 핀 꽃이다.

메리 앤젤브레이트

사람은 끼리끼리 모이고 자기들 무리보다 특출난 성과를 내는 사람은
드물게 나타난다고 정원사는 생각했다. 동료는 까다롭게 택하는 것이
현명하다. 어리석은 자와의 우정은 값비싼 대가를 치를 수 있다.

정원사는 소년원 아이들이 모인 교실 강단에 서 있었고, 지미는 평소
와 같은 자리에 앉아 있었다. "우리는 닭이 된 독수리에 관한 이야기를
한 적이 있지. 오늘은 닭과 어울리는 일의 문제에 대해 말해볼까 한다."

교실 안에 조용히 웃음이 퍼졌다.

정원사는 말을 이었다. "닭이 꼭 나쁜 사람을 지칭하는 건 아니란다.
하지만 그들은 너희가 자신들과 달라지는 걸 원치 않지. 그들은 너희에
게 영향을 미치려고 애쓸 거야. 야망에 의문을 제기할 거고, 균형 잡힌
삶을 목표로 삼으라고 말할 거야. 평범한 삶이 행복하다고 충고할 거
야. 왜 더 많은 게 필요하냐고 물어볼 거야. 너희는 스스로가 어떤 사람
이라고 생각하니? 이중에 이런 '닭'을 아는 사람이 있니?"

소년들은 모두 무척이나 잘 알고 있다는 의미의 웃음을 터트렸다.

정원사는 교실이 조용해지기까지 기다렸다. "부자가 되기 위해 반드시 필요한 기술은, 부정적인 사람들로부터 자신의 마음을 보호하는 거란다. 부정적인 사람들은 운을 많이 빼앗기지."

교실 분위기가 빠르게 진지해졌다.

"내겐 가까운 친구가 하나 있는데, 그 친구는 결단의 순간에 직면해 있단다. 은퇴하고 자기 사업을 시작할 꿈이 있지. 하지만 나날이 걱정만 하면서 시간을 보내느라 움직이지 못하고 있어. 매일 아침 그는 맥도널드로 차를 몰고 가서 은퇴한 다른 친구와 함께 커피를 마시지. 다른 친구도 좋은 사람이지만, 지금 두 사람은 은퇴했고, 삶에서 분투할 일은 다 끝냈지. 문제는 두 사람이 게으르다는 데 있지 않아. 두 사람은 타성에 젖어 있지만, 내 친구는 꿈이 있지. 그 친구는 아직 사는 게 끝나지 않았지만, 여가 활동을 하고 싶어 하는 친구들과 어울리고 있어. 여기에 자신의 불안이 합쳐져서 그 친구는 닭인 채로 후회하며 죽어가게 될 거다." 그는 마지막 핵심 문장이 교실 전체에 퍼질 때까지 잠시 말을 멈추었다. "사람은 끼리끼리 논단다."

"친구들을 만나지 않으면 그 친구가 더 나아질 거라고 생각하시는 건가요?" 한 아이가 물었다.

"무척 좋은 질문이구나. 그리고 질문할 용기를 가진 사람은 극히 드물지. 내가 너에게 다른 질문을 하마." 정원사가 오랫동안 입을 다물고 긴장감을 조성했다. "나무 한 그루가 얼마만큼 자랄 수 있을까?"

질문했던 아이가 말없이 어깨를 으쓱했다.

"가능한 만큼 크지. 자연에서 우리가 보는 나무는 클 때까지 큰 나무란다. 그리고 성장을 방해하는 건 뭐든 문제가 되지."

"그래서 그 친구분의 커피 친구가 문제라는 말씀인가요?"

"진정한 친구란 너희가 될 수 있는 그 어떤 사람이든 될 수 있도록 도와준단다. 그런 친구들은 친구의 성장을 기뻐하지. 너희가 최선을 다하게끔 돕는 친구, 잠재력을 발휘하길 바라는 친구를 내부자 집단에 포함시켜야 한단다."

"그러니 늙은 닭들에게서 떨어져라!" 한 소년이 농담을 했고, 교실 안에 웃음이 퍼졌다.

"내게는 좀 더 젊은 친구도 하나 있지. 그 친구는 저축한 것도 없고, 경제력도 없어서 불행해. 하지만 지금 그 친구는 여자 친구에게 꽁꽁 묶여서 그녀의 영향 아래 있어. 주말에는 파티에 가서 사람들과 어울리지. 그들은 모두 재미있는 친구들이긴 하지만, 그 역시 친구들처럼 목적도 없이 방향을 잃어가고 있어. 이 상태에서 변화하지 못한다면, 몇 년 후에 그는 후회로 괴롭게 될 거다. 어느 날, 자기 인생에 힘을 발휘하지 못한 채로 잠자리에서 깨어나겠지. 희망없는 삶을 지속하면서."

내부자 집단은 우리의 시간을 차지하고, 마음에 영향을 미치고, 행동을 규정하는 사람들로 구성된다. 부를 일구는 데는 다른 사람이 주는 부정적인 영향력을 방지하기 위한 문지기와 긍정적인 영향을 주는 내부자가 필요하다.

"현자와 걷는 사람은 현명해진다"라고 솔로몬 왕은 썼다. 에우리피데스 역시 "사람은 자신과 계속 함께하는 동료와 똑같아진다"라고 말했다. "너와 동등하지 않은 사람을 친구로 두지 말라"라고 공자 역시 충고한다. 조지 워싱턴도 "나쁜 친구와 있느니 혼자 있는 게 낫다"라고 근엄하게 꾸짖는다.

어떤 내부자는 선한 영향력을 미칠 수 있지만, 또 다른 내부자는 자신감을 깎아내릴 수 있다. 이 과정에서 현명한 판단이 선행되어야 한다. 나에게 쓰디쓴 조언을 한다고 해서 나쁜 내부자라 할 수는 없기 때문이다.

오늘날 자신에게 성공의 방식을 알려줄 멘토를 찾는 젊은 친구들이 많다. 내게는 얼 나이팅게일이 그런 멘토였다. 그는 내가 그의 목소리를 처음 들은 날로부터 이미 10년 전에 죽은 사람이었지만, 그의 목소리는 끊임없이 내 귓가에 맴돌았다. 운전을 하고, 운동하고, 별로 집중하지 않아도 되는 반복적인 업무들을 처리하는 동안에도 나는 그의 가르침을 끊임없이 들었고 그의 철학으로 나를 채웠다.

내 멘토는 야망은 좋은 것이라고 가르쳤다. 나는 삶의 배경을 향상시키기 위한 전 단계인 불만족 상태의 가치를 배웠다. 일과 생활의 균형은 좋은 것이지만, 그건 오직 누군가가 그 균형을 '선택'했을 때임을 확신하게 되었다. 우리는 마음 깊이 바라는 일을 향해 갈 때 가장 행복감을 느낀다. 성공은 가치 있는 이상을 점진적으로 깨달아나가는 것이다. 자신의 생각과 일치하는 멘토를 찾는 일은 그래서 매우 중요하다.

'죽은 저명인사'들과 함께 보낸 수많은 밤에 대해 말하지 않고는 이 주제를 끝마칠 수가 없다. '죽은 저명인사'라는 단어는 워런 버핏의 동반자로 잘 알려진 투자가 찰리 멍거가 지난 시대의 위대한 사람들을 언급할 때 사용하는 표현이다. 나는 본보기가 되는 인물들의 전기를 읽으면서 그들을 상세히 파악하는 데 여가 시간을 썼다.

다음은 내가 이들의 전기에서 얻은 '교훈'을 한마디로 요약한 것이다.

- **예수 그리스도** : 네가 믿는 대로 될지어다
- **얼 나이팅게일** : 목적과 믿음
- **존 D. 록펠러** : 혼자서 100퍼센트의 노력을 쏟기보다 100명의 노력을 1퍼센트씩 얻어라
- **스티브 잡스** : 불가능한 일을 이루도록 이끌어라
- **나폴레온 힐** : 감정을 가지고 목적을 읽어라

- **앤드루 카네기** : 주요 목표를 확실히 규정하라
- **윌리엄 클레멘트 스톤** : 창조적인 생각을 할 시간
- **웨인 다이어** : 소망이 충족되는 상상을 하라
- **월트 디즈니** : 거기에 더해라
- **벤저민 프랭클린** : 자기 계발
- **레이 크록** : 늘 푸른 나무를 생각하라
- **짐 론** : 결단을 내릴지 후회를 할지 선택하라
- **에이브러햄 링컨** : 관용

이들의 전기를 읽는 것은, 삶에 관한 폭넓은 시각을 제공한다.

내 인생의 내부자 집단은 '죽은 저명인사'들, 바로 이 비범한 인물들이다. 그들은 비난을 두려워하는 걸 대담한 행동을 하는 것보다 훨씬 가혹하게 꾸짖을 것이다. 내 인생에서 왜 비범한 일을 시도해선 안 되는 건가? 가치 있는 목표를 추구하는 것의 대안은 무엇일까?

나는 내부자 집단의 영향 덕분에 이 책을 썼다. 돌아가신 부모님이나 친구를 떠올리고 그들이 할 말을 생각하는 것과 별다르지 않았다. 좋은 내부자 집단은 시작부터 끝까지 든든한 응원군이 되어주었다.

부자가 되고자 열망한다면, 부정적인 영향에 민감하게 반응하지 말고 자신의 마음을 보호하라. 가장 탐나는 목표에 초점을 맞춰라.

Inner Circle
인생 수업 : 내부자 집단
부를 얻기 위해서는 내부자 집단이 바뀌어야 한다.
모두에게 정중하되, 소수의 사람들과 어울려라.

•

결정

결정 : 결심을 행동으로 분명히 하는 것

정원에서 늘 흥미로운 일은, 사람들이 무엇을 심는지를 보는 것이다.
사람들은 뭔가를 심는다. 그리고 뭔가는 뺀다.
이 하나하나의 자잘한 선택들이 곧 그곳의 분위기, 공기, 세계를 조성한다.

헬렌 험프리스

행동 없는 결정은 망상이지, 정원사는 생각했다. 부는 명확한 목표에 따른 결정을 내리고, 가시적으로 실행하는 사람을 좋아한다.

소년원에서 수업을 마치고 나서, 정원사는 프레드 걱정으로 뒤척이며 밤잠을 제대로 이루지 못했다. 프레드는 보육원을 차리기로 결심한 듯 보였지만, 여전히 대부분의 시간을 아무것도 하지 않은 채 보내고 있었다.

아침에 일어나서, 정원사는 프레드와 한 번 더 이야기를 해보려고 그를 만났다. 두 사람은 한 손에 커피를 들고 포도밭 사이를 느릿하게 걸었다.

"아직 행동은 못 했네. 여전히 생각 중이야." 프레드가 수긍했다.

두 사람은 한동안 걸었고, 마침내 정원사가 입을 열었다. "어젯밤에 자네 꿈을 꿨네. 솔직하게 말하자면, 악몽보다 더 했어, 정말이지……."

"나에 대해 악몽을 꿨다고?"

"그래, 삶의 마지막 순간에 처한 자네를 보았어. 연약하고, 무기력한 노인이었지. 패배자의 모습이었고, 수척했어. 자네가 황막한 그림 속에 있었어. 그 꿈을 꾸고 나서, 잠이 한숨도 안 오더군."

"나쁜 자식 같으니라고. 이제 내가 잠을 못 잘 차례군!" 프레드가 농담으로 받았다.

"제대로 못 자고 뒤척이면 자네도 좀 좋아지겠지."

"무슨 말이야?"

"그러니까, 그때야말로 자네 삶에 대한 결심에 맞닥뜨려야만 한다는 거야. 결단의 순간은 멋진 팡파르 소리와 함께 나타나진 않네. 망설이면, 미래의 가능성이 모두 지워져."

"자네 말이 맞아." 프레드가 동의했다. "때때로 뭐가 잘못된 건지 모르겠어. 대체 무엇이 가로막는 거지? 그저 마음이 가는 대로 따르면 된다는 생각이 들다가도, 다음 날이 되면 이성이 작동해서 안전하게 행동하는 쪽으로 기울어. 결국 아무것도 결심하지 못하게 될 거야."

정원사가 미소를 지었다. "자네 꿈을 지지하네, 프레드."

프레드가 미소 띤 얼굴로 고개를 끄덕였다. "지금 하지 않으면, 절대 못 하겠지, 그렇지?"

"아마 그렇겠지. 삶에도 관성이 있어. 하던 대로가 편하니까. 물론 자네 자신 말고는 아무도 자네를 비난할 수 없어." 정원사가 말했다.

결정은 결심을 행동으로 분명히 하는 것이다. 지금 삶의 조건들은 과거에 행한 선택의 결과다. "누구나 스스로가 만들어낸 것이다. 하지만 오직 성공한 사람만이 그 사실을 인정한다"라고 얼 나이팅게일은 말했다.

같은 직업을 가진 친구와 이야기를 나눈 적이 있었다. 그는 내가 부동산 임대 사업을 시작했다는 말을 듣고 경멸한다는 듯 비꼬는 말을 했다. 빨리 돈을 벌기 위해 영혼을 팔았다는 식이었다.

"자넨 왜 그 일을 하고 있는가?" 그가 단도직입적으로 물었다.

"작은 사업체를 운영하는 입장에서, 나에겐 연금이 없어. 이건 은퇴 자금이야." 어쩌면 이 말이 그의 신경을 건드렸던 것 같다. 그는 고개를 끄덕였지만, 아무 말도 하지 않았다.

우리는 정확히 같은 상황에 직면해 있었다. 똑같이 개인사업자였고, 시간이 지날수록 수입이 줄어들 것임은 명백했다. 미래는 불확실했고, 내 목표는 안정된 지출 수입 구조를 세우는 것이었다.

10년쯤 후에 그가 내게 전화를 걸어왔다. 이제 그는 부수입을 얻을 뭔가를 해야 하는 상황이었다. 세월은 가혹했다. "언제 한번 만나서 부동산에 관해 이야기 좀 할 수 있을까?" 그가 물었다. 우리는 대화를 나눴지만, 때는 너무 늦었다.

"운명을 빚는 건, 결정의 순간이다"라고 작가 토니 로빈스는 말했다. 결정은 확신이 들지 않을 때 어려운 과정이 된다. 그러나 모든 결정은 나름의 의미가 있다. 결정하고 책임을 다하는 일을 지속하다 보면 결정에 대한 자신감이 점차 커진다. 우리의 삶을 스스로 통제하기 위해, 환경에 휘둘리지 않기 위해 결정의 순간을 즐기길 바란다.

고급 차를 사야 할까? 저축 목표는 얼마로 하지? 새 직장을 가야 하나, 학교로 돌아가야 하나? 운동할까, 쉴까? 은퇴 자금을 언제부터 모아야 할까? 나이 들어서 무얼 하고 싶지?

자신의 운명을 빚는 건, 자기 결정의 순간들이다.

Decision

인생 수업 : 결정

결정은 힘의 순간이고, 망설임은 미래의 가능성을 지운다.

•

신성한 노력

신성한 노력 : 능력의 한계 지점에서 마지막 힘을 쥐어짜는 것

정원 일은 일생의 작업이다. 절대로 끝낼 수 없다.

오스카 드 라 렌타

목적 있는 삶에서 가장 중요한 것은 자신의 대의에 온 힘을 쏟아붓는 거라고 정원사는 생각했다. 큰 노력에는 만족감이 뒤따르게 되어 있다. 반면 보통의 노력은 후회를 남길 수 있다.

지미는 정원사의 집 주변을 돌면서 정원사를 찾았다. 그는 테라스에서 정원 잡지와 아이스크림 한 통을 들고 쉬고 있었다. 해가 저문 금요일 저녁이었다.

"마침내 나타났군!" 정원사가 소리쳤다. "어떤 자가 몇 주 전에 2천 달러를 빌려 간 뒤로 코빼기도 안 보이지 뭔가. 네가 그 돈으로 외국으로 휴가를 가진 않았길 바랐단다."

"다행스럽게도, 그런 일은 없었네요."

정원사가 낄낄거렸다. "뭐 하면서 지냈니?"

"산투스 아저씨에게 하루 열 시간씩 잡혀 있었어요. 밤마다 자격증 과정을 들었고요. 3주 집중 코스였어요. 내일이 시험이에요."

"준비됐니?"

"제가 아는 건, 이보다 더 준비할 수는 없을 만큼 공부했단 거예요. 내일 어떻게 되든, 최선을 다했어요."

"지미, 앞으로도 네가 방금 한 말을 따르렴. 넌 아직 어리고 창창해. 네가 할 수 있는 건, 최선을 다하는 일뿐이란다."

"시험에 떨어져도 노력이 부족해서는 아니에요. 제가 바보라고 생각할 수는 있겠지만, 게으르게 살진 않았어요."

정원사는 사려 깊은 눈길로 쳐다보았다. "나도 널 의심하지 않는단다. 하지만 모두 최선을 다하고 있다고 주장하는 게 재미있지 않니?"

"무슨 말씀이세요?"

"시험에 응시하는 사람들 모두, 자기는 최선을 다했다고 주장할 거야. 하지만 모두가 똑같은 시간을 공부에 투자하진 않지. 모두 같은 시간 동안 똑같은 집중력을 발휘하는 것도 아니고. 일을 하면서도 이 같은 현상에 맞닥뜨리게 될 거다, 지미. 모두가 바쁘게 일해. 하지만 최고의 사람들은 시간을 더 투자하는 것만이 아니라, 시간을 더 효율적으로 쓴단다. 최선의 노력은 시간을 양적, 질적으로 다 쓰는 거야."

"전 그 이상 못 해요. 지금은 시험을 통과해야 해요. 이 첫 번째 장애물을 치우지 못하면, 어느 것도 안 돼요." 지미가 말했다.

"괜찮을 거야."

지미가 어깨를 으쓱였다. "이 시점에서 이게 다예요. 전 최선을 다했고, 그게 제가 할 수 있는 전부예요."

"네 마음가짐을 칭찬해주고 싶구나. 지금 느끼는 바로 그 생각을 언제나 네 삶의 일부로 삼거라. 그 신성한 노력을 하고 또 해. 영혼을 담아 일하고, 그 이상으로 더 할 수 없다고 느낄 때까지. 그러면 어떤 결과가 나오더라도 그걸 초월하는 만족감을 느끼게 될 거야."

신성한 노력은 능력의 한계 지점에서 마지막 힘을 쥐어짜는 것이다. 깊은 곳에서부터 끌어올린 잠재력이다. 보통 이상의 노력에는 만족감이 따라오지만 보통의 노력은 후회를 남길 수 있다.

에이브러햄 링컨은 취임사를 마쳤을 때, 이 연설이 평생 최고의 연설이 될 것이라고 믿었다. 심지어 게티즈버그 연설보다 더. 그는 그 연설이 '그 어느 것만큼 오래갈, 어쩌면 훨씬 더 나은' 연설이 되리라고 기대했다. 그날 군중 속에는 프레더릭 더글러스라는 이름의 남자가 있었다. 노예 출신의 이 남자는 연설 후 백악관 만찬에 초청을 받았다. 하얀 얼굴의 물결 속에 있던 이 흑인 남자는 그 장면을 이렇게 묘사했다.

> 내가 그(링컨)에게 다가갔을 때 그는 손을 내밀어 다정하게 악수를 하면서 말했다. "더글러스, 오늘 취임사를 하는 자리에 온 사람들 사이에서 자넬 보았네. 내게 자네 의견보다 더 가치 있는 의견은 없네. 연설이 어땠나?" 나는 말했다. "그건 정말이지 '신성한 노력'이었습니다." 그가 말했다. "그 말을 들어서 기쁘네." 그 대화가 내가 그를 본 마지막 순간이었다.

우리 모두 알고 있다. 무언가를 무척이나 간절히 바라고 있어서 그로 인해 영혼이 몸부림치는 순간을. 우리는 그것을 위해 인생을 바칠 거라고 말하기도 한다. 신성한 노력은 한 사람이 지닌 잠재력을 끝까지 짜내는 분투를 말한다.

지친 몸으로 일하는 인턴 의사, 경기 시즌이 아닐 때 혹독한 훈련을 하는 운동선수, 불가능한 마감 기한을 맞추는 관리자, 수십 년 동안 이타적으로 자신의 삶을 아이들에게 바치는 부모님들에게서 우리는 이런 모습을 본다. 이런 신성한 노력의 결과는 늘 같다. 더 이상 할 수 없을 만큼 충분히 했다고 안심하는 것이다. 이런 안심은 우리의 모든 능력을 끌어내 분투했다는 증거이자 보상이다.

신성한 노력은 우리 능력의 한계 지점에서, 도전적인 일에 깊이 몰두하고 완전히 빠져드는 것을 말한다. 이는 강도 높은 집중력과 오랜 분투를 요구한다. 여기에는 종종 중압감을 견뎌내고 뻗어나가기 위한 강단이 필요하다.

"난 내 몫을 다했어, 그리고 더는 못 해, 이제 운명의 손에 달려 있어"라고 말할 수 있다면, 신성한 노력을 했다는 증거다. 시험에 떨어지고 싶은 사람은 없다. 승진에서 탈락하는 게 즐거운 사람도 없다. 자신이 한 일이 비난의 대상이 되거나 폄하되는 모습을 보고 싶은 사람도 없다. 하지만 신성한 희생을 할 때는 다르다. 오직 무엇도 뒤에 남겨두지 않고 모든 노력을 다하고 나면, 실망스러운 결과마저 위엄과 품위를 가지고 받아들이고 인정할 수 있다.

매시간 열심히 애쓰고, 올바른 일을 하고, 남는 시간을 전부 쏟아부어야 한다. 신성한 노력은 영혼을 살찌운다.

"분투했던 것, 노력한 것, 특정한 이상을 현실로 만든 것, 이것만이 가치가 있다"라고 의사 윌리엄 오슬러는 말했다. 우리는 오직 주어진 시간에 신성한 노력을 할 수 있을 뿐이다. 자기 자신을 모두 쏟아부으라. 반드시 응답이 있다.

Sacred Efforts

인생 수업 : 신성한 노력

최선의 노력을 하면 만족감이 따른다.

뭔가 조금이라도 남겨둔다면 후회의 여지가 생긴다.

●

금전적 목표

금전적 목표 : 수입, 저축, 재산, 그리고 가능하다면
부가 소득에 관한 명확한 목표

> 우리는 정원에서 시간에 관한 가장 긴급한 질문을 다루는 걸 배운다.
> 바로 '시간이 얼마나 필요한가?'라는 질문이다.
>
> 웬델 베리

제아무리 재능을 타고난 사람이라도 주요 목표를 결정하지 못하면, 명확한 목표를 지닌 평범한 사람을 능가할 수 없다고 정원사는 믿었다.

지미는 거대한 참나무 아래 벤치에 멘토와 함께 앉아 있었다. 자격시험이 끝난 지 이틀 후였다. 정원사는 어린 친구가 시무룩한 걸 알아보았다. 지미는 시험에 합격한 것이 그리 기뻐 보이지 않았다.

지미가 말했다. "시험에 합격은 했지만, 제 수입은 요행에 달려 있다는 걸 이제야 깨달았어요. 사무실에 앉아서 먼저 전화가 울릴 때까지 기다리는 신참 중개업자가 된 거잖아요."

정원사는 이 말에 대해 생각했다. 이것이 침울한 이유란 말이지, 지미는 성공으로 가는 모든 단계를 알아내려고 애쓰는 중이었다. 돈을 벌 방법을 생각할 때 장애물이 있으리라는 관점에서 보고 있는 거였다. 목표가 지닌 마법의 힘을 믿지 못하고 있었다.

"한 가지 질문을 해볼까." 정원사가 물었다. "요즘 너는 부동산 표지판들만 눈에 보이지 않니? 어디에서도 부동산 표지판만 보이지?"

지미가 깜짝 놀란 표정을 지었다. "그걸 어떻게 아셨어요?"

"생각하는 걸 보는 게 인간의 본능이거든. 네가 차 한 대를 살 때도 똑같아. 사방에서 차의 모델과 상표만 보게 돼. 돈에도 똑같은 법칙이 적용되는 법이야." 그가 말을 이었다. "마음속에 일정 정도의 부를 계속 간직하고 있다면, 도처에서 그 기회들이 보이기 시작할 거다. 몇 달이 걸릴 수도, 심지어 몇 년이 걸릴 수도 있겠지만, 그걸 얻을 수단을 찾게 될 거야. 아이디어와 계획은 늘 너의 목표에 따라 물질화되지."

"하지만 현실적인 장애물들은요?" 지미가 끼어들었다.

"목표는 믿는 거지, 의문을 품는 게 아니야." 정원사가 말했다.

"어떤 계획을 수립하는 게 잘못되었다면요?"

"넌 가능성이 아니라 장애물을 믿고 있어. 그게 너에게 어떻게 작용할까?"

지미가 눈썹을 추켜세웠다. "아직 그리 좋진 않아요."

"목표가 지닌 힘의 진가를 아직 못 알아보고 있구나." 정원사가 차분히 말을 이었다. "목표는 평범한 도전을 위한 게 아니야. 우리가 현재 자리에서 얻을 수 없는 특별한 꿈을 위한 거야. 목표가 있으면 우리 자신도 미처 몰랐던 내면의 지혜가 발동된단다. 목표는 이성으로는 가능할 수 없는 가능성의 문을 열어주거든."

"끌림의 법칙에 대해 말씀하시는 건가요?"

"네가 원하는 걸 소리쳐 불러라. 목표는 삶을 명료하게 해주고, 목표 없이는 보이지 않았을 기회들에 빛을 비추지. 사방에 있는 표지판만 네 눈에 보이듯이, 목표는 네가 가야 할 방향을 제시해줄 거야. 무엇보다 가장 중요한 사실은, 목표 덕분에 너의 신념에 따른 우연들도 눈앞에 나타나게 될 거라는 거야."

지미는 크게 한숨을 푹 쉬었다. "그래서 아저씬 제가 뭘 하기를 바라시나요?"

"그저 운에 맡기고 싶다면, 목표를 정하지 않으면 돼. 그게 아니라면 얼마나 많은 부를 바라는지, 왜 그걸 원하는지 명확히 결정하고 매일 그것에 집중하렴. 네가 그 부를 가지게 되리라는 걸 완전히 믿는다면, 충분한 시간 동안 그것을 마음속에 품고 있다면, 그러면 모든 게 원하는 대로 작용할 거란다. 내면의 지혜가 너를 이끌 거야."

금전적 목표는 수입, 저축, 그리고 부가 소득에 관한 명확한 목적이다. 목표를 세우지 못하면, 부는 운의 소관이 된다. 돈에 관해 확고한 목표를 가지고 살아가는 게 왜 그토록 힘든 걸까?

서른 살에 나는 구체적인 경제적 목표들을 세웠다. 경제적 자유라는 야심 찬 목표가 있었는데, 그건 순자산이 0원이던 당시엔 엄청나게 뻔뻔한 거였다.

목표에 나 자신을 바친 후, 무슨 일이 일어났을까? 한동안은 아무일도 일어나지 않았다. 바다에 뜬 배의 항로를 바꾸는 데 오랜 시간이 걸리는 것만큼 인생에서 방향을 바꾸는 데도 오랜 시간이 걸린다. 경제적 목표에 관한 믿음을 확고히 하는 데는 고집스러운 태도가 필요하다.

"목표를 세우고 그것을 달성하는 습관을 기르면, 절반은 성공이다"라고 작가 오그 만디노는 말했다. 일단 마음속에 목표가 뿌리내리면, 우리는 목표 달성에 관한 믿음을 가지게 되고, 세계는 서서히 변화하게 된다. 그리고 그에 부합하는 우연한 사건들이 발생한다.

금전적 목표를 세우지 못하면, 경제적 상황을 운명에 맡기게 된다. 명확한 주요 목적이 설정되어 있으면 전략적 계획을 세울 때나 주요 결정을 내릴 때, 정신적인 또렷함을 지닌 채 모든 과정을 실행하게 된다.

"평균적인 재능과 야망, 교육 수준을 지닌 보통 사람이라 해도 분명하고 집중된 목표를 가지고 있다면, 우리 사회에서 가장 영민하고 천재적인 사람보다 더 나아갈 수 있다"라고 브라이언 트레이시는 말했다. 내 삶 자체가 이 말이 진실이라는 증거다.

내게 있어 목표는 좋은 결정으로 이어졌다. 모든 것이 분명해졌고, 최선의 행동과 끊임없는 노력으로 이어졌다. 자신에 대한 믿음과 명확한 목표들은 이전에 알아채지 못한 기회들에 빛을 비추어준다.

Money Goals

인생 수업 : 금전적 목표

매일 금전적 목표를 점검하는 일은 마법과 같았다.

이전에 보지 못했던 기회들이 눈앞에 선명하게 나타났다.

•

시간표

시간표 : 시간에 관한 분명한 계획

하루하루는 영원의 씨앗이고, 우리는 그것을 뿌리는 정원사다.

에리카 해리스

시간이 인생을 이루는 낱낱의 요소라면, 삶은 우리의 시간표로 결정되지, 정원사는 생각했다. 부와 결핍, 둘 다 지난 시간이라는 씨앗에서 자라난다.

정원사가 아침에 제러드를 데리러 구치소로 갔을 때 그의 머리칼은 부스스했고, 안색은 잿빛이었으며, 머릿속은 안개가 낀 듯 뿌옜다. 그는 전날 밤 음주 운전으로 체포되었다. 두 사람은 말없이 트럭을 타고 돌아왔다. 아파트 앞에 차를 세워주자 제러드는 위축된 모습으로 내렸다.

정원사는 깊이 생각에 잠긴 채 운전을 하면서 한숨을 내쉬었다. 제러드는 자신이 삶에서 더 많은 것을 바란다고 주장했다. 하지만 그의 행동은 다른 말을 하고 있었다. 그는 새 여자 친구와 함께 살았고, 바에서 술을 마시고 점점 더 일상적인 삶에서 편안함을 느끼고 있었다. 그는 패배를 선택한 게 아니었다. '아무것도' 선택하지 않았을 뿐이다.

정오까지 정원사는 뒤뜰에서 씨앗을 뿌렸다. 제러드가 울타리 건너편에서 다가왔다.

"이야기 좀 할 수 있을까요?"

"물론이지." 정원사가 천천히 일어섰다. 두 사람은 의자가 놓인 곳으로 걸어가 앉았다. "센 칵테일을 마실 텐가?"

"데리러 와주셔서 감사하다고 말씀드리려고요."

"고마울 거 없네. 자네 부모님은 시내 바깥에 계시고, 나는 그저 그 친구들에 대한 호의로 자네를 데리러 간 거야."

"제가 실패했다고 생각하시죠, 아닌가요?"

"제러드, 난 자네를 어릴 때부터 봐왔고 늘 믿었지. 하지만 자네가 궤도를 벗어나는 건 두려워. 시간을 보내는 잘못된 방식 때문에 자네의 잠재력이 낭비되고 있어. 어느 날, 몇 년 동안 아무것도 이루지 못한 채 잠에서 깨어나게 될지도 몰라."

제러드가 말했다. "아저씨는 나무 한 그루 한 그루는 각자의 속도로 자란다고 말씀하셨죠."

"그랬었지. 나무는 자연적으로 자라지만, 사람에게는 의지가 있어. 자네가 시간을 어떻게 쓰느냐에 따라 가능성은 달라져. 자네 시간은, 공과금을 내는 것 외에 분명한 목표가 없는 것 같아 보이는데."

"왜 그런 말씀을 하시는 거죠?"

"자네 행동이 보여주지. 주간 시간표를 보여주게나, 그러면 자네가 삶에서 뭘 가장 신경 쓰고 있는지 내가 말해줄 수 있지. 시간표를 힐끗 보기만 해도, 난 자네의 미래를 예측할 수 있어. 오늘의 시간은 내일을 예측하게 해주거든."

제러드의 머리는 숙취로 빙빙 돌고 있었고, 현재의 목적 없는 모습을 옹호할 만한 설득력 있는 대답을 생각할 수가 없었다. 그는 상황의 덫에 걸렸음을 부정할 수 없었다. 그리고 생활비는 그를 무력하게 만들고 있었다.

마침내 그가 말했다. "전 최선을 다하고 있어요. 제가 원하는 게 뭔지는 알지만, 지금은 앞으로 나아갈 시간이 없어요. 저는 하루하루를 꽉 차게 살고 있어요."

"그럴지도 모르지만, 여전히 방향은 없지." 정원사가 반박했다. "자네는 딱 일주일치 먹을 걸 생각하면서 일하는 농부 같아. 하지만 현명한 농부는 가을의 수확을 계산하며 하루를 보내지."

"제 문제는 시간이 없는 거라고요!"

"누구에게나 시간의 양은 똑같아. 시간표를 관리하지 못하면, 자기 삶을 관리할 수 없게 돼. 시간이 없다면, 희망을 포기해야 하고."

"제게 지금 희망이 없다는 말씀이세요?"

"지금으로선 그래 보여. 시간을 관리하지 못하면, 상황을 절대로 바꿀 수 없어. 더 나쁜 건, 자네의 잠재력을 스스로 낭비하게 된다는 거지. 시간은 블록과 같아서, 평범한 삶은 평범하게 사용하는 시간 위에 쌓이지. 단순해."

시간표는 시간에 관한 계획이다. 경제적 고통은 시간표 없는 시간에서 자라난다. 변화를 바란다면 주간 시간표를 변화시켜야 한다.

시간을 낭비하는 일은 어른의 삶에서 야심만만한 사람들이 직면하는 도전은 아니다. 오히려 아무 생각 없이 일을 많이 하는 데에 문제가 있다.

『그릿』에서 앤절라 더크워스는 새로운 성취 공식을 소개한다.

재능 × 노력 = 기술

기술 × 노력 = 성과

이 공식에서 알 수 있듯 재능부터 성과까지 이어지는 데는 노력 요소들이 두 번 작용한다. "잠재력은 한 가지 요소다. 그것을 가지고 우리가 무엇을 하느냐가 또 하나의 전적인 요소다."

명확한 목표만 있다고 부를 얻을 수 있는 것은 아니다. 오직 하루하루 우리가 무엇을 하느냐가 중요하다.

나는 세입자들이 여가 시간을 사용하는 방법을 보고 누구의 삶이 나아질지 예측할 수 있었다. 한번은 둘 다 최저 임금을 받고 일하는 젊은 부부에게 집을 임대준 적이 있었다. 두 사람은 지역사회 대학에 들어가 공부하고 있었다. 부를 열망하면서 야심을 달성할 시간을 만들고자 수많은 평범한 활동들을 멀리했다. 물론 몇 년 후에 두 사람은 더 높은 급여가 보장된 학위를 받았다. 부부의 소득은 30,000달러에서 5년 후 84,000달러로 올랐다. 두 사람의 시간표는 오직 목표 중심적이었고, 흔들림 없이 지속되었다.

그 아파트에는 부부 합산 45,000달러를 벌어들이는 부부도 있었다. 여분의 돈을 위해 부인은 초과 근무를 했고, 남편은 시간제로 잔디 관리 사업을 운영했다. 이런 부가적인 노력으로 두 사람은 매년 15,000달러를 더 벌어서 총 60,000달러의 수입을 벌었다. 두 사람은 여기에서 만족했다. 5년 후 이 부부는 경제적으로 더 나아지지 않았다. 두 사람은 삶이 불공정하다고 생각했다. 과연 두 부부의 차이점은 무엇이었을까? 현재보다 미래에 방점을 둔 오늘의 시간 활용이 영향을 미친 것은 아니었을까?

"방향이 없는 것이 문제다. 시간이 없는 게 문제가 아니라"라고 작가 지그 지글러는 말했다. 찰스 다윈도 우리에게 이렇게 말한다. "누구에게나 하루는 24시간이다. 누군가 한 시간 낭비하는 걸 별거 아니라고 생각한다면, 그 사람은 가치 있는 삶이란 무엇인지 깨닫지 못할 것이다."

성공에는 시간이 필요하다. 하루의 시간표가 우리가 어떤 사람이 되고, 무엇을 얻어내고, 평생 얼마나 부를 축적할 수 있을지를 결정한다. 오늘 보낸 시간이 내일을 말해준다.

Schedule

인생 수업 : 시간표

성공이든 실패든, 시간표에서 시작된다.

방향을 가지고 시간을 가치 있게 쓰는 사람을 이길 순 없다.

●

커다란 이유

커다란 이유 : 희생하게 만드는 목적, 계속 나아가도록 불을 지피는 동기

정원 일의 결과는 뒷걸음치지 않고
끝까지 열정을 유지하느냐에 달려 있다.

부를 일구는 정원사

군세게 결승선을 통과하지 못한다면 빨리 출발하는 건 아무 의미가 없다, 장애물을 견뎌낼 만큼 강력한 목표가 있어야 부를 얻게 된다고 정원사는 생각했다.

지미는 자신이 직면한 문제를 논의하고자 회의 시간을 잡았다. 정원사는 지난주에 이렇게 말했었다. "수입에 대한 목표를 세우지 않는다면, 수입은 그저 운에 맡길 수밖에. 정확히 얼마 정도의 돈을 바라는지, 왜 그걸 바라는지 결정하고, 매일매일 그 일에 집중하거라."

"부를 쌓는 이유가 왜 중요하죠?" 지미가 물었다.

정원사가 눈을 찡긋해 보였다. 지미는 늘 자신의 미래에 대해 올바른 질문을 던졌다.

"성과를 향해 나아가다 보면, 반드시 불가해한 역경과 장애물들을 마주치게 된단다. 인생에는 풍랑이 있지. 그런 순간 '커다란 이유'가 있다면, 풍랑을 기꺼이 견뎌낼 수 있어. 너만의 강력한 이유는 어떤 날씨에도 단단히 버티고 살아남을 수 있게 해주는 나무의 뿌리와 같지."

"커다란 이유가 원동력이 된다는 말씀인가요?"

정원사가 미소를 지었다. "네가 설정한 커다란 이유는, 네가 계속 그 일을 해나가게 하는 명분이 되어준단다. 이따금 힘든 일들을 넘어서게 해주는 힘을 주지."

"큰 집이나 멋진 차보다 큰 무언가를 목표로 삼으라는 건가요?"

"돈을 버는 데 얼마나 시간을 쓸 수 있는지는 사람마다 다르단다. 차나 집에서 동기를 부여받는 사람이라면, 그걸 목표로 삼으면 되지. 남과 다른 걸 얻고 싶어 하는 게 잘못되었다고 누가 말할 수 있을까? 깊숙이 내재한 너만의 이유를 간직하렴. 네가 일을 해나가도록 붙잡아주는 뿌리를 찾아내렴."

"경제적 자유를 얻기 위해서라면 전 뭐든 희생할 수 있어요. 하지만 일흔 살까지 기다리고 싶진 않아요. 젊었을 때 이루고 싶어요." 지미가 말했다.

정원사가 싱긋 웃었다. "너의 뿌리를 찾아내거라. 네가 추구하는 것을 위해서는, 깨어 있는 시간을 모두 투자해야 할 거야. 하지만 분명 그 과정에서 불편함과 유혹을 만나게 될 거다. 그 유혹은 너의 용기를 반복적으로 시험할 거란다. 다른 사람들이 자신의 욕망을 충족시키는 데 돈을 쓰는 걸 보면 끊임없이 마음이 흔들릴 거다. 은행 잔고가 늘어나는 것을 보고 넌 힘을 얻겠지만, 세상은 그걸 가만히 두고 보지 않을 거야. 제정신인 사람이라면 절대로 참아낼 수 없을 불편함을 견뎌야 하지. 이런 온갖 유혹들 때문에 너를 계속 나아가게 할 '커다란 이유'를 깊게 생각해보아야 하는 거란다."

지미가 빙그레 웃었다. "엄청 재밌는 일 같진 않네요."

"네가 추구하는 것이 혹시 재미라면, 부에 관한 목표는 너를 위한 게 아니야. 하지만 네가 원하는 커다란 비전, 그러니까 커다란 이유를 찾게 된다면 재미 이상의 만족감이 찾아올 거야."

커다란 이유는 희생하게 만드는 내면 깊은 곳의 목적이다. 계속 나아가
도록 불을 지피는 동기다.

이번 달 공과금들을 결제하기 위해 초과 근무를 할 것인가? 부를 쌓
기 위해 초과 근무를 할 것인가? 어떻게 생각하느냐에 따라 초과 근무
에 대한 태도가 크게 달라진다.

'가장' 원하는 것과 '지금' 원하는 것을 기꺼이 맞바꾸라. 행동의 동
기가 마음 깊은 곳에 있을수록, 저항을 견뎌내고, 핑계를 만들지 않고,
희생을 선택하고, 좋은 계획을 세우고, 계획을 따르기 위해 더 열심히
노력하게 될 것이다.

거대한 대의는 모든 역경을 감내하게 해준다. 뭔가를 정말로 바란
다면, 그 방법을 찾게 된다. 그렇지 않다면, 핑계를 찾게 될 것이다. 성
공에 대한 자신만의 결의가 그 어떤 것보다 중요하다는 사실을 늘 마음
에 간직하라.

직업적으로 최악의 역경을 겪고서, 나는 경제적 자유를 얻겠노라고
결의했다. 파산에 이르게 될지도 모른다는 위협은 나를 완전히 변화시
켰다.

끔찍한 경험을 하는 동안, 돈을 모으는 일에 관한 커다란 '이유'를
찾아냈다. 다시는 경제적 취약성에 맞닥뜨리지 않을 거라고 스스로 맹
세하고, 경제적 독립을 이루어나가는 과정에 모든 노력을 쏟아부었다.
사람들이 '단순한 유지'를 생각하는 곳에서, 나는 '커다란 이유'를 생각
했다.

커다란 이유는 의지력의 실제 뿌리가 된다. 우리의 기분, 에너지, 심
리 상태, 심지어 태도와 관계없이 우리를 나아가게 밀어준다. 커다란

이유는, 가족의 안녕이나 빚으로부터의 자유일 수 있다. 실직의 공포, 최저 임금에서의 탈출도 될 수 있고, 불안정한 경제적 상태를 끝내고 싶은 것일 수도 있다. 너무 작아 보이는가? 자신에게 솔직해져야 자기만의 '이유'를 찾게 된다. 우리에겐 모두 자기만의 큰 목적이 있다.

나는 내 운명을 결정하는 사람이 되고 싶었다. 내 운명이 다른 사람들에 의해 결정되길 바라지 않았다.

프리드리히 니체는 말했다. "살아야 할 이유가 있는 사람은 거의 모든 일을 견딜 수 있다."

A Big Why

인생 수업 : 커다란 이유

부에는 일반적이지 않은 '지속력'이 요구된다.

그러나 의지는 '이유'가 있어야 유지된다.

●

감사

감사 : 강한 고마움의 감정

자연의 모든 것에는 어떤 기적적인 일이 존재한다.

아리스토텔레스

미래의 영광에 관해 크게 감사하는 마음은 잠자는 거인을 깨우는 조용한 명령이라고 정원사는 생각했다.

지미는 부동산 회사에서 신입 중개인으로 일하고 있었다. 다른 중개인들은 이미 퇴근한 뒤여서, 프런트 데스크에 있는 안내 직원 말고 사무실은 비어 있었다. 전화벨이 가끔 울렸지만, 그 전화를 그에게 연결해주는 사람은 아무도 없었다.

빈 시간을 채우려고 지미는 자신의 경제적 목표들을 생각해보았다. 자신이 왜 돈을 바라는지 곰곰이 생각해보고, 돈에 대해 생각해도 되지 않을 만큼이면 충분하다고 결심했다. 그저 인생에서 돈 문제를 쫓아내고 싶었고 더 중요한 일들을 하고 싶었다. 가장 먼저 정원사로부터 빌린 큰돈을 갚아야 했다.

자신의 작은 방에서 지미는 눈을 감고 집중했다. 감사의 감정에 초점을 맞췄다. 자신을 믿고 투자해준 분께 스스로 그 돈을 갚을 수 있으리라는 느낌이 들었다. 돈을 버는 것을 넘어 정원사에게 빌렸던 돈을 갚고 싶었다.

그는 일어나서 휴게실로 가면서 안내 직원을 지나쳤다. 그때 젊은 부부가 앞문으로 들어왔다. 지미는 부부에게 손을 내밀었다. "무슨 일로 오셨죠?"

"아, 물론, 집을 찾고 있……."

"이런 우연이! 제가 집을 보여 드리려던 참인데요." 지미가 미소 지었다.

부부가 웃음을 터트렸고, 지미는 젊은 부부를 자신의 책상으로 데리고 갔다. 전화를 집어 들고 안내 직원을 호출했다.

"커피 석 잔 가져다주시겠어요?"

감사는 고마움을 강하게 느끼는 상태다. 감사한 마음으로 우리는 하늘에게 말을 걸고, 도움을 요청한다. 심지어 그 목적이 물질적인 부라고 해도 말이다.

진심으로 감사함을 전하는데, 마다할 사람은 없다. 감사함을 느끼면 좀 더 겸손해지고 평온해진다.

나는 결과에 감사함을 느끼기보다, 원하는 일에서 원하던 결과가 완전히 이루어졌다고 여기고 감사함을 표한다. 내 삶에서 그것이 작동하는 듯 보였기 때문이다. 이론으로는 설명하기 힘들다. 감사한 일이 일어날 것이라고 예측하며 그 일에 집중하는 것은 확실히 효과가 있었다.

감사는 기도하는 사람들에게 힘을 실어주는 감정이다. 이는 사람, 장소, 사건들에 영향을 미치는 듯 보인다. 합리적 설명이 쉽지 않지만 감사는 보이지 않는 힘을 지녔다. 우리 삶에서 펼쳐지는 사건들은 우리가 알 수 없는 방식으로 조율된다. 감사하다는 생각과 조화를 이루어 삶이 기묘하게 펼쳐질 때, 우리는 이를 우연의 일치라고도 부른다.

먼저 감사할 때, 성공은 순차적이고 자연스러운 사건처럼 느껴지고, 또 그렇게 된다.

병원 건물과 주차장 시설 변경 문제로 고심할 때 나는 잘 풀릴 거라는 감사한 마음으로 오랜 시간 기다렸고 노력을 다했다. 그러자, 이웃 건물 주인들과 관리 공무원들이 나에게 호의를 보였고 친절을 베풀었다. 내가 먼저 호의와 친절을 보였기 때문이리라. 마침내 도시 계획자들이 변경안에 대해 이사회를 여는 날 모든 참석자들이 예기치 못한 결과를 안겨주었다. 내가 원하던 방향으로.

우연을 설명하는 건 내 능력 밖의 일이다. 나는 오직 다음의 사실을 증언할 수 있을 뿐이다. 감사의 마음을 품기로 하자, 인과 관계가 있다고 믿을 만큼 무척이나 자주, 일관적으로 우연들이 일어났다고.

그것을 행운이라고 부를 수 있겠다. 또는 우연의 일치, 혹은 특별한 요행이라고 부를 수도 있다. 먼저 감사함을 느끼는 것으로는 아무 일도 일어나지 않는다고 말할 수도 있고, 그저 내 감상적인 의견일 뿐이라고 할 수도 있다. 나도 그렇게 자문하며 감사함의 힘을 알아내고자 분투했다.

감사하는 마음을 품으면 믿음이 생긴다. 잘 해낼 수 있다는 믿음, 나를 둘러싼 모든 상황이 긍정적으로 돌아갈 거라는 믿음 말이다. 놀라운 점은, 모든 일은 내가 믿는 대로 될 가능성이 크다는 것이다. 어떤 상황이든 감사하는 마음을 품으라.

Gratitude

인생 수업 : 감사

소망이 충족되었다고 미리 불타는 듯한 감사를 느끼는 것은,
잠자는 거인을 깨워서 놀라운 결과를 안겨준다.

•

확신

확신 : 절대적인 믿음, 목표에 힘을 부여하는 자신감

정원은 위대한 스승이다.
우리에게 인내와 신중함, 조심스러움, 근면과 검약을 가르쳐준다.
하지만 무엇보다 진실을 가르쳐준다.

거트루드 지킬

감사가 기회의 문을 열어준다면, 확신은 그 문을 발로 차서 확 열어버리는 것이라고 정원사는 믿었다. 감사가 기도하는 사람에게 작용하는 마음 상태라면, 확신은 현실적인 투쟁에서 작동하는 마음 상태다.

정원사는 소년원 교실 강단에 서 있었다. 그 뒤로 지미가 학생들을 마주보고 앉아 있었다.

"그래서 성공에 가장 중요한 정신적 활동은?"

"목표를 세우는 거요." 누군가가 대답했다. "그리고 매일 그걸 검토해요."

"인생에서 목표가 왜 중요할까?" 정원사가 물었다.

"최고의 목표를 명확히 하려고요."

"더 나은 결정을 하려고요."

"최선의 행동에 대한 우선순위를 정할 수 있게 해줘서요!"

정원사가 활짝 웃었다. "일단 목적을 명확히 하고 최선의 활동들을 정했으면, 이제 우리는 무엇을 할 수 있을까?"

"시간표를 재조정해요." 한 아이가 말했다.

"왜 그렇게 할까?" 정원사가 묻고는 답했다. "실행 계획을 세우기 위해서지. 목표 달성을 위한."

"목표는 우리가 일하지 않으면 이룰 수 없으니까요." 또 다른 아이가 덧붙였다.

정원사는 활기가 넘치는 것을 느꼈다. 1년 전만 해도 이렇지 않았다. 거친 특성이 조금 남아 있었다. 심지어 교실 안에서만큼은 숙고하는 태도로 있는 지미조차 미소를 머금고 있었다.

"큰 목표를 이루기 위해 시간표를 짜고 나면, 다음 단계는 뭘까?"

"그 시간대로 일해야 해요. 목표에 대한 믿음을 가지고요."

"좋아, 그런데 어떻게 목표에 대한 믿음을 가질 수 있을까?"

"불타는 듯한 감사로요. 이미 우리가 목표를 달성한 것처럼요."

"정말 잘했다. 그러면 다음에는 뭐가 오지?" 정원사가 물었다.

"확신?" 교실 중간에 있던 한 소년이 의문형으로 대답했다. 교실에 웃음보가 터졌다. 이미 그 단어가 눈에 잘 들어오도록 거대한 칠판 위에 적혀 있었던 것이다.

목표 : 명확성

시간표 : 우리가 지불해야 할 시간

감사 : 믿음의 구축

확신 : 절대적인 믿음

정원사가 씨익 웃었다. "잘 추측했다. 확신은 승리의 마음가짐이고, 우리의 근간을 이루는 시험이란다. 앞의 세 가지 항목은 상대적으로 쉽지만, 확신은 그렇지 않지."

"그게 왜 그렇게 어려운 건가요? 그냥 자신감을 가지고, 앞에 선 놈들을 치워버리면 되는데!" 교실 뒤쪽에서 한 아이가 비웃었다.

정원사가 막 대답하려는 순간, 지미가 의자를 밀어내고 앞으로 걸어나갔다. 그리고는 차분히 말했다.

"누구든 목표를 세우고 점검할 수 있지. 하지만 삶이 네 뺨을 날리기 시작하면……."

"그쪽이 어떻게 아는데요?" 아이가 말을 가로막았다.

"나는 알아. 내가 예전에 거기 앉아 있었거든." 지미가 심드렁하게 대꾸했다. "하지만 난 지금 이 감옥의 벽 밖에 있어. 날 믿어. 네가 과거의 악마를 데리고 있으면 믿음을 가지기는 어려워. 그리고 네 주위에 보이는 건 죄다 네가 품은 꿈들과는 다르지. 네가 바라는 일이 생각대로 빨리 일어나지 않으면, 의심할 수밖에 없고, 인내심은 무너질 거야. '넌 이걸 할 수 없어. 넌 그냥 소년원 출신의 얼간이야. 넌 성공할 자격이 없어. 집에나 가, 널 비난한 인간들 말이 맞으니까.' 내면에서 이런 목소리가 들려올 거고, 거기에 맞서다 보면 자신감을 잃기 쉽지. 절대적인 믿음은, 이런 온갖 말들을 쏟아내는, 너를 반대하는 세상에 맞서서 네가 실패하지 않을 거란 사실을 너 스스로 아는 거야!"

지미가 말을 마치고 자리에 앉았고, 정원사는 말을 잇지 못했다.

확신은 절대적인 믿음이다. 목표에 힘을 부여하는 수준의 자신감이다. 만일 기도하는 사람에게 작용하는 마음 상태가 감사라면, 확신은 싸움터에서 작용하는 정신 상태다. 감사는 평화로울 때의 믿음이고, 확신은 마음이 어지러울 때의 믿음이다. 두 가지 다 고등 자아Higher Self의 사고방식이다.

확신 상태란 정확히 무엇인가? 확신은 단순히 믿는 것이 아니다. 희석되지 않은 믿음이며, 현실을 초월한 높은 의식으로, 지휘권을 부여해준다. 확신은 부인될 수 없는, 엄청난 고집이다. 그것은 비록 무슨 일이 발생한다 하더라도, 타협할 수 없는 개념이며 마음속에서 이미 이루어진 결과물과도 같다.

감사는 사건이 일어나게 하고, 확신은 싸움에서 승리하게 해준다. 확신하는 태도는 목표를 달성하는 사람들의 공통적인 특성이다. 무모해 보일 수도 있지만 그들은 흔들림이 없다.

목표가 자석이라면, 확신은 자성이다. 목표 주위에 존재하는 보이지 않는 힘으로 우연, 협력, 행운을 끌어당긴다.

완전한 성취로 가닿는 여정에서, 우리는 자신의 마음에 대해 잘 알게 된다. 역경에 침착하게 대응하고, 압박의 상황에서 균형을 잡고, 의혹에 직면해도 착실히 나아가면서 성장하는 것이다. 목표를 설정하는 건 쉽지만, 목표를 이루는 데는 힘이 요구된다. 매일의 확신이 없다면 목표를 얻어내기 어렵다.

Certitude

인생 수업 : 확신

절대적 믿음은 우리를 강인하게 만들어준다.

확신이 없다면 결코 목표를 이룰 수 없다.

●

의지

의지 : 한 사람이 가장 중요하게 초점을 두고 있는 것

마음은 정원이다. 생각은 씨앗이다.
꽃을 키울 수도 있고, 잡초를 키울 수도 있다.

작자 미상

우리는 매일의 의지를 조금 더 통제할 뿐이지만, 의지는 결국 부를 지휘하지, 정원사는 생각했다.

그는 '끝나지 않은 사업'이라는 이름표가 붙은 서류철을 쳐다보았다. 거기에는 평생 그가 의도한 것들이 종류별로 분류되어 있었다. 생각, 꿈, 목표, 지향점, 배경, 남은 생에 바라는 경험들 등이 적혀 있었다.

수업에 참여한 아이들 모두에게 정원사는 주의를 기울이고 의지를 분명히 하는 것이 절망의 치유제라고 말했다. 에너지는 주의를 기울이는 곳으로 흐른다. 내면의 목표를 단단히 붙잡으면, 모든 일이 스스로 생각하는 그 모습이 된다. 최악의 경제적 고난을 극복할 해결책을 마음에 품어라. 목표를 신뢰하면, 그곳에서부터 계획이 나온다.

그는 이제 다른 종이에 시선을 두었다. 중간에는 소년원 건물을 손으로 휘갈긴 그림이 있었다. 건물을 중심으로 사방으로 화살표가 뻗어나가고, 그 화살표 끝에는 간단히 선으로 그린 졸업반 소년들이 있었다. 이 형상들은 고용 상태를 뜻하는, 각자 작은 서류 가방을 들고 있었

다. 그는 이렇게 이미지로 그리는 작업이 매일의 의지를 굳건하게 해준다고 믿었다. 그 시간은 인생에서 진정으로 원하는 것에 홀로 집중하는 시간이었다.

소년들이 충만한 삶을 살기 위해서는 경제적 성공이 필요했다. 자신들의 불리한 점을 극복하기 위해서는 돈을 벌어야 했다. 정원사는 굳은 의지가 아이들에게 미래를 만들어나갈 방법을 찾을 수 있게 해주리라 믿었다.

오래전 그는 약 12만 평의 농장을 꿈꿨고, 그다음에는 240만 평 정도의 농장을 꿈꿨다. 포도밭에 딸린 양조장을 꿈꿨다. 과거에 품었던 이런 꿈들을 끈덕지게 붙잡자, 마침내 성장하여 지금 눈앞의 현실로 나타났다.

그의 시선이 다시 그림으로 되돌아가 그 안의 사람 형상들에 고정되었다. 정원사는 생각했다. 이 그림이 현실 세계에서 어떻게 실현될 수 있을까?

의지는 누군가가 가장 중요하게 초점을 두고 있는 것이다.

40대 때, 나는 집 세 채를 개보수하여 되팔았는데, 세 채 다 손실이 일어나 내 투자 인생 최악의 선택으로 판명되었다. 이 손실 때문에, 불운의 희생자로서 연민에 빠지고 싶은 유혹까지 느꼈다.

그것도 모자라, 다음 프로젝트는 동료들이 '타이타닉'이라고 부르는 집이었다. 이 별명은 그 조건에서 연유한 것인데, 우리가 그 집을 바닥에서 끌어올려야 했기 때문이다. 그 집은 다른 집들을 수리하는 동안에 얼마 안 되는 돈으로 샀던 건데, 이제 마주할 때가 온 것이다. 그 집에 홀로 앉아 있노라니 좌절감이 몰려왔다.

불운을 벗어나는 유일한 방법이 문제를 헤쳐나가는 것임을 알게 되는 순간들이 있다. 그저 물러설 수만은 없었다. 그러나 다 쓰러져 가는 집은 당시 몇 년간 겪은 모든 일의 총합과도 같은 집이었다. 그동안 축적된 모든 지식뿐 아니라 마음의 힘까지 시험에 들게 될 것이었다.

나는 내가 통제할 수 있는 한 가지 사실에 집중했다. 바로 내가 지닌 '의지'의 힘이었다. 나는 공책을 펴고 집수리를 끝마쳤을 때 어떻게 할지를 써 내려갔다.

타이타닉을 개보수하는 동안, 장애물들은 도저히 넘어설 수 없을 것만 같았다. 밤이 되면 먼지투성이인 채로 그 집에 홀로 앉아 남몰래 눈물을 흘렸다. 내가 감당하기 벅차다는 걸 알았다. 하지만 나는 매일 밤, 전에 써둔 서류철에 집중하고, 내 꿈의 비전으로 돌아갔다.

의지를 갖고 기록해둔 미래의 이미지가 나를 지탱해주고, 연료가 되어주고, 나아가게 해준다는 사실을 깨달았다. 최악의 고난을 겪는 동안, 비전이 일에 대한 영감을 주고, 거대한 역경을 넘어서게 하는 에너지를 불어넣는다는 것을 배웠다.

6개월 후에 이 엄청난 프로젝트는 끝이 났고, 다소 시간은 걸렸지만 목표한 대로 이윤을 남기고 성공적으로 팔렸다.

의지를 가지고 결승점에 집중하라. 상상한 결과에 죽기 살기로 달라붙고 주의를 집중하라. 아주 큰 꿈을 꾸라. 꿈을 꿈으로써, 그렇게 될 것이다.

Intention

인생 수업 : 의지
끝까지 해내라.
결승선까지 자신의 의지를 불태우라.

•

명상

명상 : 고요 속 깊은 깨달음

정원에 있는 나무들 사이에는 늘 음악이 흐른다.
하지만 그것을 듣기 위해서는 고요해야 한다.

부를 일구는 정원사

삶은 매일 새로운 요구를 해오고, 따라서 부족한 시간 속에서 가장 필요한 건 명상이라고 정원사는 생각했다. 고요 속에서만 우리는 중심을 찾고 강점을 회복할 수 있다.

두 달 동안 프레드는 몹시 바쁘게 지내면서 자신의 꿈을 피해 다녔다. 오늘 밤 나이 든 두 친구는 다시 한 번 카드 게임을 하러 만났다. 정원사는 프레드에게 일생의 꿈을 추구하라고 밀어붙이는 걸 그만두기로 결심했다. 우리는 모두 스스로 운명을 선택한다.

프레드가 말했다. "그래서 새로 오신 젊은 목사님이 아이들한테 기도하는 법에 대해 가르치신다고? 수업 막바지에는 앉아서 신의 존재를 느끼라고 말씀하시고, 애들은 15분 정도 죽음 같은 정적 속에 있고. 솔직히 말해서 나조차 그 정도로 가만히 앉아 있는 건 어려운데 말이야. 팔딱팔딱 일어나고 싶을 것 같은데!"

"자네가 무슨 말 하는지 아네." 정원사가 자기 카드를 응시하며 대꾸했다. "메리가 죽었을 때 나는 내면이 좀 망가졌었지. 혼자 있는 게 무서웠어. 소리와 움직임이 필요했고, 뭔가가 늘 일어나고 있는 상태여야 했지. 적막한 걸 참을 수가 없었어."

"그렇다면 지금은 그걸 다룰 수 있는가?"

"고요한 상태가 싫을수록, 고요함이 더 필요해졌지. 적막한 게 무서울수록 움직임을 멈출 필요가 있었어. 결국에는 평화를 되찾으려고 명상을 했지."

"명상을 하는지는 미처 몰랐네."

"메리가 죽은 뒤로 시작했어. 명상으로 많은 걸 얻었다네. 명상을 하기 전에도 나쁘진 않았지만 명상은 더 효과적이었어. 어째서 그런지는 모르지만 명상을 한 후로 하루하루가 더 나아졌어."

"그냥 앉아서 아무것도 생각하지 않는 건가?"

"자네가 아는 젊은 목사님이라면, 나의 명상을 신의 존재를 느끼며 앉아 있는 거라고 말하겠지. 하지만 그것과는 달라. 난 내 마음으로 곧장 들어가서, 내 목적을 느끼면서 명상을 해. 때로 좌절을 느끼기도 하지." 그가 싱긋 웃었다. "이제는 걸으면서도 명상할 수 있어. 나는 매일 감사함을 느끼려고 하네. 적어도 그날 하루를 온전히 온몸으로 느껴."

프레드가 대답했다. "나도 마음을 가라앉히려고 애쓰지만 지옥불 위에 있는 것처럼 잠시도 가만히 있을 수가 없어."

"나도 똑같았어, 하지만 그때야말로 가장 고요하게 있어야 할 때야. 내면이 엉망진창이었을 때 약이 된 건 명상이었어. 침묵 속에서 나는 걱정, 스트레스, 감정, 문제들에 맞섰지. 내가 말할 수 있는 건, 그게 늘 유쾌하지만은 않다는 거야."

"내가 침묵으로부터 도망치는 건 당연한 거야."

정원사는 대답 없이 활짝 웃었다. 그가 하고 싶지만 할 수 없는 말은, 명상이 프레드에게 꼭 필요한 것이라는 말이었다. 명상은 어쩌면 그가 난관을 타개할 수 있도록 도울 것이었다.

명상은 깊은 깨달음을 얻는 활동이다. 나는 방전된 배터리를 충전시키기 위해 명상을 했다.

당시 내가 일을 줄이면 됐을 거라고 말하는 사람도 있을 것이다. 하지만 내 목표는 경제적 자유였고, 그 보상은 일을 줄이는 것으로는 얻을 수 없었다. 가열차게 타오르는 촛불을 끄라는 충고는 필요치 않았다. 오히려 내게는 더 많은 초가 필요했다. 나는 몇 가지 소규모 사업을 운영하고 있었고, 나를 두들겨대는 스트레스에 매일 시달렸다.

과거에 나는 명상을 매일 해야 하는 의식으로 생각해본 적은 없었다. 시간이 없었기 때문이다. 아무것도 하지 않는 건, 부자들이나 하는 사치로 보였다. 그게 진실 같았고, 아무것도 하지 않는 건 불안하기까지 했다. 고군분투 중인 사람이 어째서 고요하게 있는 걸 바라겠는가?

하지만 곧 알게 되었다. "기도가 신을 바꾸지는 않는다. 다만 기도하는 자신을 바꾼다"라고 말한 키르케고르가 옳았다는 것을.

나는 침묵 속에서 내면의 지혜를 감지하게 된다는 것을 배웠다. 매일 명상을 하자 사업적 현안들에 눈이 밝아지기 시작했다. 속도를 늦추고 집중했다. 내 본능, 직관, 침묵이 끌어당기는 곳이 어디인지 더 숙고했고, 압박 속에서도 자세를 흐트러트리지 않았다.

마음이 관리되자, 온갖 경이로운 일들이 가능해졌다. 매일의 삶에서 오는 스트레스를 넘겨 버릴 수는 없었지만, 명상을 함으로써 그것들을 뚫고 나아갈 수 있었다.

또한 명상을 시작한 후로 엄청난 깨달음을 얻었다. 우리에게는 모두 '원숭이 마음monkey mind'이 있다는 것이다. 원숭이 마음은 불교에서 사용하는 단어로, 불안정하고 혼란스러운 상태를 말한다.

스티브 잡스는 말했다. "그저 앉아서 관찰하기만 한다면, 자신의 마음이 얼마나 산만한지 알게 될 것이다. 마음을 진정시키려 애쓴다면, 상태를 더 악화시킬 뿐이다. 하지만 시간이 흐를수록 마음은 진정될 것이고, 미묘한 것들을 더욱 잘 듣게 되는 자리가 생겨난다. 그 순간 직관이 열리고, 사물을 더욱 명확하게 보게 되고, 지금 이 순간에만 존재할 수 있게 된다. 마음의 속도를 늦추는 것만으로, 순간이 어마어마하게 확장되는 것을 보게 될 것이다. 그전에는 보지 못했던 것들이 보일 것이다." 잡스가 가장 좋아하는 책은 신비주의적인 『어느 요기의 자서전』이었다.

헤지펀드의 대부 레이 달리오도 다음과 같이 말한 바 있다. "제가 이룬 성공이 뭐든, 전 그에 대한 가장 큰 원인으로 명상을 꼽습니다. 스트레스를 받거나 지쳤을 때 명상을 하면 다시 활력과 중심을 되찾게 됩니다. 명상은 우리를 차분하게 하고 머리를 맑게 해주며, 우리는 도전적인 상황이 덮칠 때 닌자처럼 그 일을 다룰 수 있게 됩니다. 차분하고 사려 깊은 방식으로요. 중심을 지킬 때 감정에 장악당하지 않을 수 있게 됩니다."

스트레스가 극심한 시기에 내게도 명상은 분별력을 유지하게 해주었다. 시간이 너무 빠르게 흘러간다 싶으면, 나는 시계를 느리게 돌리기 위해 명상을 더 많이 한다. 시간은 날아가지 않는다. 만약 시간이 날아가는 것처럼 느낀다면, 그건 게으르고 무심한 상태라는 신호다.

Meditation
인생 수업 : 명상
배터리를 충전시키고자 명상을 시작했다.
고요 속에서 평정과 지혜를 발견했다.

●

마음 챙김

마음 챙김 : 지금 이 순간, 현재에 집중하는 것

정원에서 자급자족하기 위해서는 실제로 정원 안에서 살아야만 한다.

프랭크 맥키니 허바드

마음 챙김은 노력하는 사람을 돕는다고 정원사는 생각했다. 수확의 계절이었다. 1년 동안 농장에서 일한 노력의 결실이 모이고, 측정되고, 팔리고, 선적되는 시기다.

정원사는 오랜 친구의 상태를 확인하려고 이웃 농장을 걷고 있었다. 산투스의 농장은 멋지게 모양새를 갖추어가고 있었지만, 여전히 그는 해가 뜰 때부터 질 때까지 매일 나와서 일을 하고 있었다.

산투스의 근무 시간이 다시 시작되기 전에 정원사는 농장의 조그마한 사무실로 들어갔다. "어떻게 지내고 있나?"

"최고예요." 산투스가 대답했다.

"한때는 자네가 이 농장을 관리할 수 있을지 걱정했다네. 지금은 자네가 무척이나 헌신하고 있고, 이제 꾸준히 부를 누릴 게 확실해 보여. 자네 나이에 어떻게 그럴 수가 있지?"

산투스가 웃음을 터트렸다. "제 평생 요즘처럼 살아 있다는 느낌을 받아본 적이 없습니다. 그리고 전 지금 씨를 뿌리는 것 말고는 아무 계획이 없어요!"

정원사가 대답으로 미소를 지어 보였다. 산투스는 밤낮으로 노예처럼 일했지만, 본인이 말하는 것처럼 에너지가 넘치는 듯 보였다. 이와 정반대로, 프레드는 만성적인 결정장애로 인해 둔중하고 무기력한 생활을 이어가고 있었다.

"행복해 보이는군."

"거기에 대해서는 한 번도 생각해본 적 없어요." 산투스가 아니라는 뜻을 밝혔다. "인생 목표가 행복인 사람을 제게 한번 보여주세요. 그럼 제가 아무것도 하지 않는, 불행한 사람을 보여드리죠! 하지만 일을 다 끝낸 사람을 보여주시면, 만족이 뭔지 아는 사람을 보여드릴게요. 인생에서 원하는 것에 집중하고 바쁠 때, 우리는 더욱 행복해지지요."

"그럼 힘들게 일하는데도 불행한 사람이 그토록 많은 건 어떻게 설명하지?"

"그 사람들에겐 목적이 없기 때문이죠. 노동이란 어떤 이유로 그 일을 하고 있느냐에 따라 천국이 되기도 하고, 지옥이 되기도 하죠. 타오르는 태양 아래서 땀을 흘리고 있어도 수확을 생각하면, 그게 우리 가족에게 어떤 의미인지를 생각하면, 전혀 힘들지 않습니다."

"대단한 생각이야. 일을 대하는 관점이 긍정적이군."

산투스가 동의를 표하며 대답했다. "누구나 자신이 하고 있는 일을 어떻게 바라볼지 선택합니다. 노동을 해본 경험이 전혀 없이 농장에서 일을 시작하는 아이들이 있습니다. 그 애들은 무얼 할까요? 힘들고 단조로운 일을 곱씹어 생각하고, 자기 연민으로 괴로워하지요. 그래서 뼛속 깊이 지쳐버리지요."

"그럼 자넨 그 애들에게 뭐라고 조언해주나?"

산투스가 빙그레 웃었다. "그걸 받아들이고, 묘목을 키우라고요!"

"그게 마법을 발휘하지 못하면 어쩌나?"

"한 번에 한 가지 일에 집중하라고 말해줍니다. 눈앞의 일을 왜 하고 있는지에 초점을 맞춰보라고 합니다. 초점을 더 잘 맞출수록, 아이들은 최선을 다할 수 있게 되고, 그러면 불행하다는 걸 잊게 되지요. 그러고 난 후 하루에 대해 감사하라고 말합니다."

마음 챙김은 현재에 집중하는 것이다. 지금 있는 곳, 지금 이 순간을 자각하는 것이다. 나는 한 번에 한 가지 일에 집중하기 위해 마음 챙김에 다가갔다.

마음 챙김은 내 직업 활동의 절정기 동안 필수적인 것이었다. 병원의 예약 일지는 꽉 찼다. 매일같이 보통 열 시간 동안 환자가 몰리는 일은 흔했다. 일단 하루가 시작되면 고삐를 잡을 시간이 없었다. 몇 년간 이런 스케줄이 주 6일간 쉼없이 이어졌다. 이 시기에 마음 챙김의 힘이 없었다면 지쳐버렸을 것이다.

아침에 나는 종종 직원들과 물리 치료사들에게 그날 보게 될 환자가 얼마나 되는지 아느냐고 물었다. 그들은 예약된 환자 수를 대답했다.

"아니, 틀렸어요." 나는 그들의 대답을 정정했다. "오늘 우리는 단 '한 명'을 보게 될 거예요." 물론 그들은 이 말이 한 번에 한 환자를 본다는 말임을 알았다. 우리는 한 번에, 한 순간, 한 명의 환자, 한 가지 일에 집중함으로써 끝없이 이어지는 빡빡한 나날들을 버텼다.

한 번에 한 가지 일에 깊이 집중하는 것은 부에 대한 의식을 지속시키고 내면의 지혜에 접촉할 수 있는 유용한 도구였다.

특히 마음이 엉망진창인 날, 역경의 순간에서 내면의 지혜에 닿게 해준다. 반응을 하는 대신, 우리는 잠시 멈추어 지혜를 구할 수 있다. 몇 초 동안 멈추고 마음 챙김을 한다면, 그것을 원하고 구하려는 사람만이 찾을 수 있는 내면의 지혜로부터 조언을 얻을 수 있다.

다행스럽게도, 우리가 아무 생각 없이 존재할 때 그것을 교묘하게 일깨워주는 삶의 방식들이 있다. 그러니까 열쇠를 잃어버리고, 사건이 잘 생각나지 않고, 말한 것을 후회하고, 시간이 너무 빨리 지나가는 것처럼 느껴지고, 쉽게 산만해지는 일 등으로 말이다. 마음 챙김의 신호들은 우리에게 지금 이 순간에 집중할 것을 일깨운다.

마음 챙김은 몰입의 한 형태로, 한 번에 한 가지 일만 할 수 있도록 도와준다. 주파수를 제대로 맞추고 한 가지 일에 몰두할 때, 우리는 그 순간에 최선을 다하게 된다.

작가 셸 실버스타인은 말했다. "우리의 내면에는 하나의 목소리가 있다. 그 목소리는 언제나 올바른 방향을 알려주려 속삭인다. 그 어떤 스승, 설교자, 부모, 친구, 심지어 현인이라 해도 나에게 맞는 게 무엇인지 결정해줄 수 없다. 그저 내면에서 들려오는 목소리에 귀를 기울여라."

Mindfulness

인생 수업 : 마음 챙김

마음 챙김은 몰입의 한 형태로

그 순간 집중하게 해줌으로써 산만한 마음 상태를 정돈해준다.

•

물러남

물러남 : 특히 사색을 위한 은둔 기간, 삶의 요구들로부터 일시적 후퇴

> 정원에서 보내는 시간으로 인해 내 정신은 고양되고, 영혼은 풍부해졌다.
> 정원은 내가 차분하게 생에 완전히 접촉하게 해주었고,
> 그때의 깨달음은 정원을 떠나고 난 뒤로 오래도록 지금껏 내게 남아 있다.
>
> 낸시 로스 휴고

가장 좋은 계획은 바쁘지 않은 시간에 나타난다고 정원사는 생각했다.

스무 명의 소년들이 농장의 가장자리에 있는 캠프파이어를 둘러싸고 있었다. 매년 행하는 독수리 클럽의 '물러나기' 기간이었다. 하루 종일 텐트와 침낭을 펼쳐놓고, 아이들은 편안하게 쉬면서 고양된 정신으로 있었다. 안전 요원 두 명이 감독을 하고 있었다.

소년원 아이들은 이 주말을 임시 석방으로 여겼지만, 정원사에게는 아이들에게 인생에서 원하는 것을 정말로 어떻게 꿈꿀지를 가르쳐주는 기회였다. 이 주간은, 토요일은 온종일 수업을 하고, 일요일이 되면 선배들이 찾아와 자신의 삶과 목표에 대해 말해주는 것으로 끝이 났다.

깜빡이는 모닥불 빛에 비친 얼굴들을 바라보며 정원사가 말했다. "이 주말이 끝나는 날, 이 시간은 생각하는 시간이 되었으면 좋겠구나. 지금까지 내가 '생각할 시간'이라고 말할 땐, 삶에서 원하는 게 뭔지, 왜 원하는지를 깊이 숙고하는 시간을 의미했단다. 하지만 지금 이 자리에서는 꿈을 꿔볼 거란다."

잠시 침묵이 이어졌다. 모닥불이 탁탁 튀었고, 아이들은 정원사의 말을 생각하고 있는 듯했다. 정원사가 말했다. "우린 모두 정원사란다. 자신에게 주어진 땅의 모양새를 갖추기 위해 애쓰고 있지."

"질문이 있어요." 한 소년이 말했다. "소문이 하나 있는데요. 이 주말이 지나면, 선생님께서는 몇 주 동안 사라지신다고 들었어요. 한참 전에 들었는데, 선생님께서는 1년 내내 떠나계신다고요. 하지만 아무도 선생님이 뭘 하시는지는 모른다고요."

정원사가 빙그레 웃고는 고개를 흔들었다. "이 주말이 지나면, 난 휴가를 떠날 거란다. 매년 나 혼자 있으려고 떠나지."

지미가 다 늙은 정원사를 살펴보고 있는 소년들의 얼굴을 쳐다보았다. 그 역시 그런 휴가에 대해 궁금했었지만, 아직 정원사의 개인사를 침해하고 싶지는 않았던 것이다.

"거기서 뭘 하세요?" 다른 소년이 물었다.

"압박 없는 시간을 보내는 거지. 내면의 지혜에 주파수를 맞추고, 내가 가고 있는 방향을 다시 평가해본단다. 삶에서 가장 원하는 게 뭔지, 왜 그걸 원하는지 숙고해보지. 가고 있는 방향이 마음에 들면, 다음엔 어떻게 하면 더 효율적으로 행동할까, 생각하는 거야."

"왜 집에서 생각하지 않으시고요?"

"집에서도 생각하지. 매일 홀로 생각하는 시간을 가진단다. 회오리바람 밖으로 나와서 마음이 편안해지지. '물러남'이 가장 좋은 방법이라고 생각한단다."

지미는 자신의 인생을, 자신의 하루하루가 얼마나 빡빡하게 짜여 있는지를 생각했다.

"사람들은 우리가 종종 자신이 속해 있는 그림은 볼 수 없다고 말한단다. 우리는 나무만 보고 숲을 보지 못하지. 그러니 정기적으로 혼잡

한 곳에서 자신을 떼어내어, 더 큰 그림을 생각해야 하는 거야."

긴 침묵이 흘렀다. "호숫가에 요다처럼 앉아 있는 거예요?" 한 소년이 물었다.

그 자리에 있는 아이들 모두 크게 웃음을 터트렸고, 지미조차 방긋 미소 지었다.

정원사가 나지막이 말했다. "내가 원하는 것과 원하지 않는 것에 대해 생각하지. 봐야 할 장소, 충족시키고 싶은 영감, 탐구하고 싶은 호기심들을 목록으로 적는단다. 내가 다른 사람들에게 주는 영향도 고려하지. 때로 혼자 휴가를 보내고 있을 때, 나는 새로운 삶의 방향으로 에너지를 회복한단다. 하지만 며칠 동안 그저 문제를 해결할 방법만 생각하는 때도 있어. 지금은 너희들이 인생에서 성공할 수 있도록 어떻게 도와줄 수 있을지, 그 방법을 고민 중이란다."

모닥불이 타닥타닥 소리를 내며 타올랐고, 소년들은 조용히 입을 다물고 있었다.

물러남은 특히 사색을 위한 은둔 기간이다. 스무 살의 나는 산속 북쪽 호숫가에 피워둔 모닥불 앞에 홀로 앉아 있었다. 대학 신입생 때 여름 석 달 동안 호숫가 리조트의 관리인으로 일했다. 매일 4시에 일을 마치면, 숙소로 쓰는 오두막으로 돌아가 홀로 고립되어 있었다. 친구도, 텔레비전도, 방해하는 것들도 없었다. 시간만 많았다.

처음으로 인생에서 후퇴기를 경험한 것이었다. 재미있는 휴가로 왁자하게 보내는 것이 아니라 진지하게 명상하는 시기였다. 그리고 그건 내게 일어났던 최고의 경험이었다.

물러남은 매일의 일상적인 산만함을 쫓아준다. 우리를 회오리에서 벗어나게 하고, 느긋한 시간 속에서 인생의 보다 큰 그림을 생각하게 한다. 인생의 항로를 더욱 명확히 보게 해준다. 이 기간에 우리는 삶에 대해 질문할 수 있다. 내가 무엇을 바라는가? 무엇을 바라지 않는가? 내 삶이 가장 좋은 방향으로 나아가고 있는가? 그럴 수 있다면 무엇을 변화시켜야 하는가? 내가 그 과정을 어떻게 조절할 수 있을까?

물러남이 늘 유쾌한 것은 아니다. 그 여름에, 나는 스스로에 대해 불편한 감정을 느끼고 있었고, 인생의 방향이 분명치 않았다. 호숫가에서 고독하게 있노라니, 삶은 점차 진실되고 현실적으로 변해갔다. 적막 속에서 고립감을 느꼈지만, 그게 그리 편하지만은 않았다. 하지만 침묵은 내 영혼을 일깨웠다. 학기가 시작되고 학교로 돌아갔을 때 나는 전공을 바꾸고, 새로운 규율에 따라 내 방향을 바꾸었다.

토머스 에디슨은 이렇게 말했다. "생각을 훨씬 명확하게 하려면, 방해받지 않고 집중하고 상상력을 충족시킬 수 있는, 고독의 시간을 가져야 한다." 하루하루 성가신 문제들을 해결하기 위해, 때로는 단순히 삶의 방향을 숙고하기 위해, 우리는 홀로 있을 시간이 필요하다.

"대부분의 사람들이 성공의 사다리를 타고 올라가는 데 평생을 쓴다. 사다리 꼭대기에 올라갔을 때, 그들은 그 사다리가 잘못된 벽에 걸쳐져 있다는 걸 깨닫게 된다"라고 기업인 스티븐 코비는 일깨운다. 사다리를 가까이 살펴보고, 사다리가 걸쳐진 벽을 다시 가늠해보는 시간을 가져야 한다.

쉰 살 때, 아내와 함께 휴가를 갔었다. 여행 마지막 날 우리는 해변에 앉아 있었다. 우리 앞으로 드넓은 바다가 펼쳐져 있었고, 그림 같은 요트 몇 척이 이리저리 게으르게 항해하고 있었다. 나는 깊은 생각에 잠겨 있었다. 내 삶에 대해 생각하자, 집으로 돌아간 뒤에 나를 기다리고 있을 일과 일상으로 되돌아가는 것이 두려워졌다.

"지금 무슨 생각해?" 아내가 물었다. 내가 딴생각에 빠져 있다는 걸 알아차린 말투였다.

나는 느릿하게 대답했다. "내일 집으로 돌아갔을 때, 나를 두렵게 하는 삶에 대해 생각해. 도망치고 싶은 삶을 살고 있다니, 믿을 수가 없군." 나는 바다 위에서 이리저리 움직이는 요트를 응시했고, 아내는 휴가가 끝난 후에 '현실 세계'로 돌아가고 싶지 않은 게 정상이라고 확신에 차서 말했다.

"그런데, 나는 '정상적'인 걸 바라지 않아."

이런 깨달음, 큰 그림, 거시적 관점의 사고는, 정기적인 물러남의 시간, 압박 없는 시간에 가능하다. 그저 목표를 검토하면서 주말을 보내는 것이나, 일주일 정도 모든 일들에서 벗어나 있는 것으로도 가능하다. 우리는 정기적으로 회오리 속에서 벗어나 그 회오리에 대해 생각해 봐야 한다. 그 그림에서 벗어나서, 그림을 다시 그려야 한다.

당시 나는 더 이상 남은 생 동안 돈만 추구하며 살고 싶지 않다는 걸 깨달았다. 나는 자유를 얻었고, 이제 그것을 사용하고 싶어졌다. 내 버킷리스트를 시작할 때가 된 것이었다. 이것이 물러남의 힘이다.

Retreat
인생 수업 : 물러남
최고의 계획은 압박 없는 시간 속에서 얻어진다.

누구에게나 물러남의 시간이 필요하다.

●

육감

육감 : 알려진 사실들을 저울질한 후 느껴지는 동조 혹은 불협화음

자연에게 기회를 주라.
자연은 우리보다 자신이 하는 일을 훨씬 잘 알고 있으니 말이다.

미셸 드 몽테뉴

무언가 제대로 되지 않는다는 느낌이 들었을 때 그 사실을 잘 알아차려야 하지, 정원사는 생각했다.

정원사와 지미는 포도 농장 안에 난 오솔길을 따라 조깅을 하고 있었다. 곧 정원사가 거칠게 숨을 내쉬고는 천천히 큰 보폭으로 걷기 시작했다. 지미도 그 옆에서 속도를 늦췄다.

"오늘 무슨 일 있으세요?"

"느낌이 썩 좋지가 않아." 정원사가 숨을 헐떡였다.

함께 정원사의 집으로 걸어가면서, 지미는 중개인으로 일한 초기 몇 달간에 대해 이야기했다. 그는 내놓은 지 1년이 지나도록 팔리지 않은 집들을 파는 시스템을 개발했다. 석 달이 지난 지금 그는 회사에서 인정받고 있었다. 산투스의 농장에서 자신을 대신해 일할 사람까지 구해놓았다.

지미가 한숨을 쉬었다. "딜레마에 빠졌어요. 전 대단한 상사 밑에서 일하고 있어요. 그분은 저를 도와주시고, 격려해주시고, 좋아해주시는

것 같아요. 그런데 다른 회사에서 저에게 연락을 해왔어요. 더 좋은 조건으로 일하게 해주겠다는 제안을 받았어요."

정원사는 잠시 입을 다물고 차를 홀짝였다. "선택의 순간이로구나." 그가 유쾌하게 미소 지었다. "넌 어떻게 할 거니?"

"확실히는 모르겠어요."

"네 직감은 뭐라고 하니?"

지미가 한숨을 쉬었다. "떠나는 게 찜찜해요. 제안을 해온 중개인은 어딘가 거만하고, 전 그 사람이 좋지 않아요. 하지만 다른 쪽으로 생각해보면, 일을 우정으로 하는 건 아니잖아요. 똑같은 일을 하면서 이익이 커질 거예요. 이 거래의 긍정적인 면을 그냥 봐 넘길 수는 없죠. 아저씬 어떻게 생각하세요?"

정원사는 겨울을 나려고 남쪽으로 날아가는 거위 소리에 위를 올려다보았다. "저 새들이 왜 남쪽으로 날아가는 것 같으냐?"

지미가 거위 떼를 바라보았다. "본능일까요?"

"만약 네가 저들의 경로를 살짝 바꾸어 북쪽으로 날아가게 한다면, 저들은 무언가 제대로 되고 있지 않다는 불안을 감지할 거다. 잘못된 방향으로 날아가고 있을 때 불안정한 기분을 느끼게 되지."

"그게 지금 제 결정이랑 무슨 상관인데요?"

"넌 나한테 조언을 구했고, 난 조언해주는 거란다. 수익성이 좋은 그런 제안은 조심해야 한다. 오직 바보만이 직감을 무시한단다. 어떤 방향에 대해 나쁜 느낌을 감지했다면, 사소하고 세부적인 일로 치부하면서 그 느낌을 묵살하지 말거라. 누군가가 문제를 직감했는데 그걸 무시하고 좋은 일이 일어난 걸 본 적이 없어."

지미는 놀랐다. "하지만 수입이 두 배인걸요."

"네 영혼이 만족스럽지 못하면, 스스로 위험으로 나아가는 거야. 따뜻한 기후를 바라며 북쪽으로 날아가는 거위가 될 거다."

육감은 알려진 사실들을 저울질한 후에 느껴지는 불안한 느낌이다. 육감은 미래의 임박한 위험을 미리 경고하는 역할을 한다.

이사를 한 후 새 일자리를 찾던 때, 극히 수익이 좋은 제안이 하나 들어왔다. 매일 100여 명의 환자들을 보는 병원에서 온 것이었다. 나는 면접을 보고 자리를 제안받았다. 의사는 카리스마가 있었고, 지역사회에 깊은 관심을 가지고 있었으며, 겉보기에 인상적인 사람이었다. 그는 다른 병원들이 제시한 것보다 두배나 되는 월급에, 주 3일 일하라고 했다. 정말이지 완벽한 제안이었다.

그런데 왜 잘했다는 느낌이 들지 않았던 걸까? 내면에서 '빨간 신호', 즉 경고음이 울렸던 것이다. 매우 미묘해서 알아차리기 어려웠지만 어딘가 찜찜하고 불편한 감정이 들었다.

하지만 눈앞에 보이는 것들에 사로잡혀 나는 경고 신호들을 무시했다. 멈춰 서서 내면의 지혜에 세심하게 주의를 기울이지 않았다. 무언가 '잘되는' 것 같지 않다고 극심하게 느껴졌지만 묵살했다. 큰 실수였다. 병원은 불법을 자행하고 있었고 곧 들통이 났다, 난 옴짝달싹 못 하고 병원의 크고 작은 문제들을 해결하러 뛰어다녀야 했다.

소크라테스는 늘 '빨간 불'을 의식했다. 그는 '수반되는 힘'에 대해 말했는데, 그것이 평생 자신을 도왔다고 했다. 그 힘은 그에게 무엇을 할지 말해준 건 아니었지만, 무엇을 하지 말아야 할지는 가르쳐주었다. 그는 불협화음과 부조화의 느낌을, 앞날에 도사리고 있는 위험을 경고해주는 신호로 보았다.

"제대로 되어 간다는 느낌이 들지 않는다면, 그 일을 하지 마라. 그것이 교훈이다. 그리고 그 교훈 하나가 당신을 비탄에서 구해줄 것이다"라고 오프라 윈프리는 말했다.

　빡빡한 일상에서 잠시 멈추고 직관에 귀 기울일 때만이 장차의 재앙을 감지할 수 있다. 우리의 이성과 직관 모두를 사용할 때, 미래의 재난을 피할 수 있다.

　좋지 않은 기분이 든다면, 그것은 좋지 않은 것이다.

Sixth Sense

인생 수업 : 육감

무언가 잘못되었다는 느낌이 들 때 거기에 주의를 기울인다면,

더 나은 선택을 하게 된다.

●

불만

불만 : 상황이나 일에서의 좌절

고된 일이 없다면, 잡초만 자란다.

고든 B. 힝클리

많은 사람들이 불운한 상황으로 정신이 무너질 수 있다고 정원사는 생각했다. 하지만 부를 이룬 승자들은 나쁜 상황을 앞으로 나아가는 연료로 사용한다.

지미는 삶의 방향에 대해 전반적으로 생각하기 위해 새해 며칠을 비워두었다. 한 해가 지났고, 어떤 결과를 냈는가? 지난 해 동안 목표를 향해 나아갔는가? 이런 질문들이 그의 마음속을 휘돌았다.

돌이켜보면, 지난해는 드라마틱했다. 산투스가 운영하는 농장에서 수습 일꾼으로 시작했지만, 한 해가 지난 지금 성공 가도를 달리고 있는 부동산 중개업자가 되었다.

새 회사로부터 수익성 있는 제안을 받아들이고 나자 그의 삶이 투쟁이 되어가고 있었다. 그간의 성취에도 불구하고 결과에 만족하지 못했다. 들어오는 돈은 부족했다. 경제적 자유를 바랐지만, 거기에 가 닿는 건 상상할 수도 없어졌고, 이제 좌절감을 느낄 뿐이었다.

지미는 자신의 멘토에 대해 생각했다. 지난 두 달 동안 두 사람은 거의 이야기를 나누지 않았다. 그는 전화를 걸었고, 30분 후에 정원사를 찾아갔다.

"그래서 네 인생이 행복하지 않다고?" 정원사가 물었다.

"국내 최고 중개업자들은 매년 150건 정도 물건을 팔아요. 어쩌면 그 수준에 도달하면 더 만족하겠죠, 하지만 안 될 거예요. 지금 제가 아는 건, 제가 그 근처에 있지도 못한다는 거예요."

"왜 그 숫자가 중요하지?"

"전 경제적 자유를 바라고 있어요. 제가 그걸 충족시킬 가능성을 갖고 있다고 믿고, 제 인생에서 달성할 수 있는 게 뭔지도 보고 싶어요. 최고를 목표로 하는 게 당연하지 않나요?"

정원사가 동의를 표했다. "왜 안 그렇겠니. 넌 젊고, 야심이 있으니까. 네 나이에 불안정한 건 좋은 거야."

지미가 웃음을 터트렸다. "대부분의 사람들은 제게 그저 행복하자고 말해요."

정원사가 코웃음을 쳤다. "대부분의 사람들은 자신이 지닌 가능성보다 훨씬 못하게 살고 있지. 그들은 성취의 기쁨을 잘 알지 못해. 네가 지금 불만족스러운 건, 좋은 일이야. 그게 널 각성시켜줄 거다. 위대한 일을 하게 만드는 연료가 될 거야."

지미가 씨익 웃었다. "그런데요, 전 내년을 준비해야 해요. 지금 다른 중개인들에게 욕을 퍼붓는 거만한 악당 밑에서 일하고 있거든요. 그 사람은 다른 사람들이 얼마나 가치 없는지를 보여줄 본보기로 저를 이용하고 있어요. 이런 식의 태도는 팀의 사기에 도움이 되지 않죠. 오히려 독이죠."

"왜 이전 회사로 돌아가지 않는 거니?"

지미가 한숨을 내쉬며 이마를 문질렀다. "그것도 생각해봤어요, 하지만 실수라는 느낌이 들어요. 제가 있는 자리에서 분투한다면, 모든 선택권이 열린 채 남아 있을 거니까요."

"넌 괜찮을 거다. 중요한 사실은, 네가 지금 너의 내면의 목소리를 따르고 있다는 거야. 지금의 불만족스러움은 좋은 거야. 그게 네가 옳은 행동을 하게끔 불을 지펴줄 테니까."

불만은 좌절 혹은 만족스럽지 않은 상태다. 내 아들은 대학 졸업 후 은행에서 일할 생각이었지만 아내는 아마 아이가 만족을 느끼지 못할 거라며 걱정이 많았다.

나는 속으로 이렇게 말했다. "나는 정말이지 당신 말이 맞기를 바라고 있어. 나는 그 애가 '절대' 만족하지 않았으면 해. 계속해서 성취의 전율을 알고, 의기양양하게 목표를 추구하고, 이 세상에서 성공하기 위해선 헌신이 필요하다는 걸 알길 소망해. 정말이지 내 아들이 자기에게 가장 중요한 일을 선택하고 그 일을 향해가면서 하루하루를 완전히 살아내길 원하지. 자신의 잠재력을 다 발휘하지 못한 채로 안주하길 바라지 않아. 현실에 안주함으로써 타협한 사람들은 절대 알지 못할, 노력이 주는 자부심을 느끼길 바라지."

그동안 많은 사람들이 내게 인생의 주요 목적은 행복이라고 계속 되풀이해 말했다. 그들은 내게 물었다. "과연 자네가 언제 만족할까? 자네에게 충분한 게 있기는 할까? 왜 쉽게 하지 않는 건가? 왜 그렇게 많이 일하는 건가? 자네 그 돈을 죽을 때 가지고 갈 건가? 정말로 공동묘지 최고의 부자가 되고 싶은 것인가?"

몇 년 동안 나는 경제적 자유를 위한 내 야심을 방어하기 위해 더듬거리며 서투른 대답을 했다. 그러고는 마침내 설명하기를 그만두었다. 내가 다른 사람들을 이해시킬 필요는 없었다. 나에겐 야망이 있었고 누구도 나를 이해하지 못했다.

잠재력을 모두 발휘하는 그 한계 지점에서 살아가고자 했다. 나는 삶의 자유를 현실화하기 위해 내 잠재력을 몽땅 사용했다.

"인간의 불만족으로부터, 최고의 진보가 일어난다"라고 시인 엘라 휠러 윌콕스는 말한다. 나는 이 말을 믿는다. 토머스 에디슨 역시 이에 동의한다. "불만족은 진보의 첫 번째 조건이다. 사람들은 안주하기를 원한다. 그러나 안주에서 벗어날 때 희망이 생겨난다."

Discontentment

인생 수업 : 불만

불만족은 유쾌하지 못한 동반자다.

하지만 종국에는 나를 옳은 방향으로 이끌어준다.

•

경제적 공포

공포 : 현실 혹은 상상의 위험, 위협, 혹은 꺼리는 결과에 대한 감정적 반응

정원사가 저지를 수 있는 최악의 실수 중 하나는
두려움을 피하려고만 하는 것이다.

자넷 길레스피

경제적 재앙에 관한 공포는 가장 큰 원동력이며, 최대로 이용해야 한다
고 정원사는 생각했다. 때로 그것은 천금 이상의 가치가 있었다.

지미는 소년원 교실에서 아이들이 앉아 있는 책상들 사이를 천천히
걸으며 말하고 있었다. 오늘은 지미가 강의하는 날이었고, 정원사는 의
자에 기대 앉아 지켜보고 있었다.

지미가 말했다. "너희들이 여기에서 나가는 날, 너희는 죽을 만큼 겁
이 나겠지. 생활비를 벌고, 돈을 절약해야 할 거야. 공포심은 너희가 그
일에 최선을 다할 수 있게 해줄 거야."

"전 돈을 벌고 싶어요. 일을 많이 하지 않고도요." 한 아이가 농담을
했다.

지미가 웃음을 터트렸다. "그 생각을 비난하진 않을게. 그러면 바로
넌 감옥에 있게 될 거야. 가장 좋은 건, 걱정하거나 감옥에 가는 것보다
일을 하는 게 더 쉽다는 걸 받아들이는 거지."

"제가 나갈 때 어떤 공포가 느껴질까요?"

"미래에 대한 공포겠지. 통계를 보면, 소년원 아이들 중 68퍼센트가 사회로 돌아간 지 5년 안에 다시 범죄를 저지르고 체포돼. 여기 있는 너희들 중 반 이상이 5년 안에 철창 신세가 될 거란 소리야. 미래에 있을 공포를 상상해보렴. 실제로 그걸 그려보라고 말하는 거야. 자신이 가진 그 공포를 동력으로 이용할 수 있을 거야."

말을 한 소년은 이제 입을 다물었고, 교실은 쥐죽은 듯 고요해졌다.

지미가 말했다. "나만은 다를 거라고 확신하지 마. 통계를 보면, 보통의 사람들은 살면서 누구나 한 번 이상의 경제적 위기를 겪어. 누구에게나 공포스러운 대상이 있지만, 오직 영리한 사람들만이 자신의 공포를 이용하지."

"선생님이 나가셨을 때는 그게 뭐였어요?" 한 아이가 물었다.

"솔직히 놀란 게 뭐냐면, 내가 다른 사람들과 다를 바 없는 사람이란 걸 깨달은 거야. 하지만 난 흉악 범죄를 저질렀고, 그건 불리한 요소였어. 나는 내가 저지른 실수로 인해, 세상에 나 자신을 입증할 필요를 느꼈어. 그래서 내가 지닌 어두운 측면을 나의 동력에 불을 지피는 데 활용했지."

아이들의 표정이 밝아졌고, 한 아이가 손을 들었다. "큰 목표를 세우고, 계속 믿고 나아가고, 성공에 대한 절대적인 믿음과 감사함을 지니고 살아가야 한다는 거죠?"

지미가 어깨를 으쓱했다. "난 부동산 중개인이고, 집을 팔아 돈을 번단다. 내가 발견한 건, 사람들은 나만큼 굶주려 있지 않다는 거야. 그 사람들은 생존이 두렵지 않아. 그들은 겨우 파산이나 면하고 사는 걸 두려워하지 않지. 저축이 없다는 것도 두려워하지 않고. 그래서 그들은 나만큼 열심히 일하지 않아."

"선생님이 두려워하는 것이 도움이 되었나요?"

"나는 돈 걱정을 하지 않는 삶을 원하는 거야. 빈곤에 대한 공포가 동력이 되는 것 같아. 내 목표와 공포는 모두 나를 움직이게 하고, 그래서 평범한 중개업자들이 하지 않는 일을 하지. 그게 도움이 돼. 나는 무슨 일이든 할 수 있는 데까지 할 거고, 제아무리 불쾌한 일이라도 받아들일 거야. 돈 걱정을 하는 것보다는 돈을 벌기 위해 일하는 게 훨씬 쉬우니까."

장차 재난이 닥치리라는 **경제적 공포**는 엄청나게 큰 동기가 되고, 그걸 최대한으로 이용해야 한다. 한번은 브라이언이라는 환자가 찾아왔는데, 나이 서른에 가정과 안정적인 직장이 있는 사람이었다. 그는 대기업에서 엔지니어로 일하면서 괜찮은 수준의 소득을 벌었다. 세 차례의 정리해고 물결에서 살아남아 그 회사에서 12년째 근속 중이었다. 그는 독실한 교인이었는데, 한번은 내게 신이 우리에게 오로지 베푸실 뿐만 아니라, 해로운 것들로부터의 피난처가 되어주신다고 말한 적이 있다.

"다른 직업을 생각해본 적 없어요?" 언젠가 내가 조심스럽게 물은 적이 있다. 한 발 떨어져 바라보건대, 그의 경제적 상황은 아슬아슬했다. 정리해고의 물결이 끊임없이 이어지는 듯 보였다.

그가 대답했다. "전 제가 하는 일을 좋아해요. 그리고 집에서 가깝거든요. 전 제 스케줄이 좋고, 상사도 좋아요."

그의 일은 이점이 있었다. 안정적이었고, 이 지역에서 드문 전문직이었으며, 집에서 차로 통근하기도 편리했다. 하지만 정리해고의 물결이 닥칠 때마다 그는 회사에서 자신의 자리를 지키기 위해 임금 삭감을 받아들여야 했다.

그는 일찍 출근했고 매일 4시에 퇴근했다. 그의 아내는 집에서 아이들을 돌봤다. 부부는 책임감 있는 사람들이었고 안정적인 삶을 살았다.

평범한 삶의 모범이 되는 가정이었다.

마침내 심판의 날이 닥쳐왔고, 브라이언은 다음 정리해고에서 살아남지 못했다.

"정리해고 다음 날이, 살면서 겪은 최악의 날이었죠. 첫째 날은 비현실적으로 느껴졌어요. 밤에 잠을 못 이뤘죠. 둘째 날은 그 상황을 깨달았어요. 우리에겐 저축도 없고, 수입도 없다는 걸요."

그에겐 이런 현실이 곧 닥쳐올 거라는 공포심이 전혀 없었다. 공포는 좋은 점이 있다. 앞으로 일어날 문제에 주의를 기울이게 되기 때문이다. 결과에 대한 공포는 더 명확히 사고하고, 긴급성을 느끼고, 역경을 버티게 만들어준다. 공포가 없다면 우리는 그저 반쯤 깨어 있을 뿐이다.

"편안하고 안전한 안락지대는 감옥과도 같다. 거기 있는 동안, 당신은 한없이 뒤처지게 될 테니 말이다"라고 세일즈 훈련 전문가 그랜트 카돈은 말했다. 편안함은 우리로 하여금 지금처럼 낮은 목표를 가지고 적은 봉급을 받으며 그저 파산만 면하며 살도록 한다. 누구나 불확실한 미래를 두려워하지만, 오직 강한 사람들만이 현실에 안주하지 않고 떨치고 일어선다. 변화는 그런 이들에게 일어난다.

Financial Fear

인생 수업 : 경제적 공포

우리가 공포스러워하는 일은 언젠가 생길지도 모르는 일이다.

그 공포를 기꺼이 마주해야 변화가 있다.

•

스트레이트 엣지*

스트레이트 엣지 : 온전하고 날카로운 정신

정원 일은 질병과 같다.
일어나서 잡초를 뽑고 싶은 거부할 수 없는 충동 때문에
칵테일 잔을 내려놓지 않나.

루이스 가넷

만족하지 못하는 정신은 멍하니 사는 걸 거부하는 사람들에게 긍정적인 작용을 한다고 정원사는 생각했다. 긴장이 풀리면, 우리의 힘도 약해진다.

"왜 아저씨는 술자리를 하지 않으세요? 심지어 포도 농장과 양조장도 갖고 계시면서요." 지미가 정원사에게 솔직하게 물었다.

"우린 모두 자신의 길을 선택하지. 내게 술은 순간의 쾌락으로 이끄는 유혹이야. 하지만 그 유혹이 주는 기쁨은 대가가 크단다. 날카로운 인지력을 잃게 만들거든."

난롯가 앞 소파에 앉아서 지미는 조용히 자신이 어린 시절에 저지른 후회스러운 일과, 한 번의 실수가 사는 동안 어떻게 자신을 괴롭히고 있는지를 생각했다. 그는 술에 취하는 것이 비극으로 이어질 수 있다는 걸 누구보다도 잘 알았다. 소년원에서 보낸 시간이 바로 그 증거

• **Straight Edge** 미국의 하위 문화로 펑크 문화에 대항해 알코올, 담배, 약물들을 하지 않는 조류를 말한다. 이 자체가 하나의 고유명사지만, 본문에서는 내용을 참조하여 '온전하고 날카로운 정신'이라는 뜻으로 번역하였다_옮긴이

였다. 하지만 한편으로는 기분을 풀기 위한 술자리 한 번이 뭐 그리 잘 못인가 싶기도 했다.

지미가 한숨을 쉬었다. "아저씬 제 과거를 아시죠. 하지만 지금 전 책임 있는 술자리에 대해 말하고 있는 거예요. 전 술 한잔이 많은 걸 변화시킨다고는 생각하지 않지만, 무언가가 늘 제게 술을 마시면 안 된다고 해요."

정원사가 소파에 등을 기댔다. "내가 '멍한 미소'에 관한 이야기를 들려준 적 있던가?"

지미가 크게 웃음을 터트렸다. "아뇨."

"옛날에 억압당한 백성들을 통치하는 왕이 있었어. 왕은 힘이 아니라 경제 체제를 통해 백성들을 통치하는 정책을 폈지. 계획은 간단했고, 그런 강압적인 체제에서 살아남으려고 사람들은 일하는 동안 생산성을 유지해야 했어. 음식과 살 곳, 사는 데 필수적인 것들을 감당하려고 말이야. 왕은 월급 노동자 체제에 대항해 대중들이 소요를 일으키는 걸 방지하는 데 지혜를 발휘했지. 바로 값싼 와인을 왕국 내에 풀어서 사람들을 여유 시간에 취하게 해서 무기력하게 만든 거야."

지미가 조용히 앉아서 그 메시지에 귀를 기울였다.

정원사가 말을 이었다. "술을 통한 일시적 탈출은 피지배자들이 참을 수 없는 환경을 참을 수 있도록 해주었지. 그들은 낮은 임금을 받아들이며 아무 생각을 하지 않아도 되는 일을 수행했고, 반항하지 않고 힘든 일을 견뎌냈어. 그들은 멍한 미소를 유발하는 술에서 기쁨을 발견한 거야."

지미가 이마를 문지르며 한숨을 쉬었다. "그러니까, 절대 술을 마시지 말라는 게 이 이야기의 교훈인가요?"

정원사가 대답했다. "영리한 왕은 반란 의지를 누그러뜨리는 건 뭐든 알았단다. 이 이야기가 말하는 메시지는 현실을 직시하고, 저항하는 단계까지 너의 모든 잠재력을 사용하라는 거다. 억압된 대중들 사이에서 예외적인 존재가 되라는 거야."

지미가 한숨을 내쉬었다. "그런데, 파티에서 술 한잔 마시는 게 무슨 상관인데요?"

"술은 자신의 상황에 안착한 사람들에게는 괜찮을 수 있어. 하지만 자신만의 환경을 만들어나가느라 애쓰고 있는 사람들에게는 형편없는 전략이지. 우리는 더 날카로워질 수도, 더 무뎌질 수도 있단다."

"그래서 쾌락보다 선택하는 힘이 낫다는 말씀을 하시는 건가요?"

"그저 내 생각이 아니라, 삶의 기쁨에 관해 말하는 거란다. 난 약물이 주는 기쁨에는 반대야. 진실된 기쁨을 바라고, 내 정신이 날카롭길 바란단다. 특히 내 상황이 만족스럽지 않을 때는 말이다."

지미가 이 말을 곰곰이 생각했다. "좋아요, 하지만 엄청나게 술을 마셔대도 엄청나게 부자인 사람도 있잖아요. 술이 그 사람들에게 경제적으로 해악을 끼치진 않은 것 같은데요."

"그건 그들이 여유 시간에 잘못된 일을 하지 않고, 하루하루 제대로 일한다는 증거란다. 어떤 스트레스 요인이 부유한 사람들을 술로 도피하게 만드는 걸까? 왜 그들은 약물 없이 만족감을 느끼지 못하는 걸까? 술은 어떤 문제에 관한 해답이 절대 될 수 없어. 오직 그 문제를 잊어버리게 만들 뿐이지."

스트레이트 엣지는 술이나 약을 하지 않는 것이 주는 긍정적 효과다. 어느 금요일 저녁, 스트레스가 많았던 한 주를 보내고, 나는 즐겁게 쉬고 있었다.

딸아이가 물었다. "잔 속에 뭐가 있어요?"

"와인이란다."

"저도 마실 수 있어요?"

"애들이 마시는 건 아냐."

"왜 안 되는데요?"

"애들에게는 좋지 않으니까." 나는 참을성 있게 대꾸했다.

"그럼 아빠는 왜 마셔요?"

뭐라고 말했는지는 정확히 기억나지 않지만, 그 순간만은 또렷이 기억이 난다. 그날이 바로 술을 마시는 게 더는 옳지 않다고 느껴진 날이었다. 나는 아이들이 아빠가 스트레스를 풀려고 정신을 느슨하게 해주는 술을 마신다는 걸 알게 되길 원치 않았다. 술이 긴장을 푸는 약이라고 말하고 싶지 않았다. 다른 사람들에게는 그렇다 할지라도 말이다. 나는 스트레스를 풀려고 와인 한잔을 마시는 게 갑자기 부끄러워졌다.

와인 한 잔을 마시면서 늘어져 있는 게 그리 문제가 될까? 책임 있는 성인이 술을 마시고 있다 해도, 누가 그걸 신경이나 쓸까? 내가 칵테일 한잔을 마시는 게 정말로 문제가 될까? 그런데, 내게는, 무척이나 문제였다.

내 아들은 여덟 살 때 소아 당뇨병 진단을 받았다. 그때부터 우리 가족은 식습관을 바꾸어야 했다. 더 이상 고칼로리 음식을 먹지 않았고, 아들에게도 평소와 다르게 먹으라고 말했다. 우리는 함께였다. 아들은 본보기를 보고 습득했다. 나는 술을 마시는 게 당뇨병에도 심각한 위험임을 알았다. 나는 술을 마음껏 마시면서, 아들에게 술을 마시지 말라고 할 순 없었다. 아들은 나를, 자기 아버지가 술을 마시지 않고 사교 활동을 하는 걸 봐야 했다. 나는 본보기로서 아들을 이끌어야 했다. 그래서 술 한 방울도 절대 입에 대지 않았다.

나는 술을 마시지 않으면 내면에서 들려오는 목소리가 더욱 크게 들린다는 걸 알았다. "네 인생은 괜찮지 않다." 그 목소리는 말했다. "스스로를 지지해라. 넌 이것보다 더 나은 사람이다. 네가 놓인 원치 않는 상황을 바꿔라. 그걸 견디지 마라. 너 자신을 위해, 네 야망을 위해 힘껏 싸워라. 스스로 환경을 만들어라. 네가 가진 꿈보다 더 작은 것에 안주하지 마라."

그렇게 술을 멀리한 결과는 믿기 어려웠다. 이전 20여 년 동안 나를 요리조리 피해 다니던 경제적 안전성을 7년 만에 얻었다.

술을 안 마시는 사람이 되는 것은 술을 마시는 문화에서는 외부인이 된다는 걸 의미한다. 오라클 사의 공동 창립자이자 CEO인 래리 엘리슨은 이런 외부인이다. "난 내 마음을 흐리게 하는 건 무엇이든 참을 수 없습니다. 난 술 마시는 사람들과도 아무 문제없어요. 담배 피는 사람들과도 문제없고요. 그게 그 사람들이 하고자 하는 일이라면, 그건 그 사람들 문제입니다. 난 그런 걸 할 수 없고요."

토머스 에디슨은 술을 자제해야 하는 논리적인 이유를 이렇게 말했다. "난 머리에 술독을 퍼트리는 것보다 머리를 쓰는 게 더 중요합니다. 인간의 뇌에 술을 주입하는 건, 엔진 베어링에 모래를 뿌리는 것이나 마찬가지예요."

뉴욕 월스트리트는 음주와 클럽 문화로 악명이 높다. 하지만 그럼에도 '오마하의 현인', 투자의 귀재라고 불리는 워런 버핏은 술에 있어서 외부인이다. "나는 경험을 통해 두 가지 큰 약점을 알게 되었습니다. 사람들이 실패하는 건, 술과 레버리지(경제학에서 수익 증대를 위해 부채를 끌어다가 자산 매입에 나서는 투자 전략을 말한다. 투자에 필수적인 것으로, 레버리지로 인해 수익이 날 수도, 손실이 날 수도 있다_옮긴이) 때문이라는 거죠."

술의 영향력에서 자유로워지고 나서, "아빠는 왜 술을 안 마셔요?"

라는 순진한 질문에 쉽게 대답할 수 있게 되었다. "아빠는 온 감각을 다해 삶에 다가가고 싶단다. 삶에 문제가 있다면, 늘 그 자리에서, 완전히 맑은 정신으로 문제에 직면할 수 있을 만큼 강해질 거란다."

내 아이가 자기 아빠가 삶에서 도망치거나 삶으로부터 숨지 않는 사람이라는 걸 알길 바란다. 오히려 아빠가 스트레스와 맞서 싸운다는 걸 알길 바란다. 나는 아이에게 이렇게 말할 것이다. "아빠는 어떤 것이 좋든 나쁘든, 순간적인 환상에 빠지지 않는 진짜 인생을 바란단다."

Straight Edge

인생 수업 : 온전하고 날카로운 정신

온전하고 날카로운 정신, 즉 스트레이트 엣지 상태를 늘 유지해야 한다.

맑고 깨끗한 정신으로 못 해낼 것은 없다.

●

불편한 다리

불편 : 비판, 실패, 생소함 혹은 불확실성의 위험으로 인한 불안

왜 위험을 감수하지 않는가? 과실이 있는 곳이 거기인데.

마크 트웨인

부유한 삶은 용감한 삶이지, 정원사는 반추했다. 모든 가치 있는 성취를 이루려면 불편함 속으로 걸어 들어가야 한다.

프레드는 와인 한 잔을 홀짝였고, 정원사는 평소처럼 소다수를 마셨다.

정원사가 말했다. "자네에게 비밀을 하나 알려주겠네. 누구에게도 말하지 않은 예기치 못한 소식이 있어. 좋은 소식은 아니지만."

"완전히 날 믿어도 좋아."

"좀 긴데, 간단히 말하자면, 조깅을 하고 나면 피곤해져서 지난달에 병원에 가서 검사를 받았는데, 희귀한 종류의 림프종이라고 하네. 의사들은 암 3기라고 생각하고 있어. 그래서 다음 주에 PET 검사(양전자를 방출하는 방사성 의약품을 이용하여 인체에 대한 생리화학적, 기능적 영상을 3차원으로 얻는 핵의학 영상법_옮긴이)를 받으러 갈 거야."

프레드가 말을 잇지 못했다. "그걸 아무에게도 말하지 않았다고?"

"지금까지는. 하지만 솔직히 그 진단을 받고 놀라진 않았네. 뭔가 잘

못되어 간다고 느끼고 있었거든. 희한하게 마음이 평화로워."

"암이라는 걸 알고도 마음이 평화롭다고?" 프레드가 물었다.

"내 운명이 뭐든, 평온하네. 최근에는 마치 어떤 끝내지 못한 사업에 대해 더 신경이 쓰이는 것 같은 느낌이야. 나는 평생 불편한 것들을 향해 갔네. 이것 또한 해결할 수 있어."

프레드가 와인을 삼키고는 테이블에 잔을 내려놓으며 중얼거렸다. "무슨 말을 하는지 도통 모르겠군. 물론 내가 자네에게 해줄 수 있는 게 있다면……."

"실은 한 가지 있네." 정원사가 말을 끊었다. 두 사람은 테이블 너머로 서로를 응시했다. "자네의 보육원 계획에 대해 말해주게. 그냥 내 느낌일 뿐이지만, 삶의 이 시점에서 우리가 서로 터놓을 필요가 있다는 느낌이 들어."

프레드가 한참 자신의 손바닥을 응시하고는 입을 열었다. "믿음에 기반한 보육원이 되게 할 거야. 아이들에게 사랑과 정직, 진실, 연민, 용서, 그 밖의 모든 덕목들을 가르치고, 물론 취학 전에 필요한 공부들도 시키지. 아이들의 어린 정신과 마음을 길러줄 거야. 아이들을 정성 들여 가르친다면, 좋은 영향을 줄 수 있을 거야."

정원사가 고개를 끄덕였다. "사실, 물어보지 않으려고 스스로 다짐했는데, 내가 이런 상황에 처하니까 생각이 바뀌었어."

"나는 늘 정신적으로 나약했어."

정원사가 반박했다. "그렇지 않아. 행동을 가로막는 건 자네 정신이 나약해서가 아니야. 미지의 세계로 들어가는 데 대한 불안 때문이지. 낯선 영역이 지니는 불확실함 말이야."

마침내 프레드가 말했다. "어쩌면 그 말이 맞을지도 모르지. 내 나이에는 불확실한 일에 직면하기보다 익숙한 일상을 고수하는 게 훨씬 쉬우니까."

"자네가 놓치고 있는 모든 것들을 생각해보게."

"지금까지 한 말이 무슨 의미인가?"

"자네가 일전에 나에게 내 밖에서 명분을 찾고, 그 명분에 기대라고 말한 적이 있어. 또 거대한 목적에는 모두 불편함이 따른다는 것도. 이제 자네가 다른 사람들을 위해 불편함을 따를 차례가 된 것 같아."

프레드가 대답했다. "어쩌면 자네 말이 맞을지도 모르지. 난 안전 지대에서 나와야 할 필요가 있어. 전성기는 지났지만 아직 뭔가를 할 만큼은 살날이 남아 있지. 어떻게 하면 무기력함을 극복할 수 있을까?"

"한 번에 한 단계씩 하면 되지. 미지의 세계로 걸어 들어가지 않는 한 자유는 없어. 내게 불편함이란, 우리가 있는 곳과 우리가 있고 싶은 곳 사이에 놓인 다리야. 우리는 그 다리를 건너면서 꺼림칙함과 불편, 공포를 받아들이든가, 그냥 지금 있는 곳에 머무는 수밖에 없어."

프레드가 미소를 지으며 말했다. "난 늘 다리가 싫었어. 하지만 자넨 어떤가? 암이 곧 사형 선고는 아니야."

정원사가 수긍했다. "마지막으로 꿈이 하나 있어. 소년원에서 가르치는 애들은 출소한 뒤에 삶을 살아갈 그 자신만의 경전도, 참고할 매뉴얼도 없어. 난 성공에 관한 지침서를 써볼 거네, 아이들이 자신의 경제적인 문제에 대한 안내서를 갖게 되길 원해."

프레드는 감동받은 듯 보였다. "훌륭한 목적이 될 거야."

불편은 비판, 실패, 생소함 혹은 불확실성에 대한 위험으로 유발되는 꺼림칙한 느낌이다.

레이 달리오는 이를 '불편한 다리를 건너는 것', 즉 우리의 완전한 부를 얻어내기 위해 시험을 통과하는 것이라고 표현했다. 또 이렇게 말했다. "위대한 삶을 얻어내고자 위험한 정글을 지나가야 한다고 상상해보라. 지금 있는 곳에 안전하게 머물며 평범한 삶을 살 수도 있고, 정글을 지나는 위험을 감수하고 아주 멋진 삶을 손에 넣을 수도 있다. 그 선택에 어떻게 다가갈 것인가? 잠시 생각해볼 시간을 가져라. 그것은 양자택일의 문제이며, 우리 모두가 해야 하는 선택이다."

불편한 다리를 지나야 변화가 남는다. 반대편으로 가기 위해서는 위험한 정글을 지나야만 한다. 아주 멋진 삶을 얻기 위해서는 까마득한 협곡 위에 걸쳐져 금방이라도 부서질 듯한 다리를 뚜벅뚜벅 걸어가야만 한다.

카운슬러 잭 캔필드는 우리에게 이 사실을 일깨운다. "매일 아주 조금의 불편도 없다면, 성장하지 못하고 있는 것이다. 좋은 일들은 모두 안전지대 바깥에 있다." 불편의 다리에 발을 디뎌야 인생의 자유가 찾아온다.

부를 열망한다면, 불확실성과 취약성을 받아들여야만 한다. 우리는 영원히 안정보다 야망을, 쉬운 것보다 노력을, 평계보다 분투를, 안주보다는 기여를 선택해야만 한다.

『백만장자 시크릿』의 저자 T. 하브 에커는 말한다. "편안한 삶은 그 어떤 일들보다 더 많이 아이디어를 죽이고, 행동하지 못하게 하고, 기회를 가로막고, 성장하지 못하게 한다. 편안함을 없애라!"

가치 있는 성과를 이루고, 경제적 안정을 얻어내고, 안정적인 은퇴를 위한 돈을 충분히 모으기 위해서는 수 년이 걸린다. 또 더 나은 삶을 위해 '긴' 다리를 건너는 부담이 너무 커서 커다란 마음의 압박으로 작용할 수도 있다.

하지만, "우리는 성장이 있는 곳으로 한 발 내딛거나, 안전지대로 뒷걸음치게 될 것이다"라고 심리학자 에이브러햄 매슬로는 말했다. 불편은 우리가 현재 있는 곳과 있고 싶은 곳 사이의 다리다. 우리는 그 다리를 건너거나 지금 있는 곳에 머물러야 한다. 선택은 물론 자신에게 달렸다.

Discomfort Bridges

인생 수업 : 불편한 다리

부는 불편함으로 걸어 들어갈 것을 요구한다.

더 나은 삶을 위해서는 불편한 다리를 건너야 한다.

•

난제

난제 : 극복해야 하는, 반갑지 않거나 유해하다고 여겨지는 문제나 상황

모든 정원에는 으레 매혹적인 문제들이 무수히 존재하기 마련이다.

윈스턴 처칠

큰 난제를 해결하는 사람만이 부를 수확할 자격이 있다고 정원사는 믿었다. 작은 난제들로 이루어진 삶에는 작은 소득만 있을 뿐이다.

어느 늦은 저녁, 세 사람이 카페 테이블에 둘러앉아 있었다. 정원사가 프레드의 아내와 아들에게 보육원 계획에 대해 말하려고 비밀 회합을 주선했다. 코니는 남편을 돕는 데 열성을 보였지만, 제러드는 음주운전 이후 재활 교육에 참가하고 있었다. 제러드의 여자 친구가 임신해서 그가 풀려났다는 소문이 있었다.

정원사가 말했다. "프레드에게 문제가 하나 있어요. 누가 좀 그를 밀어줘야 해요. 그 친군 정말로 보육원을 해야 돼요. 그래서 말인데, 우리가 도울 일이 없을까요?"

코니가 말했다. "전 열심히 도울 거예요. 그 사람은 변화에 저항하는 것 같아요. 지하실에서 시간을 죽이고 있어요."

제러드는 눈을 굴렸다. "일흔이나 되셨는데, 아버지가 정말로 그걸 바라신다고 생각하시는 거예요?"

"지난주에 그 얘길 나눴어. 그 친구는 그걸 바라네. 자네 아버지에게 그게 필요하다고 생각해. 수십 년 동안 그 꿈을 가지고 있었고, 꿈이 결코 사라지지 않는다는 건 내면의 목소리가 부르는 것과 같아."

제러드가 크게 낄낄거렸다. "아저씨가 그러고 싶으시면 그러셔도 돼요. 하지만 아버지가 제대로 하실 게 아니시라면 말아야 해요, 그건 아버지가 결정할 일이고요. 아버지가 하지 않으신다면, 그건 정말로 바라던 일이 아닌 거죠." 잠시 침묵이 흘렀다.

정원사가 그에게 날카로운 눈길을 보냈다. "제러드, 어느 면에서는 자네 말이 맞아. 하지만 다른 한편으로는 맞지 않아. 누구나 타성을 넘어서기 위해 도움이 필요할 때가 있어. 자네 아버지에게는 이런 도전이 필요하고, 거기에는 온갖 골 아픈 일들이 딸려 있어. 우리가 어떻게 도울 수 있을까?"

"전 아버지를 사랑해요. 하지만 제 문제만으로도 벅차요. 일이 목구멍까지 차 있고, 제게 쓸 시간도 없고, 곧 애도 태어날 거예요. 오늘 여기 온 이유는 제가 도울 수 없다는 걸 알려드리려고 나온 거예요."

"자네 문제가 뭔지 말해줄까, 제러드." 두 사람이 서로를 응시했다. "자넨 생각이 너무 많아. 일이 일어나게 내버려 두고, 핑계를 만들어내. 모두가 바쁘고, 모두가 저마다 문제를 가지고 있어. 그건 그냥 삶의 한 부분이야. 삶은 문제의 연속이고, 그걸 받아들여야 성장해. 우리 모두 좌절을 해. 그리고 인생은 나만 특별하다는 생각을 하지 않으면 훨씬 쉬워지지. 자네 문제도 다른 사람들과 같다는 걸 받아들이게나!"

제러드가 비꼬는 투로 말했다. "기분 나쁘게 받아들이진 마세요, 전 여기 강의를 들으러 온 게 아니라고요."

"나도 자넬 가르칠 생각 없네. 하지만 자네가 이 순간을 그냥 흘려보내면, 언젠가 후회하게 될 거야. 자네 생활도 힘들겠지만 프레드는 지금 도움이 필요해. 자네가 보육원을 차릴 장소나 웹사이트를 개설하는 걸 알아볼 수도 있지 않나. 신경을 충분히 쓴다면……"

제러드가 소리치며 일어섰다. "못 들으셨어요? 전 시간이 없다고요."

"아버질 도울 시간은 만들어낼 수 있을 거야. 시간이 부족하다는 데만 초점을 맞추지 말고 해결책이 있다는 마음에 초점을 맞춰보게."

난제는 다루고 극복해야 하는, 반갑지 않은 상황을 말한다. 오직 난제를 해결하는 사람만이 부라는 수확물을 얻을 자격이 있다.

한 남자에게는 어린아이 둘과 전업주부인 아내가 있었다. 그는 서른이었고, 수입은 평범한 수준이었고, 평균 급여 인상률에는 한계가 있었다. 그는 주 6일 일했고, 가족을 돌보느라 여유 시간이 없었다. 검소하게 살아도 매월 1천 달러도 채 저축하지 못했다. 좌절했다. 그런데 이 남자는 20년 후에 어떻게 경제적 자유를 얻을 수 있었을까?

짐작했겠지만, 이 이야기 속 남자는 한때 나였다. 경제적 자유를 추구하기 시작했을 때 나는 종이 한 장을 꺼내 특별한 목표를 쓰고 그 아래에 "~을 어떻게 할 수 있을까?"를 쓰곤 했다. 그러고 나서 빈 종이를 응시하고, 아이디어가 떠오르기를 기다리며 마음으로 가능성들을 상상했다. 매일 빈 종이에 목표에 관해 새로운 아이디어를 다섯 개씩 적었다. 이 과정은 나에게 수많은 해결책을 안겨주었다. 실용적인 계획을 만들어내는 창조적인 전략가가 된 것 같았다. 우리는 모두 지략가가 되어야 한다.

자동차 회사 포드의 창설자 헨리 포드는 말했다. "당신이 할 수 있다고 생각하든, 할 수 없다고 생각하든, 당신 생각이 옳다. 생각은 가장 어려운 작업이며, 어쩌면 거기에 가장 관계가 적은 건 논리일 것이다."

헨리 포드는 V8 모터를 발명하길 바랐고, 그래서 그걸 만들 사람을 고용했다. 일하기 시작하고 몇 달이 지났지만 아무 진전이 없었다. "그건 만들 수 없어요." 엔지니어가 포드에게 말했고, 포드는 이렇게 답했다. "계속 해보세요. 난 그걸 원해요, 그리고 그걸 가질 거예요."

물론 해결책은 나오게 되어 있다. 우리는 늘 자신이 생각하는 것을 얻는다. "~을 어떻게 할 수 있을까?"라고 물음으로써 가장 창조적인 해결책들을 생각해낼 수 있다.

문제 해결과 지략은 삶과 일 모두에서 중대하다. 직장에서 큰 문제를 다루는 일을 맡았다면, 그건 당신이 해결할 수 있는 능력을 갖추었기 때문이다.

혹시 매일 문제가 터진다고 절망하고 있진 않은가? 하나를 해결하면 또 다른 난제가 당신 앞에 나타나는가? 그렇다면 당신은 잘 살고 있는 것이다. 그만큼의 지략과 책임감을 지니고 있다는 뜻이니까. 매일 문제가 일어난다고 생각하는 건, 삶의 기쁨을 앗아가지 않는다. 오히려 일하는 동안 좋은 자세를 유지하게 해준다. 마음의 준비가 되어 있다면, 흔들리지 않는다. 성공은 계속 문제를 현명하게 다루어나가는 사람들에게 찾아온다.

경제 전문지《포브스》의 창간인 말콤 포브스는 이렇게 말했다. "당신의 직업에서 상황이 악화되는 법이 없다면, 당신은 직업을 가진 게 아니다." 작은 문제들로만 이루어진 삶에서는 작은 소득을 얻을 뿐이다. 인생이란 즐거운 선택들의 연속이 아니다. 힘과 결단력, 그리고 근면함을 요구하는 문제 해결의 연속이다.

Problems

인생 수업 : 난제

난제는 언제 어디서나 생겨난다.

부는 큰 난제를 제대로 해결하는 사람들에게로 향한다.

●

생각 산책

생각 산책 : 창조적인 생각을 위해 걷는 의례

정원이 흥미로운 건 끊임없이 상상하게 만든다는 점이다.

앨리스 모스 얼

경제적 상승에는 적절한 양의 생각이 필요하다고 정원사는 생각했다. 그리고 가장 좋은 생각은 그것을 염두에 두고 걸을 때 떠오른다.

광대한 농지 주변을 빙 두르는 길에 눈이 소복이 쌓여 있었다. 정원사는 고개를 숙이고, 뒷짐을 진 채로 천천히 거닐었다. 오랜 산책은 그가 한 가지 주제에 대해 깊이 생각하고, 가능한 일들을 탐색하고, 문제를 해결할 아이디어와 전략을 찾게 도와주었다.

걸으면서 그는 생각에 집중했다. 내가 지금 죽어가고 있다면, 내 시간을 어떻게 써야 할까? 소년원 아이들에게 줄 지침서에 대한 아이디어가 계속 맴도는 것 말고는 아무것도 머릿속에 떠오르지 않았다.

아이들에게는 현재 진행형인 지침이 필요하다. 많은 이유로 가난한 사람들은 가난한 채로 남는다. 그리고 가장 많이 통제할 수 있는 요소는 일상적인 행위들과 생각이다. 아이들이 과거의 사슬을 끊어내지 못한다면, 절대로 가난에서 벗어날 수 없을 것이었다.

그는 피로함에 한숨을 쉬었다. 숨이 가빠왔고, 쇠약해진 걸 느꼈다.

하지만 생각 산책은 유익했고, 그는 아이디어를 떠올리려고 산책로를 따라 걸었다. "어떻게 하면 그 아이들의 삶에 가장 좋은 영향을 줄 수 있을까?" 그는 자문했다.

많은 생각들이 떠올랐지만 다 쓸모없어 보였다. 하지만 드물게도 언제나 보석은 있기 마련이다. 그의 어떤 능력이 아이들에게 도움을 줄 수 있을까?

눈길을 터덜터덜 걷고 있으니 생각과 예감, 사고, 영감이 물결치며 일렁였다. 끊임없는 질문들이 내면 깊숙한 곳에 있는 지혜의 방아쇠를 당겼고, 산책은 고요 속에서 그의 감각이 깨어날 시간을 주었다.

멀리서 누군가가 본다면, 척박한 황야에서 터벅터벅 걷고 있는 외로운 형상을 볼 수 있었을 것이다. 그 형상은 이따금 멈춰 섰다가 다시 걷기 시작했다. 마침내 집으로 돌아와서 불가에 앉아, 그는 산책 중에 얻은 생각들을 복기했다.

충분히 오랫동안 문제에 몰두하면 해결책이 늘 떠올랐다.

생각 산책은 마음을 자극하기 위해 발로 뛰는 행위다. 산책은 우리에게 홀로 있을 시간을 주고, 휘몰아치는 일들에서 우리를 떼어놓고, 혼돈으로부터 안식처를 제공하여 마음이 높은 경지까지 오를 수 있게 해준다.

역사상 뛰어난 많은 사람들이 생각 산책의 긍정적인 결과를 언급했다. "다리가 움직이는 순간, 생각이 흐르기 시작한다"라고 사상가 헨리 소로는 말했다. "진정으로 위대한 생각은 걸으면서 떠오른다. 어떤 생각이 걸으면서 떠오른 게 아니라면 절대 그것을 믿지 마라"라고 프리드리히 니체도 말했다.

걷기는 생각으로 이어지는 최선의 활동 중 하나다. 나는 염좌 때문에 이 사실을 알게 되었다. 1년 동안 달리지 못하게 되어서 걷기 운동으로 바꿨는데, 걸으면서 아이디어가 엄청나게 밀려오는 것을 깨달았다. 별로 애쓰지 않아도 해결책과 영감들이 내게 다가왔다. 나는 자연 속에서 내면의 지혜와 접촉하는 것을 느꼈다.

고대 로마 정치인 세네카도 말했다. "야외에서 걸어야 한다. 그래야 공기를 쐬고 깊이 숨을 들이쉬면서 마음이 풍성해지고 새로워진다."

걷기가 생각에 필수적인 것은 아닐 수 있지만, 인생의 회오리와 소음들로부터 시간과 공간을 제공해주는 것은 확실하다. 걷기는 우리 삶을 생각하고, 평가하고, 전략화하는 시간을 준다.

"나는 홀로 생각 속으로 걸어 들어간다. 그리고 그 어떤 짐스러운 생각에서도 빠져 나올 수 있다는 걸 안다. 그저 계속 걷는다면, 모든 것이 제대로 될 것이다"라고 키르케고르는 말했다. 육체적 활동은 정신적 활동에 영향을 주며 몸을 움직일 때 영혼도 깨어난다.

Think Walks

인생 수업 : 생각 산책

고민거리가 있는가?

밖으로 나가 걸으며 생각해보라. 의외의 해결책이 문득 떠오를 것이다.

•

신중함

신중함 : 이해타산을 꼼꼼히 고려하는 것, 분별 있게 생각하는 것

신중한 사람은 염소에게 자기 정원을 맡기지 않는다.

헝가리 속담

감정은 종종 실수를 만들어내고 이성은 부를 만들어내지, 정원사는 생각했다.

3월, 새로운 중개 회사에서 일한 지 5개월이 된 지미는 좌절하고 있었다. 야망은 양날의 검이었다. 야심이 그를 나아가게도 했지만, 더 높은 수입을 얻고자 충동적으로 회사를 옮기게 했기 때문이다. 그는 신중함이 없는 야망은 좌절을 초래할 수 있다는 것을 알게 되었다.

어젯밤 그는 상사로부터 내일 아침 출근하자마자 자신을 만나러 오라는 문자 메시지를 받았다. 지미는 상사의 사무실 안으로 들어섰고, 위압적인 책상 뒤에는 오만한 표정의 남자가 앉아 있었다.

그가 말했다. "자네 실적을 보고 있었네. 지난 석 달간 자네는 기량을 발휘하지 못하고 있어. 얘길 좀 나누어야 할 것 같은데."

"겨울은 비수기니까요." 지미가 말했다.

"실적 부진으로 인해, 계약을 다시 조정할 거야. 자네는 평균보다 높은 수수료를 받고 있는데, 실적이 만족스러운 수준에 도달할 때까지 그

조항을 없앨까 생각하네."

갑작스럽고 충격적인 소식을 듣고도 지미는 얼굴 표정을 바꾸지 않았다. 겨울은 거래가 드문드문하다. 그는 여전히 이 작은 중개 회사에서 최고의 중개업자였다. 하지만 행정적인 도움을 받지 못해서 그는 새로운 거래가 있을 때마다 엄청난 양의 서류 작업에 옴짝달싹하지 못했다. 서류 작업은 실적이 오르는 걸 방해했다. 왠지 처음부터 의도적인 속임수라는 의구심이 들었다.

지미가 상사에게 차분한 눈길을 던졌다. "제가 그 제안을 거절한다면요?"

"자네에겐 떠날 자유가 있네, 고객 없이 말이야."

"계약을 파기하시겠다면, 전 변호사를 선임할 수도 있습니다."

상사가 거들먹거리는 태도로 대답했다. "그럴 수 있지. 하지만 변호사는 자네가 수수료 변동을 허용한다는 서명을 했던 계약서를 보게 될 거야."

지미가 말없이 고개를 끄덕이고는 물었다.

"변경 사항은 뭔가요?"

상사가 미소 지었다. "다른 사람들이 받는 수준의, 일반적인 수수료지. 자네 실적이 좋아진다면, 다시 조정할 거야. 받아들이든지, 떠나든지 해."

지미는 오랫동안 입을 다물고 있었다. "생각 좀 해보겠습니다."

"너무 어렵게 생각하진 말게. 교훈을 잊지 말고, 알았나?"

지미가 잠깐 입꼬리를 올렸다. "그 교훈이 뭔가요?"

"악마는 세부사항에 있다는 거." 남자가 웃으며 말했다.

점심시간이 되었을 때, 그는 회사에 남기로 결심했다. 물론 떠나면 좋겠지만, 결국 어떻게 되겠는가. 그는 최종 직감을 확인했고, 오만한 상사가 마음에 들지 않았지만, 지금은 때를 기다리는 게 최선이었다. 신중하게 결정할 일이었다.

신중함은 이해타산을 합리적으로 고려하는 것이다.

"현명히, 그리고 천천히. 빨리 달리면 이 두 가지가 흔들린다"라고 셰익스피어는 썼다. "조심성 없는 열정에 가득 차 시작한 기업들 모두 처음에는 어마어마한 활력을 가지고 일을 추진했을 것이다. 하지만 결국 무너졌다"라고 로마 시대 역사가 타키투스는 말했다. 규율이 없는 사람들은 비합리적으로 행동하게 된다.

신중하지 못해서 벌어진 실수는 너무나 많다. 서둘러 결정했다가 오판하는 경우도 흔하다. 감정에 휘둘릴 수도 있고, 무모한 선택을 할 수도 있다. 신중하게 말하고 행동해서 나쁠 건 없다.

자신이 가장 흥미를 느끼는 일에 대해 늘 오래도록 멈춰 서서 차분히 생각하고, 최악의 경우를 그려보아야 한다. "수백 번 조심스럽게 생각하는 것이 죽는 것보다 낫지 않은가"라는 속담은 우리에게 지혜를 전한다. "행동하는 사람처럼 생각하고, 생각하는 사람처럼 행동하라"라고 앙리 베르그송은 말했다.

Prudence

인생 수업 : 신중함

신중히 생각하다 보면 객관적인 시선을 유지하게 된다.

•

본질주의

본질주의 : 단 하나의 과업에 에너지와 시간을 사용하는 것

수많은 씨앗 위로 물을 뿌린다면,
씨앗 한 알에는 충분한 양의 물을 줄 수 없다.

타일러 페리

부는 대개 모든 것들에 관해 "아니오"라고 말하고, 오직 몇 가지 것들에 대해서만 "네"라고 말하기를 요구한다고 정원사는 생각했다.

주말에 정원사는 제러드와 포도 농장을 산책했다. 지난주 비밀 회동 자리를 박차고 나간 뒤에 제러드는 전화를 걸어 자신의 거친 행동을 사과하고, 이제 아버지의 열망을 돕고 싶다고 말했다.

"정말 자네한테 무슨 일이 벌어지고 있는 건가?" 정원사가 물었다.

제러드가 한숨을 쉬었다. "솔직하게 말씀드리면, 제 인생 전체가 휘말려서 통제가 안 되는 것같아요. 불과 몇 년 전에 저는 엔지니어였어요. 이제는 주 60시간 일하고, 돈도 못 버는 데다가, 마음대로 쓸 시간조차 없지요. 이제 곧 아이도 태어날 거고요."

"그 상황을 넘어설 계획은 가지고 있고?"

"어디에서 시작할지조차 모르겠어요." 제러드가 인정했다. "덫에 걸린 기분이에요. 매일 할 일이 있고, 그 일들도 다 처리할 수는 없어요."

"대체 무슨 문제 때문에 못 빠져나오는 건가?"

제러드가 그 말을 생각해보았다. "아마 시간이랑 돈인 것 같아요. 둘다 없거든요. 그래서 전 변화시킬 힘이 없어요. 상대적으로 이전 세대들에 비해서 앞으로 나아가기가 힘들고요. 아저씨는 이걸 핑계라고 하실 테지만, 전 간신히 적자를 면하고 있어요."

"난 부를 일구는 게 쉽다고 말하지 않았어." 정원사가 인정했다. "하지만 어느 정원에서든, 다른 나무보다 더 많이 열매를 맺는 나무가 몇 그루 자라지, 안 그런가?"

"그게 도대체 무슨 말이죠?"

정원사가 빙그레 웃었다. "아직 모르는 모양이군. 내가 지난 2년 동안 지역 대회에서 '최고의 토마토' 상을 받았다는 걸 말이야. 최고의 토마토 상을 받는 방법은, 가지치기를 해주는 거야. 난 계속해서 열매 맺지 못하는 가지는 잘라주고, 나무 하나에 토마토 한 개만 남겨둔다네."

"그래서요?" 제러드가 코웃음 쳤다.

"이것과 똑같은 법칙이 부와도 연결된다는 걸 알면 자네도 흥미가 생길 거야. 부를 얻은 사람들은 한 과실에만 자신의 강점, 에너지, 주의력을 쏟지. 자신의 순자산 말이야."

"어떻게 그렇게 할 수 있을까요?"

"열매가 열리지 않는 나뭇가지들은 쳐내고, 시간만 낭비하는 하찮고 일상적인 일들은 잘라내야지. 자네의 힘에 집중하게. 자네가 하는 일을 통제하고 싶다면, 에너지를 한 알의 토마토에만 쏟아야 할 거야."

"돈을 추구하는 데 제 인생 전부를 바치라는 말씀인가요?"

"부가 목표라면, 잡다한 일들에 신경을 끄고, 한 가지에만 정신을 쏟아야 하네. 미래의 부자는 오늘 열매를 맺지 못하는 가지를 잘라낸다네."

제러드가 미소 지었다. "그러니까 부의 핵심, 그걸 위해 제 인생을 바치라는 거군요?"

"목표가 부라면, 내가 말한 건 그런 뜻이 되겠지. 한 가지에 정신을 쏟게. 잠재력을 백 퍼센트 발휘한다는 건 집착 상태와 비슷해."

"그럼, 제가 아버지를 어떻게 도와야 할까요?"

"자네 아버지가 행동하지 않을 수 없게끔 장소를 확보하는 거야."

"그 뒤엔 제가 뭘 해야 할까요?"

"인생에서 뭘 바라는지 정확히 결정하게, 그러니까 그것 없이는 살아갈 수 없는 게 뭔지를 말하는 거야. 그러고 나서 그 목적에 기꺼이 많은 시간을 들이기로 결심하는 거지. 자네 인생이 거기에 달려 있다는 듯 그 시간을 확보하려고 애쓰게 될 걸세."

본질주의는 한 가지 대상으로 시각을 좁히는 것이고, 단 하나의 과업에 에너지와 시간을 사용하는 것이다. 그러려면 온갖 대부분의 일들에 "아니오"라고 말하고, 단 몇 가지의 일에만 "네"라고 말해야 한다. 강박처럼 보일 만큼 하나에만 온전히 헌신하는 것이다.

"뭘 하지 않을지를 결정하는 게 뭘 할지 결정하는 것만큼이나 중요하다"라고 스티브 잡스는 말했다. 하버드 경영대학원 교수 마이클 포터 역시 이 말에 동의를 표한다. "전략의 기초는 무엇을 하지 않을지 선택하는 것이다."

하지만 갖가지 의무를 앞에 두고 어떻게 "아니오"라고 말할 수 있을까? 강박적인 노력이란 보통 사람들의 삶에서 어떤 모습일까?

내게는 대학 학부 시절에 사귄 소중한 친구가 있다. 그 친구는 좀 더 힘든 진로를 택했는데 대학을 졸업하고 다시 의과 대학에 진학했다. 그는 주 6일 새벽 5시에 일어났고, 의과 대학 6년간 주 7일 공부했다. 의과 대학의 삶은 본질주의의 정수라 할 만하다.

6년 후에 그의 도전은 더 강화되었다. 인턴으로 병원에서 순환 근무를 시작했다. 몇 년이 더 흘렀고, 그는 수면 부족에 시달렸다. 매일 깨어 있는 시간을 희생하는 것도 모자라서, 믿기 어려울 만큼 학자금 대출이 불어나고 있었다. 그는 자신이 가장 원하는 바를 얻고자 모든 것을 바쳤다. 완전히 진이 빠질 만큼 목표에 백 퍼센트 헌신한 것이다.

보기 드문 성과에는 늘 강박적일 정도의 헌신이 요구된다. 그 목표가 의사든, 막대한 빚에서 헤어나오는 것이든, 경제적 독립을 얻는 것이든 상관없다. 일하고, 일하고, 또 일하는 것이다. 이런 강박은 보상으로 이어지고, 내 친구는 이제 존경받는 의사로 일하고 있다.

"내가 이 일을 해내서 너무 기뻐, 하지만 다시 하라면 못 할 것 같아"라고 친구는 웃으며 농담을 했다. 강박적인 노력의 시간을 보내고, 자부심을 느끼며 그 시간을 회상하는 사람들은 공통적으로 이런 말을 한다.

본질주의는 단일한 곳에 초점을 맞추고 그 하나의 목적에 시간을 꾸준히 계속해서 쏟아붓는 것이다. 일상의 손아귀로부터 시간을 확보하는 것이다. 그리하여 매일은 가치 있는 대의로 향하는 진보적인 나날이 될 수 있다.

워런 버핏은 말한다. "성공한 사람과 '진짜' 성공한 사람의 차이는 바로, '진짜' 성공한 사람은 대부분의 것에 대해 '아니오'라고 말한다는 것이다." 목표를 고르고 온전히 그 목표에 집중하라.

Essentialism

인생 수업 : 본질주의

본질에 더 가까이 다가가기 위해서는

주변의 불필요한 요소를 덜어내야만 한다.

•

융통성 있는 계획

융통성 있는 계획 : 목적에 알맞은 수단

정원 일에는 실수란 없다. 오직 경험이 있을 뿐이다.

재닛 킬번 필립스

부로 향하는 길에는 우회로가 수없이 많다고 정원사는 회상에 잠겼다.

지미의 계획은 단순했다. 그는 담대하게 사무실의 공적 업무를 처리해줄 직원을 고용했다. 서류 작업에 짓눌려 성장을 방해받지 않고 더 의미있는 활동을 하는 데 시간을 쓸 자유를 얻었다.

하지만 최근 새로운 경쟁자와 싸우고 있었다. 매우 공격적으로 사업을 하는 경쟁 업체 때문에 사업 초기의 기세가 사라지고 있었다.

"새로운 장애물을 넘을 전략이 있니?"

지미가 깊이 한숨을 내쉬었다. "지금으로서는, 불행하게도 없어요."

"그럼 그게 문제구나. 네겐 새로운 계획이 필요해. 내가 어떻게 2년 동안 지역 토마토 대회에서 1등을 했는지 이야기해줬던가?"

지미가 조용히 낄낄거렸다. "네, 스무 번밖에 안 돼요. 세어보진 않았지만요. 그때마다 하나의 목표를 선택하고, 나머지 다른 가지들은 다 쳐내야 한다는 걸 일깨워주셨죠."

"내가 토마토 상을 받은 데는 비밀이 하나 더 있지. 그걸 말해줄까?

5년 전 그 대회에 처음 나가서 1등을 했어. 하지만 그다음 해에는 미끄러졌지. 난 집에 돌아와서 뭐가 잘못됐는지 알아내려고 애썼어."

지미가 대답 없이 미소만 지었다.

"어느 날 저녁, 밖에 있을 때였는데, 정원 한 귀퉁이에 있는 토마토가 보였어. 매일 같이 나무 뒤로 해가 떨어지면 햇빛을 한 시간이나 못 받고 있더구나. 첫 해에는 토마토에게 완벽한 자리를 골랐는데, 시간이 지나면서 나무가 조금 더 자라 해를 가리게 되자, 토마토가 있는 자리가 맞지 않았던 거야. 그늘 때문에 내 토마토가 진 거란다. 자, 이 이야기를 어떻게 네게 적용할 수 있을까?"

"때가 바뀌면, 우리는 적응하거나 낙오하게 된다는 말씀인가요?" 지미가 한숨을 쉬었다.

"한 가지 목표에 초점을 맞추고 앞으로만 뛰어야 해. 하지만 융통성을 갖고 임해야 한단다. 부로 가는 여정에서 오직 확실한 건, 끊임없이 때에 맞게 새로운 계획을 짜야 한다는 거야. 넌 언제든 전략을 바꿀 수 있단다."

"그럼 경쟁 업체에 대응할 가장 좋은 방법은 어떻게 결정할 수 있을까요?"

"네가 열망하는 결과에 집중하여 직감과 아이디어가 떠오르고 생각이 번뜩이기를 기다려라. 깊이 숙고하다 보면 지침이 떠오를 거야."

융통성 있는 계획이란, 목표에 적합한 수단이다. 우리에게 벌어진 결과들은 우리가 올바른 일을 하고 있는지, 그것을 충분히 잘하고 있는지를 말해주는 증거다. 목표를 고정시키고, 대답에 열린 자세를 취하고, 늘 결과를 추적하고, 융통성 있게 전략적인 계획을 짜야 한다.

"실패란 적응에 실패한 것이다. 성공이란 적응에 성공한 것이다"라고 전략 컨설턴트 막스 맥코운은 말했다. 또, "지성은 변화에 적응하는 능력이다"라고 스티븐 호킹은 말했다. 끊임없는 투쟁은 오직 한 가지만을 필요로 한다. 바로 전략을 전면적으로 변경하는 것이다.

나는 단순히 부자가 되고 싶다는 욕망에 사로잡혀 큰 실수를 저지른 적이 있다. 네트워크 마케팅 회사와 잘못 협력하여 투자금을 잃은 것이다. 나는 당황스럽고 부끄러웠다. 하지만 지금은 그 시간에 대해 감사하게 생각한다. 실패가 나를 가르쳤기 때문이다.

이 책을 읽는 독자들도 자기 자신을 지지하고, 과거 실패한 시도에 대해 심하게 부끄러워하지 말길 바란다. 그건 그저 당신 영혼의 힘을 보여주는 대담한 순간일 뿐이었다.

경제적 자유를 향한 나의 여정은 실수, 허점, 좌절, 오판, 빗나간 목표, 경제적 재앙에서의 허술한 탈출 과정과도 같았다. 매번 그 결과는 보잘것없었고, 해결책은 오히려 새로운 전략에서 찾아졌다. 우리는 자신이 세운 계획에 열린 자세를 가지고 거기에 기꺼이 적응해야 한다.

"당신에게 필요한 건 계획, 지도, 목적지를 향해 밀고 나아가는 용기뿐이다"라고 얼 나이팅게일은 말했다. 소설가 낸시 세이어 역시 이렇게 말했다. "삶이든 소설이든, 수정하기에 너무 늦은 때란 없다." 우리의 계획은 항상 변동 가능하다.

Flexible Plans

인생 수업 : 융통성 있는 계획

각종 실패와 불운에도 불구하고
넘어지지 않고 다시금 수정 계획을 세웠다.

•

학습 곡선

학습 곡선 : 무지를 극복하기 위한, 능숙해지기 위한 학습

정원 일은 배우고, 배우고, 또 배우는 것이다. 그것이 재미다.
우리는 늘 배우고 있다.

헬렌 미렌

우리가 평생 얻는 것은 평생 배우는 것과 관계가 있다고 정원사는 생각했다.

정원사는 깊은 생각에 잠겨 소년원 교실을 조망했다. 이 순진한 소년들은 자기들 앞에 어떤 문제들이 놓여 있는지 전혀 알지 못했다. 더 나은 미래를 위해서는 수입을 얻고, 씀씀이를 통제하고, 돈을 모아야 했다. 통계를 보면, 여기 있는 소년들 대부분은 사회로 되돌아가서 이런 일들 중 아무것도 하지 못했다. 과연 지식으로 이 아이들을 변화시킬 수 있을까?

"주목!" 정원사가 말했다. 평소 그는 지난 수업들을 복습하면서 수업을 시작했다. "지난 수업에서 누구나 살면서 얼마나 많은 문제들을 가지고 있는지, 그리고 승자들이 어떻게 끊임없이 그것들을 다루었는지 이야기했었지."

그는 천천히 교실 중앙으로 걸어갔다. "목표에 집중하고 시간을 고귀하게 써야 한다는 것도 말했다. 오늘은 개인의 경제 상태와 부를 쌓

는 일의 심리에 대해 말할 거란다."

교실이 조용해졌다. 아이들의 주의를 끈 것이 분명했다. 의자에 앉아 지켜보고 있던 지미는 자신의 경제적인 문제들에 대해 생각했다.

"수학에서 시작해야 한다. 10달러를 벌고 9달러를 쓰면, 1달러를 저금하게 되지. 대부분의 사람들이 이 간단한 산수를 알고 있지만, 여전히 저축은 못 하고 쓰기만 한다. 왜 이런 일이 일어날까?"

"아빠는 매월 말이면 돈이 없다고 말해요. 그저 먹고만 사는 데 사무실에서 인생을 몽땅 바쳐서 일하세요." 앞줄에 앉은 아이가 말했다.

"아빠가 무슨 일로 돈을 버시니?"

"호텔 매니저예요. 늘 좌절한 상태로 있어요. 늘 열심히 일하는 보통 사람들에게 삶은 불공평하다고 입버릇처럼 말씀하세요."

다른 아이가 이 말에 코웃음을 쳤다. 아이들이 자신들의 빈약한 환경에 대해 웃고 떠드는 소리로 교실 안이 소란스러워졌다. 아이들의 대화는 빠르게 옆길로 새서 누구 삶이 더 최악인지 논하는 걸로 이어졌다. 정원사는 소란이 진정될 때까지 조용히 기다렸다.

마침내 그가 입을 열었다. "너희들 가정을 비난하려는 게 아니야. 하지만 나는 너희들에게 과거의 패턴을 깨뜨리라고 말하고 싶구나. 경제적 안전성을 획득하는 방법은 결핍에서 벗어나도록 스스로를 교육하는 것이란다."

교실이 조용해졌다. 아이들은 혼란스러운 표정이었다.

그가 부드럽게 말했다. "그러니까 내 말은, 만일 그분들이 삶이 불공평하다고 말한다면, 공통점 한 가지를 생각할 수는 있단다. 개인의 경제 문제나 돈 관리에 대해 배우지 못했다는 것 말이다. 아마 내 말이 맞을 거야. 부에 관한 책을 한 권도 사보시지 않았을 것 같구나."

그가 말을 이었다. "과거의 패턴을 깨뜨리고 싶다면, 지식을 통해 그렇게 할 수 있지. 너희들이 다른 인생을 살고 싶다면, 개인의 경제와 부에 관한 책들을 읽어야 한단다. 인생을 불리한 출발선에서 시작할 수도 있지만 교육은 동등한 거야. 더 나은 삶으로 갈 수 있는 유일한 길이지."

한 아이가 말했다. "우리 부모님은 부에 관한 책은 한 권도 가지고 있지 않아요. 하지만 전 그게 무슨 소용이 있는지 모르겠는데요. 모을 돈이 없는데 말이에요."

정원사가 동의했다. "그게 문제지. 그럼 넌 앞으로도 지금처럼 가난하게 살 거니? 문제를 해결하는 데 초점을 맞출수록, 해결책을 더 빨리 발견할 수 있단다. 여기에 대해서는 나를 믿으렴. 부에 대해 공부하지 않았던 부자는 한 사람도 못 찾을 게다."

지미는 자신이 제대로 교육을 받지 못한 것을 생각하고는, 다음의 전략적 변화에는 새롭고 깊은 공부가 많이 필요하다는 걸 깨달았다.

"너희는 스스로의 능력을 더욱 키워야 해. 인생은 선택들의 결과이고, 최선의 결정은 보다 깊은 지식에서 나온단다. 배움이 미래를 확장시켜줄 거다."

"뭐부터 시작해야 할까요?"

"내게 몇 달만 주렴, 어쩌면 너희를 위해 대답을 생각할 수 있게 될 거다. 나는 지금 너희가 성공하는 데 필요한 정보를 모으고 있단다. 이 지식을 모두 모았을 때, 이걸 사용하고 싶은 사람?"

모든 손이 공중으로 올라갔다. 정원사는 조용히 고개를 끄덕였고, 지미가 무척 흥미롭게 그 모습을 지켜보았다.

학습 곡선은 우리 자신을 향상시키는 교육이다. 내 사촌 여동생은 경제학 학위를 땄고, 졸업 두 달 만에 작은 사업체에서 일자리를 찾았다.

하지만 몇 년 후 동생은 그 회사에서 방향성을 잃고 불만족에 빠졌다. 평균 임금에 안주하느냐 더 밝은 미래를 위해 교육을 받느냐 선택해야 했다.

MBA 학위를 따는 데는 막대한 비용이 들지만 새로운 직업을 확실히 보증해주지는 못했다. 이를 위해 학교로 돌아가는 건 쉬운 결정이 아니었다. 가족들은 그녀가 공부를 더 하겠다는 데 강하게 반대하고 나섰지만, 결국 해보기로 결심했다.

그 뒤 이야기를 요약하자면, MBA를 따고 나서 그녀는 《포춘》 선정 500대 기업에 들어갔고, 지사장으로 해외를 다니며 수십 년째 일하고 있다.

그녀가 공부를 해서 자신의 지평을 확장하기를 거부했다면, 운명은 어떻게 되었을까?

"지식에 투자하는 것은 늘 최고의 수익률을 지급해준다"라고 벤저민 프랭클린은 썼다.

나는 그녀처럼 학교로 돌아가지는 못했다. 하지만 배움의 열망이 컸고 그 결과 책을 선택했다. 내게는 목표가 주는 힘과 배움이 필수적이라는 걸 보여주는 책들이 한 무더기 있었다.

지적이고 합법적으로 부를 쌓는 방법에 대해 쓴 모든 책을 읽었다. 내 서재는 과거 사람들이 모아놓은 보물 창고처럼 보였다. 주식 시장, 기업가 정신, 부동산 투자, 부동산 임대, 절약, 빚 탈출, 개인 재정 등에 관한 책들이었다.

나는 더 나아지기 위해, 지식을 증진시키기 위해, 부에 관해 더 많이 알기 위해, 완전히 몰입하여 새로운 것을 배웠다. 배움이 인생에 영향력을 끼친다는 사실은 중요하고 또 중요하다. 자신에 대한 재투자만큼 가치 있는 일도 드물다.

천재 사업가 일론 머스크는 어떻게 우주 여행과 로켓 기술에 뛰어들었냐는 질문에 이렇게 말했다. "그저 그것에 대한 책을 읽으면서 시작했을 뿐입니다." 정신이 확장될수록, 가능성은 커진다.

Learning Curves

인생 수업 : 학습 곡선

우리가 얻는 것은 우리가 배운 것들과 관계가 있다.

지식이 증가할수록, 선택할 수 있는 것 역시 많아진다.

●

극기

극기 : 자신을 이기고, 스스로를 통제하는 것

그때가 언제가 되든
인간은 자기 영혼의 숙련된 정원사임을, 삶의 감독임을 알게 된다.

제임스 앨런

내면의 환경을 조성하는 사람은 외부적 환경도 만들어낸다고 정원사는
생각했다.

소년원 교실의 저녁 수업이 끝나고 정원사와 지미는 집으로 가고
있었다. 조수석에 앉은 지미가 입을 열었다. "전 한동안 이기고 있었어
요. 그런데 지금은 모든 게 무너지고 있어요."

정원사가 빙긋 웃었다. "그게 인생이란다. 상황이 좋을 때는 긍정적
인 태도를 유지하기가 쉽지. 하지만 상황이 좋지 않을 때에도 믿음을
유지하는 사람이 있어. 운을 거머쥐는 사람은 극기하는 사람이야."

"극기가 무슨 말이죠?"

정원사가 말했다. "극기에는 많은 것들이 있단다. 우리는 경제적 성
공에 대해서 이야기하고 있으니, 그걸 목표에 대한 강박적인 헌신이라
고 해두자. 상황이 힘들 때는 그 과정을 이겨내기 위해 목표가 필요하
단다. 상황이 좋을 때는 그 순간을 유지하기 위해 목표가 필요하지."

"극기라는 게 목표를 가진다는 것과 같은 뜻인가요?"

"극기는 자신이 원하는 것이 무엇인지 '정확히' 아는 능력과 목표를 가지고 하루하루를 보내는 훈련을 말한단다. 또한 '이미' 성공한 사람처럼 느끼고 행동하는 것도 의미하지. 이렇게 정신 상태를 유지한다면, 일상에서도 자신을 통제할 수 있게 될 거야."

지미는 대답이 없었다. 최근 아침에 하는 의식들을 소홀히 하고 있었던 것이다. 운동도 하지 않고 있었다. 2주 동안 자신의 목표들을 애써 무시했다. 일로 지쳐 있었을 뿐이다.

"전 임대 부동산 관리 사업을 생각하고 있어요." 그가 털어놓았다.

정원사가 눈썹을 추켜세웠다. "그게 무슨 소리냐?"

"아파트를 소유한 부자들에게는 큰 문제인 것 같아요. 그래서 이 일이 필요하고, 또 부유한 사람들과 가까워질 수 있어요. 주기적으로 계절에 따라 제 일이 안정되지 못한 걸 상쇄시켜줄 거라고도 생각해요."

"이유가 마음에 드는구나. 모험에 뛰어들기 전에 그것에 대해 공부하고, 매일 부에 대해 생각하렴."

집으로 돌아와 지미는 침대에 누워 자신의 목표를 복기하고, 경제적으로 독립했을 때의 기분을 떠올렸다. 다음 날 잠에서 깬 지미는 컨디션을 최고조로 끌어올리기 위해 달려야 한다고 느꼈다. 운동을 하면서 자신의 목표와 하루 동안의 시간별 세부 일정을 검토했다.

지미는 하루 종일 자신의 일에 매몰되거나 휘둘리지 않고 감정과 시간을 스스로 통제하고 있다고 느꼈다.

극기는 외부 상황이 어떻게 변하든 자신의 내면을 다스리는 것이다. 생각과 의도, 감정에 대한 완전한 통제 상태다. 결과를 얻기까지 무엇이든 오랜 시간 동안 수행하고자 하는 확고한 결의다. 해야 하는 일을 행하고, 행하지 말아야 할 것을 피하는 것이다. 자기 훈련이자 자기 관리다.

나폴레온 힐은 말한다. "자신의 생각을 다스려라. 그리고 지속적으로 자신의 목표와 목적으로 생각을 이끌어라. 얻고자 하는 목표와 그 목표를 달성할 방법을 찾는 데 초점을 맞추어라."

정신적 전투는 매일같이 새로 시작된다고 해도 과언이 아니다. 극기하는 법을 알지 못하면 부정적 생각과 의심이 끊임없이 생겨난다.

스스로를 통제하는 가장 좋은 방법은 한 가지 목표에 초점을 맞추는 것이다. 나는 한 가지 과업을 유지할 수 있도록 마음을 다스릴 수 있게 되었다.

극기의 본질은 자신이 원하는 것을 '정확히' 아는 것, 즉 명료함이다. 매일 목표를 '수행하는' 훈련이고, 자기 자신에 대한 이해다.

Self-Mastery
인생 수업 : 극기

나는 의도, 감정, 행동을 통제하는 것을 배웠고,
나 자신을 다스리면서 부도 다스릴 수 있게 되었다.

●

뛰어남

뛰어남 : 눈에 띌 만큼 두드러지는 것

당신이 상상할 수 있는 것 이상을 성취하는 기쁨을 경험해보지 못했다면,
정원에 나무를 심어라.

로버트 브럴트

기대를 충족시키는 것은 보상을 얻을 뿐이지만, 기대를 뛰어넘는 것은
엄청난 상승을 이룬다고 정원사는 생각했다.

한 주가 지났다. 동료들이 집으로 돌아간 뒤에도 지미는 오래도록
자신의 사무 공간에 홀로 앉아 부동산 관리 책을 읽었다. 또한 경쟁 업
체를 이길 해결책을 생각하며 보냈다.

지미는 새로운 전략의 일부로, 새로운 고객을 위해 설계된 포트폴
리오를 만들었다. 포트폴리오에는 그에 대한 뉴스 기사들과 그가 이룬
성과에 대한 상들, 판매 실적들이 담겨 있었다. 표지에는 통렬한 광고
문구가 인쇄되어 있었다. "싸구려 중개인을 이용하시겠습니까, 최고의
실적을 자랑하는 중개인을 이용하시겠습니까?"

새로운 광고를 한 지 일주일 만에 결과가 나왔다. 지미는 두 건의
거래를 성사시켰고 이 성공으로 좌절감은 사라졌다. 이제 그는 잃어버
린 구역을 탈환하고자 더 열심히 노력하기로 마음먹었다.

이와 동시에 밤 시간과 주말을 이용해 임대 부동산 관리 사업에 대

해 공부했다. 누구나 집을 팔 수는 있지만, 부동산 관리를 만족스럽게 해주는 것은 희소성 있는 기술이었다.

조사를 하면서 지미는 대부분의 상업용 부동산 소유주들이 자신의 부동산 관리 업체에 만족스러워하고 있지 않다는 사실을 발견했다. 이는 긍정적인 신호였고, 더 나은 서비스를 찾는 수요가 있음을 시사했다.

지미는 전략을 짜서, 그 사업에 관한 모든 것을 이해하고자 가파른 학습 곡선에 뛰어들었다. 그는 건물 관리팀을 꾸리고, 부동산 관리법을 완전히 익힐 것이었다. 먼저 작은 아파트들로 시작한 다음, 사업을 따내기 위해 엄청난 할인을 제안할 것이고, 또 반값에 더 나은 서비스를 제공할 것이었다. 눈에 띄는 특징을 내세워 사업을 성공시킬 것이었다.

뛰어남은 일정한 특성을 두드러지게 드러내는 것이다. 나는 작은 것부터 시작했다. 매일 두 장의 감사 쪽지를 쓰는 일이었다. '감사합니다'라고 쓴 쪽지는 눈에 띄는 활동이었고, 즉각 반응을 얻었다.

쪽지를 쓰는 데는 하루에 몇 분밖에 걸리지 않았다. 나는 손으로 쓴 쪽지가 선의와 충실함을 일깨운다는 걸 배웠다. 환자들은 쪽지에 감동하여 친구와 가족에게 말했다.

언젠가 간단한 수술을 받고 일주일이 지난 후에 전화 한 통을 받았다. 내 수술을 담당한 의사였다. 그는 수술 경과가 어떠냐고 물어왔다. 나는 만나는 사람마다 이 전화에 대해 말하고 다녔다(지금도 하고 다닌다!). 왜 그랬냐고? 그 전화가 놀랍고도 인상적이었기 때문이다. 의사가 아주 친절하게 전화를 걸어 내가 어떤 상태로 지내는지 물어볼 줄은 예측하지 못한 일이었다.

뛰어남은 작은 사업을 번창시키는 데 매우 중요한 요소다. 큰 회사에서도 마찬가지다.

가까운 친구 하나가 공공서비스 회사에 다니는데, 그는 차근차근 승진을 해서 현재 부사장 자리까지 올라갔다. 나는 그에게 어떻게 그 거대한 회사에서 자신을 알렸냐고 물었다.

그가 말했다. "누구나 늘 바쁘게 일하지, 하지만 대표에게는 해야 하는 새로운 과업이 있어. 우리에겐 일상적으로 다룰 수 있는 일들이 있지만, 그에겐 더 큰 책임이 있는 거지. 대표는 항상 '누가 이걸 할 수 있나?'라고 물었고, 모두들 침묵했어. 나는 늘 거기에 자원했고 동료들보다 잠을 덜 잤어. 이런 추가적인 노력이 나를 주목할 만한 사람으로 만든 것 같네." 직장에서 추가 노동에 자원하는 것은 주목할 만한 일이다.

"눈에 띄는 이렇다 할 만한 자질이 없는 게 무슨 잘못인가요?"라고 혹자는 물을 수도 있다.

그렇다, 잘못이 아니다. 만일 당신이 눈에 띄지 않는 게 좋다면 말이다. 자신의 일에 만족할 수는 있겠지만, 당신은 승진에서 누락될 수 있다. 다른 사람들이 당신의 노력을 알아보지 못한다고 생각할 것이다. 직업을 유지하는 게 행운이라 느낄 것이고 그 어떤 새로운 기회도 찾지 못할 것이다. 큰 꿈을 품어도 실행 능력이 없다면 희망은 사라질 것이며 성공을 점점 포기할 것이다. 다른 사람들만큼 노력해도 인정받지 못하고 당신의 업무는 과소평가될 것이다.

그러길 원치 않는다면 목적지에 도착했어도 더 멀리까지 가라. 모두의 예상보다 조금 더 많이 행하라. 예상보다 더 오래 일하라. 다른 사람들에게 뛰어난 점을 보여주라. 해결책을 제시하라. 탁월해지는 걸 목표로 삼으라. 불평하지 말고 평균 수준이라고 위안하지 말라. 팀을 이끌라. 질적인 향상만 생각하라.

이에 대해 기업가 세스 고딘은 말했다. "당연히, 뛰어난 일들은 주목

받게 되어 있다. 스스로 만족할 만큼 뛰어난 일을 만들어내고 있는가? 그렇지 않다면, 당신은 평균적인 사람이다." 우리는 뛰어난 사람이 되든가, 그렇지 않으면 대체 가능한 사람이 되고 말 것이다.

Remarkability

인생 수업 : 뛰어남

기대를 충족시키면 생활비가 나오지만,

기대를 뛰어넘으면 부를 얻게 된다.

●

레버리지

레버리지 : 협상에 영향을 미치는 능력

정원을 꿈꾸고 거기에 나무를 심는 일은,
더 큰 세상에 대한 독립적인 행동, 더 나아가 저항이라고 할 수 있다.

스탠리 크로퍼드

부는 타협점을 모색한다고 정원사는 생각했다. 레버리지는 손실을 감수하는 능력인데, 그렇게 하지 않으면 협상은 끝난다.

제러드의 회사 인사과 과장은 태도가 거친 중년 여성이었는데, 그녀는 380명이나 되는 직원들에게 매일 일어나는 문제들을 감독했다.

"무슨 일 때문이죠?" 그녀가 딱딱하게 물었다.

"임금 인상에 대해 물으러 왔습니다." 제러드가 자신감을 끌어 모아 대답했다. 경제적으로 그는 빠듯한 상황이었고, 곧 아이가 태어날 예정이라 걱정이 더 심해졌다.

"앉으시죠." 제러드는 그녀의 책상 옆 의자에 앉았다. 그녀가 그의 이름을 묻고는 컴퓨터에 이름을 입력하고, 모니터를 주시했다.

"1년 되었군요. 이미 두 번 인상되었는데요?"

"1년 조금 넘었지요." 제러드가 분명하게 말했다. "그리고 전 팀을 관리하는……."

"그래서 지금 얼마나 인상해달라고 요청하시는 거죠?"

제러드가 초조함에 자세를 바꾸었다. "시간당 30달러요. 전 이제 결혼을 해서……."

"임금 인상을 요구할 만한 근거는요?"

그는 몸을 똑바로 펴고 앉아, 이미 연습한 대사를 떠올리려고 애썼지만, 심장이 방망이질치고 있었다.

그는 침착한 목소리로 거짓말을 했다. "다른 회사에서 제안을 받았습니다. 그 수준에 부합하도록 요구하는 겁니다. 회사에 남고 싶어서요."

"참 친절도 하셔라. 좋아요, 그게 전부라면, 상사와 상의하고 연락드릴게요." 그녀가 컴퓨터 모니터를 살펴보며 말했다.

그날 저녁 늦게 현관문을 연 정원사는 제러드를 보고는 깜짝 놀랐다. 지난달 내내 제러드는 정원사가 건 전화에 답을 하지 않았다. 여전히 그는 자기 아버지의 보육원 계획을 돕는 일에 손가락 하나 까딱하지 않고 있었다.

"부모님 말고 누군가와 이야기하고 싶어서요. 오늘 실직했어요. 대비책도 없고요."

정원사가 잠시 말을 잇지 못하다가 대답했다. "안으로 들어오게."

넉 달 후면 제러드의 아기가 태어날 것이다. 그는 파산할 것만 같았다. 제러드는 곧바로 그날 인사과장을 만난 일을 설명했다.

"전 약간의 지렛대가 필요했어요." 그가 한숨을 쉬며 말을 이었다. "그래서 다른 회사에서 이직 제안을 받았다는 이야기를 꾸며냈죠. 거기에 맞춰달라고 요구했지만, 그들은 제 허세를 맞받아쳤죠."

정원사가 무겁게 한숨을 내쉬었다. "그래서 해고를 당했고?"

"다른 회사로 가라고 충고하더군요. 전 실직했고, 더 이상 부모님과 함께 살지 않아요. 임금 협상을 해서 영리하게 굴고 싶었던 것뿐이에요."

정원사는 천천히 이 소식을 곱씹다가 마침내 입을 열었다. "농부에게 트랙터에 대해 설명하려고 하는 한, 자넨 경제적 안정을 얻을 수 없게 될 거야. 다른 사람들이 자넬 잃는 걸 두려워할 때만 자네에게 영향력이 있는 거야."

제러드가 잘라 말했다. "그래서 이번에 배웠다고요. 제가 뭘 해야 할까요?"

"테이블 위에 자네 패를 내려놔. 자신을 위해 일하는 게 아니라 가족을 위해 일하는 거라면, 굴욕을 감내해야지. 그 사람들이 다른 사람을 충원하기 전에 자존심을 굽히고 다시 그곳으로 돌아가. 너무 늦지 않았다면 말이지. 그들이 자네를 필요로 하는 것보다 자네가 그들을 더 필요로 하잖아."

레버리지는 지렛대 원리라고도 하는데, 투자 개념으로는 일정한 부채 규모로 자본금을 늘리는 것을 말한다. 레버리지를 통해 투자한 결과가 실패로 이어지면 지렛대가 부러져버린다. 그래서 늘 위험 요소가 있다. 레버리지의 확장된 개념은 협상에 영향을 미치는 힘 또는 능력을 말한다. 세상에는 협상의 성공 요소에 관한 형편없는 조언들이 널려 있다. 우리에게 있는 선택지 덕분에 협상을 그만둘 수 있는 힘이 있다면, 그게 바로 레버리지다.

어떻게 하면 협상에서 레버리지를 얻을 수 있을까? 직업적 레버리지는 탁월한 태도와 함께 유용한 기술을 제공하는 데서 얻어진다. 자질이 뛰어나면, 고용주는 심각한 불편을 야기하지 않는 한 당신을 잃고 싶어 하지 않는다. 눈에 띄는 능력이 있다면 다른 고용주들도 당신을 원하게 될 것이다.

대형 은행 컴퓨터 소프트웨어 설계 및 관리를 맡은 한 사람이 있었다. 그는 이력서를 돌리면서, 자신의 직업 선택권을 결정하기 위해 시장을 시험했다. 그러다 그가 현재 버는 돈보다 2만 5천 달러나 더 많은 뜻밖의 제안이 왔다. 그 차이는 상당했고, 가족이 다섯인 입장에서 거부하기 불가능한 제안이었다.

현재 고용주와는 계약을 재협상할 이유가 없었다. 지난 10년 동안 물가 상승에 따른 평범한 수준의 인금 인상을 제시해왔기 때문이다.

그는 새로운 자리를 받아들이고, 2주 후에 퇴사할 것을 밝혔다. 그의 고용주는 그 이상의 제안을 하지 않았다. 하지만, 며칠 후에 그는 회사로부터 3만 달러의 인금 인상을 제안받았다. 이런 갑작스러운 사태 반전에 그는 무척이나 놀랐다.

결국 그는 회사에 남기로 했지만, 중요한 교훈을 배웠다. 10년 동안 그는 엄청난 능력을 발휘하고 좋은 평가를 받고 있었지만 자신의 진가를 모르고 있었다. 하지만 좋은 선택 하나만으로 그는 자신의 가치를 돌려받았다.

그는 농담을 했다. "내 평생 가장 후회하는 건, 그들이 나보다 높은 곳에 있다고 생각했다는 거야. 내 쪽에서 4만 달러 이상을 제안했어야 했는데!"

"협상은 당신이 원하는 것을 얻어내거나, 상대편이 원하는 것에 굴복하는 것이 아니다. 잘된 협상은 양측이 만족스럽게 자리에서 일어나는 것이다." 비즈니스 컨설턴트들 사이에서 회자되는 말이다. 정말 미안한 얘기지만, 나는 여기에 전적으로 동의할 수는 없다.

대부분의 경우, 성공적인 협상은 상반된 목적들의 중간 지점에서 이루어지고, 양측 모두 그 거래에 완전히 만족하지는 못하게 된다. 주택에 대한 적정 가격은 구매자가 지불하고자 하는 수준보다는 높고, 판매자가 받고자 하는 가격보다는 낮다. 적정한 임금은 고용주가 지급하고자 하는 것보다는 높고, 고용인이 받아내고자 하는 것보다는 낮다.

이것이 자유 시장 체제에서의 현실이다.

다만 협상 자리에서 선택권이 있다는 건, 협상에서 힘이 있다는 것이다. 그 사실을 인식하고, 자신만의 레버리지를 갖추려 노력할 필요가 있다.

Leverage

인생 수업 : 레버리지

협상에서 성공하기 위해서는,

자기만의 힘, 즉 레버리지가 명확해야 한다.

•

사회성

사회성 : 사교성과 붙임성이 좋은 것

가장 좋은 관계는 정원사와 꽃 사이에 있다.
정원사는 기르고, 꽃은 피어난다.

캐럴 라지월

사회성은 풍요로운 삶에 필수적이라고 정원사는 생각했다.

지미는 두 동료와 함께 팀으로 일하고 있었고, 오늘은 주간 점검을 위해 회의실에 모였다. 지미의 팀은 최근 활기를 되찾고, 지난 2주 동안 그 지역을 쉬지 않고 순회하며 아파트 소유자들을 면담했다.

지미가 말했다. "두 분 모두 최고였어요! 여러분의 노고에 감사드립니다. 이제 말씀해보세요. 아파트 소유자들은 어떤가요?"

"정말 적응 안 되는 사람들이에요." 젠이 딱 잘라 말했다. 20대 후반의 그녀는 사교적인 성격이었지만, 지금은 짜증스러운 표정이었다. "부자들 중에서도 어마어마하게 역겨운 놈들이에요!"

"그들의 불만은 정확히 어떤 부분입니까?"

"임대하면서 생기는 일반적인 골칫거리들이죠. 자격 미달인 세입자들 문제죠. 그래서 뭐, 당연히 세입자들을 쫓아내고, 또 쫓아내는 걸 불평하고 있어요. 그러면서 아파트 관리가 잘 안 된다고 생각하고요. 그런데도 관리 회사가 약속한 월별 보고서도 받지 않아요. 대부분 공실률도 높고요. 정말 엉망이에요!"

지미가 낄낄 웃었다. 젠과는 유머와 농담으로 소통할 수 있었다. 하지만 신입 중개인인 브래드에게는 진지한 대화 방식이 필요했다. 팀에 들어온 지 이제 한 달 된 그는 젠과 지미 사이에 빠르게 오가는 농담을 불편해했다. 그는 엄격한 성격이었다. 회계사의 마인드를 지닌 컴퓨터 전문가였고, 영업보다는 뒷방에 있는 걸 더욱 편안해했다. 그는 부동산 관리에서 시스템과 관련된 요구 사항에 관심이 있었다.

"자네가 만난 사람들도 그렇던가, 브래드?"

브래드가 진지하게 대답했다. "저도 젠 씨의 평가에 동의합니다. 대부분의 주인들은 현재 계약이 끝나면 더 저렴한 관리 서비스 회사로 옮길 것이 확실합니다."

그때 문이 열리고, 대표가 회의실 안으로 불쑥 들어왔다. "음, 오늘 깜짝 비밀 회의를 하는군?"

지미가 고개를 끄덕였다. "회의실을 쓰셔야 합니까?"

"아니, 하지만 여러분이 독점하고 있는 것 같긴 해. 그래서 이 회동의 목적이 뭔가?" 대표가 거만하게 물었다.

"저희는 중개인 팀이죠. 그러면 뭘 하고 있겠습니까?" 젠이 말했다.

지미가 끼어들었다. "돈을 더 벌려면 우리가 어떻게 협동해야 할지 의논하고 있었습니다."

대표를 당황하게 하는 진실이었다. "소문이 있네, 자네들이 부동산 관리 사업을 생각한다고. 경쟁 제한 조항에 묶여 있다는 걸 잊지 말게."

"우리 계약은 절대 잊지 않고 있습니다. 저희는 규칙 안에서 활동하고 있다고 확신합니다."

"자네가 그걸 안다니 다행이군." 대표가 자리를 박차고 나갔다.

젠이 그 뒤로 문을 닫았다. "왜 아부하고 그래요?"

지미가 어깨를 으쓱하며 말했다. "그걸 알랑거린다고 표현하는군요. 전 무뢰한을 다룬다고 생각하는데요. 자존심이 센 사람은 다루기가 가장 쉽고, 전 그를 휘저을 필요가 없다는 걸 알고 있어요. 자, 경쟁 제한 조항에 관해 살펴보았는데, 우리가 저 사람보다 먼저 부동산 관리 사업에 착수한다면 그건 경쟁이 아니에요. 우리한텐 이제 관리할 아파트를 찾아내야 한다는 중대한 목표가 생겼지요."

사회성은 단체 생활에서 사교성과 붙임성이 좋은 것을 말한다. 퇴근 후에도 함께 어울리고 싶은 사람이 가진 자질이다. 각기 다른 상황에서 수행해야 할 다양한 역할에도 불구하고, 그들은 진실되게 일하고 긍정적인 인상을 준다.

"오늘날 직장에서의 성공은, 기술적 전문성과는 별개로 인간을 다루는 기술에 달려 있다"라고 사업가 막스 메스메르 주니어는 말한다. 사람들과 어울리고 다른 사람들의 호의를 얻어내는 기술은 대단히 중요하다.

금융 전문가 데이브 램지도 말했다. "우리가 사람들에게 한 거짓말은, 학위를 따면 취직이 된다는 것이다. 학위가 당신에게 직업을 얻게 해주진 않는다. 당신의 직업은 방 안으로 걸어 들어가 악수를 나누고 사람들의 눈을 들여다보는 것, 즉 사람을 대하는 기술로 얻을 수 있다. 성공한 사람을 만드는 건 이런 기술들이다."

직장에서 우리는 사람들에게 행복감을 줄 수도 있고, 불만을 줄 수도 있다. 팀의 화학 작용을 증진시킬 수도 있고, 불화를 일으킬 수도 있다. 사람들에게 힘을 줄 수도 있고, 그저 자신의 문제에만 골몰할 수도 있다. 하지만 다른 사람들을 도울 때, 그들 역시 나를 돕기 시작한다는 사실은 불변의 진리다.

사회 지능은 직업과 인생 성공의 열쇠다. 그것은 '눈치', '상식', '도시 생활의 지혜'라고 불리기도 한다. 눈치와 상식은 배울 수 있는 것이다. 사회 지능은 유창한 화술, 효과적인 듣기 기술, 다른 사람을 받아들이는 것, 다른 사람들을 읽는 능력 등을 말한다. 그러나 내 경험상, 나눔과 베풂만큼 성공의 법칙에서 큰 비중을 차지하는 가치는 없었다. 데일 카네기 역시 이렇게 말했다. "칭찬과 진솔한 감탄으로 시작하라."

다국적 기업의 부회장과 나눈 대화가 떠오른다. 그는 보통의 가정에서 태어나 꼭대기까지 올라간 사람이었다. 대화는 느릿느릿 이어졌고, 나는 그에게 질문을 했다.

"그렇게 큰 기업에서 어떻게 위로 올라갈 수 있었나요?"

그의 대답은 신속하고 직설적이었다. "사실, 관계에 관한 겁니다. 수없이 많은 사람들이 발을 헛디디게 됩니다. 상사나 동료와 잘 지내지 못해서지요. 그게 가장 크고, 유일한 함정이지요."

유효한 관계를 쌓을 때, 우리는 사회적 자산의 토대를 쌓고 있는 것과 같다. 당신의 고용주는 당신이 고객들과 얼마나 관계를 맺고 있는지, 자신의 팀과 얼마나 밀접하게 지내고 있는지 지켜볼 게 확실하다.

시인 마야 안젤루는 말했다. "사람들은 당신이 말한 것과 행한 것은 잊을 것이다. 하지만 당신이 그들에게 어떤 감정을 느끼게 했는지는 절대 잊지 않는다." 이 진실은 우리의 삶에 영향을 주는 상사, 고객, 동료 직원들에게도 적용된다.

Sociability

인생 수업 : 사회성

공손한 태도로 다른 사람들의 협조를 구하라.

다른 사람들을 지지하면 그들도 나를 지지하게 되어 있다.

•

LESSON 4-45

쓰디쓴 역경

쓰디쓴 역경 : 곤란하고 어려운 일, 혹은 불운.

숲에서 가장 튼튼한 참나무는 태풍으로부터 보호받고
태양으로부터 숨겨져 있는 것이 아니다.
바람과 비와 타오르는 태양에 맞서 생존을 위해 분투해야 하는,
탁 트인 자리에 서 있는 나무다.

나폴레온 힐

승리한 인생에도 역경은 닥치지, 정원사는 회상했다. 하지만 성취를 이룬 사람은 심장이 멈출 때까지 끝난 게 아님을 알고 있다. 숨을 쉬고 있는 한 우리는 늘 희망을 품을 수 있다.

오늘 아침 그는 의미 있는 말들과 이야기들로 성공 지침서를 작성하기 위해 심혈을 기울이고 있었다. 서재에서 홀로 있던 그는 마침내 자리에서 벌떡 일어나 크게 한숨을 쉬고는 창 쪽으로 걸어갔다. 창밖으로 평온한 그림이 펼쳐져 있었다. 봄이 한창 무르익은 가운데, 무성하게 펼쳐진 초록 잔디와 꽃들 위로 햇살이 내리쬐고 있었다.

프레드가 강아지와 함께 우편함으로 걸어가는 모습이 보였다. 정확히 매일 아침 10시 반에 우편물을 확인하는 건 프레드의 일상적인 생활 패턴이었다. 인간은 습관의 동물이라고 정원사는 생각했다.

손에 우편물을 들고 집으로 돌아가면서 그가 갑자기 왼쪽으로 휘청거렸다. 몇 걸음 가다가 다시 휘청대더니 무성한 초록 잔디 위에 멈춰섰다. 균형을 다시 잡으려는 듯 몇 초간 꼼짝 않고 있다가 갑자기 무릎

을 꿇었다. 정원사는 서재에서 뛰쳐나와 그에게 달려갔다. 도착했을 때 프레드는 이미 죽어 있었다.

장례식은 사흘 후에 치러졌다. 장례식장 맨 뒷줄에서 정원사는 상실과 비탄으로 가득한 얼굴들을 보았다. 프레드가 다니던 교회의 목사가 성경 구절을 암송했고, 맨 앞줄에서 코니와 제러드가 어깨를 떨며 흐느끼고 있었다.

장례식이 끝나고 난 뒤 사람들은 무리지어 점심을 먹으러 차를 몰고 떠났다. 지미가 나무 옆에 홀로 서서 깊은 생각에 잠겨 있는 것을 보고, 정원사는 느릿느릿 그에게로 걸어갔다.

지미가 부드럽게 말했다. "우리는 모두 언젠가 죽겠죠. 하지만 프레드 아저씨가 갑자기 돌아가실 줄은 미처 생각도 못 했어요."

"잠재력을 다 발휘하지 못한 남자가 여기에 누워있지. 불편함보다 편안함을 선택했고, 너무 늦어버릴 때까지 기다리기만 하고, 결국 아름다운 꿈을 끝끝내 이루지 못한 한 남자가."

"너무 슬퍼요."

정원사가 홀로 벤치에 앉아 있는 제러드를 향해 손짓했다. 제러드는 난파된 사람 같았다. 어쩌면 술에 취한 것도 같았다.

"더 슬픈 건, 생각 없는 삶이지." 정원사가 말했다.

지미가 정원사의 시선을 따라 제러드를 보았다.

"피상적인 존재의 슬픔을 보렴. 오직 하루만 살아가는 사람의 운명을 말이야." 정원사가 차갑게 말했다. "제러드는 지금 아버지를 잃은 애통함에 울부짖고 있지만, 어느 날 더 큰 상실 때문에 울지도 몰라. 목적 없이 보낸 삶에 대해 통곡하게 될 거다. 그의 지난 과거로 보건대, 미래에 후회할 것 같아 걱정이야."

쓰디쓴 역경은 살면서 맞닥뜨리게 되는 어려운 일, 거대한 불운을 의미한다. 언젠가 나는 정신이 붕괴될 듯한 역경에 직면한 적이 있었고, 고통스러운 운명보다는 차라리 죽는 게 낫지 않나 하는 생각까지 했다.

역경은 뜻밖의 문제로 시작되었다. 병원 운영이 일사천리로 잘 되던 시기, 회계 감사가 있을 거라는 통보가 왔다. 보험금 지급 감사는 모든 병원에게 가장 큰 위협이었다.

보험 회사가 우리 병원의 진료 기록이 부적절하다고 생각한다면, 어떤 호소나 중재 없이 수십만 달러를 토해내야 하기 때문이었다.

당시 펜실베이니아 주에서는 감사에서 이긴 척추 교정사가 한 명도 없었다. 나는 숨길 것이 없고 떳떳했지만, 병원 문을 닫고 사실 겁에 질렸다. 이 감사를 통과하지 못하면, 병원 문을 닫고 다른 일을 찾아야 될 것이었다.

나는 진료 기록을 보내고 내 운명이 결정되기를 기다렸다. 아무 응답 없이 몇 달이 흘렀다. 머리칼은 가늘어졌고, 몸은 점점 말랐다. 잠도 이루지 못했다. 무기력해지고, 걱정만 하고, 마음이 약해졌다. 불안이라는 고문 속에서 6개월을 보내야 했다. 나는 물리적으로 감당할 수 없는 위기에 직면하고 있었다.

"역경과 변화의 시기에 우리는 정말로 자신이 누구인지, 자신이 어떤 특성을 지니고 있는지를 알게 된다"라고 스타벅스 회장 하워드 슐츠는 말했다. 알베르트 아인슈타인 역시 동의하고 있다. "역경은 인간에게 자신이 진정 누구인지 알려준다."

나는 고통 속에서 나의 모든 재정 상황, 삶의 조건, 평생의 꿈, 앞으로 해야 할 것들에 대해 깊이 생각했다. 병원에 집중된 수익 구조를 바꿔야 한다는 인식이 생겨났고, 모든 것이 무너졌을 때 가장 먼저 무엇을 할 것인가를 숙고했다. 운동을 시작했고 명상하는 시간을 가졌다.

어느 날 감사 결과가 적힌 한 장짜리 통지서가 왔다. "제출하신 진료 기록이 감사를 통과했습니다." 나는 편지를 읽고, 목이 메었다. 변호사에게 알리자, 그는 무척이나 놀라워했다. 나는 이 주state에서 처음으로 감사를 통과한 사람이었다.

나폴레온 힐은 이렇게 말했다. "모든 역경은 역경만큼 혹은 역경보다 훨씬 큰 이익이 될 씨앗을 품고 온다." 그렇다면 역경의 이득은 무엇일까?

나는 역경이 영혼을 무너뜨리기도 하고, 영혼을 드러내 보이기도 한다는 걸 배웠다.

우리는 역경을 통해 위기를 견뎌내는 법을 배운다. 그건 자신이 얼마나 강한지 알려주는 것 외에는 극히 이득이 적은 고통스러운 심판이기도 하다. 자신이 유일하게 통제할 수 있는 건, 자신의 사고와 태도뿐이란 사실도 배우게 된다.

모든 것이 끝났을 때, 나는 내가 어느 정도의 회복탄력성을 가지고 있는지 더욱 정확하게 이해하게 되었다. 내면의 힘이 강해진 느낌도 받았다. "쓰디쓴 역경이여, 내가 그대를 포용하게 해주오. 현자가 말하기를, 그것은 지혜의 길일지니"라고 셰익스피어는 썼다. 하지만 역경이 지혜의 길이 될지는 자기 자신에게 달렸다.

Sour Adversity

인생 수업 : 쓰디쓴 역경

정신을 거의 무너뜨릴 역경에 부딪혔을 때,

인간은 그제야 자신을 발견한다.

●

수용

수용 : 무언가를 변화시키거나 거기에 적응하기 위해 마지못해 받아들이는 것

장미의 향기를 즐긴다면, 가시를 받아들이고 견뎌내야 한다.

아이작 헤이스

편리함을 바라는 건 고통으로 이어지고 결국 삶마저 좌절시킨다고 정원사는 생각했다.

장례식이 끝나고 며칠 후, 뒤뜰에서 정원사는 자신의 삶에 대해 생각해보았다. 프레드의 죽음은 일주일 동안 세상을 멈추게 했다. 또한 정원사에게 그의 삶에서 다가올 일들을 미리 생각해보게 만들었다.

그는 암 말기 진단을 받았고, 받아들여야만 하는 사실이었다. 화학요법을 시도해보았지만, 그 후로 5일 동안 멍하고 지친 상태로 지냈다.

그가 암에 걸렸다는 걸 아는 사람은 프레드뿐이었지만, 이제 그는 무덤 속에 있었다. 모든 일에는 시간과 장소가 있다. 웃을 시간, 울 시간, 살 시간, 죽을 시간······.

프레드는 자신의 땅을 다 일구지 못한 정원사였다. 망설임이 그에게 어떤 대가를 치르게 했는가? 그는 꿈을 실현하지 못한 탓에 진정한 행복이나 만족감을 얻지 못하고 떠났다.

정원사는 꿈에 대해 생각했다. 소년원 아이들을 위해 지침서를 쓰

는 일 말이다. 남아 있는 날들은 이 마지막 목적을 위해 살고 싶었다.

바로 그때, 현관 초인종이 울렸다. 코니와 제러드였다. 제러드의 손에는 집에서 가져온 쿠키 접시가 들려 있었다. 세 사람은 곧 둘러앉아 쿠키를 먹기 시작했다.

"어떻게 견뎌내고 있어요?" 정원사가 물었다.

코니가 대답했다. "엉망이죠. 아직 받아들여지지가 않아요."

"저도 그래요. 내일 밤 카드 게임 자리에 꼭 그가 나타날 것만 같아요. 하지만 그 친군 안 나타날 거고, 난 거기에 익숙해져야겠죠."

정원사가 제러드에게 시선을 돌렸다. "자넨 어떤가?"

제러드가 무겁게 한숨을 내쉬었다. "작년에 전 자책하느라 바빴어요. 아버지께 시간을 내드리지도 못했고요."

정원사가 말없이 그를 살펴보았다. "마지막 순간에 벌어지는 일에 대해 우리가 할 수 있는 건 아무것도 없어. 그런 순간에 직면했을 때, 우리는 비로소 지난 과오들조차 받아들이는 걸 배우게 되지."

상냥한 말이었지만, 그 말이 담고 있는 메시지는 강력했다.

코니가 목소리를 높였다. "최근에 당신이 정원 일을 하는 모습을 보지 못했네요."

"올해 안에 꼭 마무리해야 할 일이 남아 있어요. 마감일이 정해졌거든요."

"양조장에도 통 안 오시는 것 같던데." 제러드가 말했다.

정원사가 그를 바라보았다. "자네 아버지의 죽음을 겪으면서, 인생이 짧다는 생각이 들었네. 그래서 내 남은 시간들을 최선을 다해 써야겠다 싶었지."

수용은 어떤 변화나 상황을 받아들이는 것이다. 우리 삶에서 지금 처한 현실을 받아들이는 것은 발전을 위한 첫 단계다.

"삶이 고난임을 인정하고 받아들이는 것은 궁극적으로 고통을 감소시켜줍니다. 우리는 실직의 고통이든 변화의 고통이든, 고통을 제거할 수는 없습니다. 하지만 몸부림치지 않을 순 있습니다. 받아들이는 데 실패하면 몸부림이 일어나니까요"라고 심리학자 스티븐 조지프슨은 말한다.

앞서 말했던 회계 감사 기간 동안, 나는 불공정하고 무분별하게 여겨지는 상황을 받아들일 수 없었다. 눈에 보이지 않는 적이 다가오는 것 같았다. 그러다가 감사 결과를 통제할 힘이 내게 전혀 없다는 현실을 인지했을 때, 그 결과에 뭔가를 더하려는 시도를 포기했을 때, 이 불공정한 상황이 내 현재 삶이라는 것을 받아들였을 때, 오히려 고통은 어느 정도 완화되었다. 원치 않는 상황을 수용하자, 나는 정신의 힘을 회복했다.

작가 에크하르트 톨레는 조언했다. "받아들여라, 그리고 행동해라. 지금 이 순간에 어떤 일이 있든, 당신이 선택한 것처럼 받아들여라. 이것이 당신의 삶을 기적적으로 변화시킬 것이다." 물론 이런 조언들은 말하기는 쉽지만, 행하기는 어렵다.

현대 사회에서 우리는 평범한 소득 수준으로 돈을 모을 수 없다는 사실을 받아들여야 할 수도 있다. 경제적 자유를 가질 수 없고, 꿈의 집에 살 수 없고, 주말을 여가를 보내는 데 쓸 수 없다는 사실을 말이다. 반대로 고소득의 직업이라면 스트레스가 많고 큰 문제를 해결해야 하고, 부자가 되는 데는 매일의 희생과 불편, 몇 해 혹은 몇십 년 동안 따분한 일을 해야 한다는 사실도 말이다.

회계 감사를 받는 동안 나는 내게 죄가 없다는 것이 끔찍한 결과를 막아주는 방패가 되진 못한다는 사실을 받아들였다. 당신이 좋은 사람이므로 세상이 당신을 공정하게 대우해주리라고 기대하는 것은, 당신이 채식주의자이므로 황소가 당신을 공격하지 않으리라고 기대하는 것과 별반 다르지 않다.

불쾌한 상황에 저항하는 것은 도리어 고통의 근원이 되기도 한다. 그 상황을 받아들이는 것은 그 상황을 극복하는 첫 번째 발걸음이 될 수도 있다. 물론 힘든 상황을 즐길 필요는 없다. 다만 적응하고 수용해야 새로운 방향이 찾아진다. 현실은 종종 내가 원하는 대로만 풀리지 않고 언제나 풀기 힘든 숙제를 안긴다. 마냥 피하거나, 맞서 싸우기보다 있는 그대로 인정하고 수용할 때 전보다 현실이 더 명확하게 보일 수 있다.

이 책을 쓰는 동안, 휴가를 즐기던 아버지가 소파에 앉아 계시다가 갑자기 돌아가셨다. 아버지가 돌아가신 뒤로 우리는 거기에 적응해나갔다. 삶이 유한하다는 진실을 받아들였다. 그리고 흘러가는 시간을 존중해야 한다는 걸 떠올렸다.

Acquiescence
인생 수업 : 수용
문제에 저항하면 고통이 밀려올 수도 있다.
현실을 받아들이는 것이 진보의 시작이다.

•

감정의 안내

감정의 안내 : 조용하게 들려오는 감각적인 끌림

정원사는 정원이 주는 보답과 함께 춤을 추고,
결과에 따라 행동하고, 배운 것으로 변해야 한다.
현자는 마음과 정신으로 자연의 말에 귀 기울이는 사람이다.
시간은 말을 하지만 우리는 종종 그것을 듣지 못한다.

마이클 거로펄로

이성과 직감은 강력한 팀을 이룬다고 정원사는 생각했다. 이 두 가지가 일치되면 최상의 결과가 나오지만, 이성이 붙잡을 수 없는 것들을 내면의 지혜가 알고 있는 순간들도 있다.

하늘에 별이 가득한 여름밤이었다. 10여 개의 작은 천막들과 모닥불들이 농장에 점점이 흩어져 있었다. 독수리 클럽의 이 연례 행사에 50여 명쯤 모였다. 참석자들은 현재 재소자들이거나 퇴소자들이었다. 인근 주민들의 관심과 우려 탓에, 몇 명의 경찰이 인솔자로 참석했다.

"나는 잘 해냈을 때 만족스럽게 돈을 받아." 정원사가 모닥불 주위에 둘러앉은 사람들에게 말했다. "그건 나를 이끌어주는 보상 같은 거지." 대화 주제는 부와 내면의 목소리에 관한 것이었다.

"전 공과금이나 내면 만족해요!" 20대 퇴소자가 웃음을 터트렸다. 그는 대학을 졸업하고, 지금은 가족 심리 상담사였다.

"확실하니?" 정원사가 물었다.

"무슨 말씀이세요?"

"생존을 걱정하고 있냐는 말이다. 실직을 무서워하고 있니? 하는 일이 지루해? 월요일이 오는 게 너무 싫고, 일을 생각만 해도 두렵니?"

젊은 상담사가 미소 지었다. "음, 그렇게 못살진 않아요!"

"하지만 사람들은 이런 문제를 가지고 있단다. 그들과 비교해서, 넌 네 직업에 만족하고 있지. 공포, 걱정, 지루함, 지긋지긋함 등의 온갖 부정적인 느낌들은 우리에게 변화하라고 소리치는 감정의 안내 체계란다. 만일 듣지 못한다면, 내면의 목소리는 서서히 사라질 거야."

모닥불 주위가 조용해졌다. 아이들이 생각에 잠겼다.

지미가 말했다. "피곤하거나 마음이 약해져 있으면, 절망이나 짓눌린 느낌 같은 부정적인 감정들이 생겨날 수 있어요."

상담사가 지미를 골똘히 살펴보았고, 정원사는 아버지 같은 기분으로 지미를 보며 자부심을 느꼈다.

지미가 이어서 말했다. "전 내면의 지혜에 귀 기울이는 걸 전적으로 믿어요. 하지만 운동과 휴식, 명상을 통해 최상의 상태를 만들어내기 전 까지는 제 감정을 신뢰할 수 없었지요. 최상의 상태여야만, 그 안내가 진짜라는 걸 알 수 있어요."

"현명한 조언이구나. 하지만 모든 감정이 충동에 따라 일어나는 것은 아니란다. 지루함, 걱정, 좌절, 의구심, 절망, 불안전성, 심지어 희망이 안 보이는 감정 상태에도 자신의 진실한 감정이 무엇을 의미하는지 인식하는 법을 배워야 한단다. 특히 감정이 우리를 압도하기 시작할 때 말이다."

"이런 느낌들이 인생의 지침이 될 수 있다는 건가요?" 한 소년이 물었다.

모든 사람의 시선이 정원사에게로 향했다.

"'허수아비 우화'가 있단다. 허수아비는 짚으로 만들어졌고, 플란넬

셔츠를 입었지. 뇌와 심장, 걸어다니는 능력이 있다는 것 외에는 평범했어. 허수아비는 세워지고 나서 몇 년 동안 다른 허수아비들처럼 행동했단다. 꼼짝 않고 익숙한 들판에 서 있었던 거지. 몇 년이 지나자 까마귀들은 모두 허수아비를 두려워하지 않게 되었고, 곧 들판을 점령했지. 어느 날 용맹한 까마귀 한 마리가 허수아비 팔에 걸터앉아 허수아비를 쪼았고, 지푸라기 몇 가닥이 빠져나와 날아갔어. 다음 날이 되자 다른 까마귀가 허수아비를 쪼았지. 그렇게 해서 허수아비의 강점이 매일 줄어들기 시작했어. 처음에 허수아비는 무언가가 잘못됐다고 느꼈지. 연약함과 걱정, 생존의 공포가 희미하게 감지되었던 거야. 느낌은 점점 더 강해져서 허수아비는 이 들판을 떠나야 할 것 같은 기분이 들었지만 알 수 없는 곳으로 간다는 건 두렵다는 느낌을 받았어. 무엇보다 자신은 허수아비였고, 다른 허수아비들처럼 행동하는 게 합당해 보였지. 매일 허수아비는 조금씩 죽어가고 있었어. 천천히 끈질기게 쪼아대는 까마귀들에게 자신의 일부를 빼앗겼지. 허수아비는 절대 꼼짝하지 않았고, 감정의 안내 체계를 무시하기로 했어. 그러자 까마귀가 쪼아대는 것이 곧 평범한 일이라고 느껴졌지. 그리고 심장이 더 이상 아무것도 느끼지 못할 때까지 서서히 멈춰갔어. 까마귀들이 지푸라기를 모두 가져갔고, 허수아비는 타고난 능력을 충분히 발휘하지 못하고 앞으로 푹 고꾸라지고 말았지."

정원사는 모닥불 주위를 둘러보았다. "너희들의 마음에서 들려오는 감정의 안내를 절대 묵살하지 말렴. 자기 감정의 근원에 가까이 있으면서 매일 잠시 멈추고는 내면의 지혜에 귀 기울여야 한다는 걸 잊지 마."

감정의 안내는 조용하게 들려오는 감각적인 끌림을 의미한다. 우리는 이를 무시하고 결국 무감각해지는 실수를 종종 저지르곤 한다.

오프라 윈프리는 대학 졸업식 연설에서 이와 같이 말했다. "감정은 인생의 내비게이션이다. 뭔가를 해야 한다거나 하지 말아야 할 때, 감정의 안내 체계가 길을 알려줄 것이다."

물론 직관적인 감각만큼이나 합리적인 판단도 중요하다. 다만 수많은 인생의 방향들에서, 만족감이란 '행동하라'라고 신호를 보내는 초록불이고, 두려움은 '멈추라'라고 신호를 보내는 빨간 불임을 알게 되었다.

스티븐 잡스는 이렇게 말했다. "지난 33년 동안, 매일 아침 거울을 들여다보면서 나 자신에게 물었다. '오늘이 인생의 마지막 날이라면, 지금 하려는 일을 오늘 하고 싶을까?' 그리고 꽤 많은 날들 동안 연속으로 그 대답이 '아니다'라면, 내가 뭔가를 바꿔야 한다는 걸 알았다."

스트레스나 분노, 걱정, 불안함이 느껴진다면, 그건 무언가가 잘못되었다는 걸 본능이 말해주는 것이다. 당신이 해결하거나 다루어야 할 무언가가 있다는 메시지다. 더 필요하거나 덜어내야 할 게 있다는 뜻이며, 어떤 것을 시작하거나 어딘가에서 빠져나와야 한다는 뜻이다. 우리는 자주 '신성한 불만족'으로 인해 고통을 받게 된다. 그러나 그 고통은 삶에서 반드시 필요한 고통이다.

마음을 따르기란 쉽지 않다. 하지만 가끔은 그렇게 해야 한다. 마음이 듣는 것을 늘 눈으로 볼 수는 없기 때문에, 그럴 때는 때로 눈을 감는 것이 현명하다.

Emotional Guidance

인생 수업 : 감정의 안내

나는 이성적인 논리로만 생각하곤 했다.

하지만 내면의 목소리를 따랐을 때, 더 많은 성공을 거두었다.

•

책임

책임 : 어떤 일에 대한 모든 것을 맡는 것

인생은 정원이다. 뿌린 대로 거둔다.

파울로 코엘료

모든 것은 스스로 만들어낸 것이라고 정원사는 믿었다. 현명한 자들만
이 이 사실을 시인한다. 지금의 나를 보면 나의 과거를 알 수 있다.

어느 평일 아침, 제러드는 개를 데리고 산책을 나갔다가 부모님 댁
뒤뜰에서 어슬렁거리고 있었다. 정원사는 꽃에 물을 주러 나왔고, 곧
두 사람은 울타리를 사이에 두고 섰다.

"제가 못마땅하시군요. 말씀은 안 하시지만 느껴지네요. 전 들을 준
비가 되어 있어요." 제러드가 말했다.

잠시 후 두 사람은 정원에 있는 의자에 서로 마주 보고 앉았다. 정
원사는 말했다. "기억할지 모르겠지만, 난 책상 위에 도토리 한 알을 올
려두고, 나 자신이 모든 걸 알고 있다고 생각하지 않으려고 스스로 일
깨운다고 했었지. 도토리를 보면서 나는 그 안에 든 잠재력을 떠올리
고, 내 이해력을 넘어선 세상의 수수께끼를 생각하며 겸허해져."

"신의 음성이라도 들리시나요?"

"자네가 지닌 정신을 도토리 한 알이라고 한다면, 그 도토리는 잠재

된 가능성을 가지고 있었어. 하지만 제자리에서 10년을 넘게 그대로 있었고, 지금껏 아무것도 되지 못했지."

제러드는 생각에 잠긴 듯 보였고, 아무 대답도 하지 않았다.

"이제 자연의 수수께끼에 대해 생각해보게. 내가 도토리 한 알을 수분기 많은 땅에 놓자 마치 마술을 부린 것처럼 생명을 얻었네. 10년 이상 잠들어 있던 씨앗도 신비롭게도 참나무로 자라났어. 그 나무는 열매를 수천 개 맺을 것이라네."

제러드가 깊이 숨을 들이쉬었다가 내쉬었다. "그래서 말하고자 하시는 게 뭐죠?"

정원사는 앞에 있는 묘목을 가리켰다. "땅에 묻힌 도토리에서 뭐가 나왔는지 보게나. 그 시간 동안 자네에게서는 무엇이 나왔는가?"

"무슨 상관인지 모르겠네요."

"정신을 통제하지 않으면 아무것도 통제하지 못해. 흐리멍덩한 정신은 내 책상에 그대로 놓인 도토리와 같아."

"과거의 실수에 발목 잡힌 기분이 들어요."

"자네 자신이 그 모든 것의 원인이네. 자네는 목표도 없고, 변명만 늘어놓지. 그러면 언제까지고 지금 상태 그대로일 거야. 정신을 통제하고, 결과에 초점을 맞추고, 도토리를 참나무로 자라게 하는 힘을 길러야 해."

"하지만 제가 무엇을 바라는지 모르겠는걸요."

"근본적인 문제를 살펴보게나. 이렇게 묻겠네. 자네는 좀 더 나은 삶을 위해 무언가를 하고 있는가, 아니면 생각하는 걸 그만두었는가?"

제러드가 눈을 감고 한숨을 쉬었다. "대체 어디서부터 시작해야 하죠?"

"자네가 처한 조건에서 해야 할 책임을 모두 받아들이게. 정신을 잘 다스리면 내면의 지혜가 이끌어줄 거야."

제러드가 자리를 떴고, 정원사는 잠시 앉아 있었다. 오랜 습관을 바꿀 수 있는 방법이 있을까, 생각에 잠겼다.

산투스의 도움을 받아야 했다. 정원사는 이웃 농장으로 갔다.

"내 책임을 자네에게 맡겼을 때가 기억나나?"

"물론이죠." 산투스가 확신에 차 대답했다.

"자넨 뭘 배웠나?"

"제 일상적인 노력이 농장에 중요하고, 수확은 그 노력에 대한 결과물이라고요. 세상은 재능과 머리, 그리고 성격, 의지에 공평하게 반응합니다. 매일 매시간에 집중하는 것 역시 누구에게나 주어진 일이고요. 전 이러한 진실을 배웠고, 지금은 매일 그렇게 살고 있습니다."

정원사가 미소를 지었다. "난 또 다른 여행을 떠날 예정이네. 이번에는 훨씬 길 거야. 내가 없는 동안 똑같은 일을 해달라고 부탁하고 싶네. 자네 농장과 함께 내 농장 운영에도 신경 써주게. 두 곳을 다 잘 관리한다면, 내 남은 사업체를 자네에게 줄 생각이야."

"사장님 농장과 포도밭, 양조장을요?" 산투스는 놀라서 숨이 막혔다.

"내가 가는 곳에서는 많은 게 필요하지 않을 거야. 자네는 내 사업체들을 건강하게 유지해줄 수 있는 사람이고. 내게는 직원의 복지를 보장하는 든든한 관리자가 필요하네. 자네가 도전해볼 텐가?"

"제 일생의 영광이죠. 맡겨만 주신다면요."

완전한 책임은 어떤 일의 모든 것을 맡는 것을 말한다. 2000~2002년에 주식 시장이 붕괴됐을 때, 내 평생 모은 돈이 반토막 났다. 나는 내 돈이 눈앞에서 날아가는 것을 지켜보았다. 물론 이 경제적 재앙은 내가 통제할 수 있는 것이 아니었고, 내 잘못도 아니었다.

하지만 내 저축이 날아간 것은 백 퍼센트 내 책임이었다. 돈을 잃어버릴 각오가 아니라면, 절대로 투자하지 말라고 조언을 들은 적이 있다. 왜 그랬을까? 주식 시장에 투자하는 돈은 그 가치가 유지된다는 보장이 없기 때문이다.

누군가 내게 투자하라고 밀어붙인 기억은 없다. 나는 스스로 위험 지역에 들어간 것이었다. 손실은 내 책임이었다. 대부분의 실패는 외부의 힘이 아니라 내부의 생각에서 유발된다. 어리석게도 내가 주식 시장에 돈을 쏟아부었고, 돈은 미련 없이 날아갔다.

"자신의 문제를 지켜보고, 그것이 다른 누구도 아닌 자기 자신이 만든 것임을 아는 것은 고통스러운 일이다." 소포클레스의 말이다. 그렇다고 실패를 외부 요인으로 돌리면 우리는 변화할 능력마저 잃는다.

"실패하는 사람의 99퍼센트는 변명하는 습관이 있다." 농업 경제학자 조지 워싱턴 카버의 말이다. 우리는 자신이 처한 경제적 조건들에 결코 책임이 없지 않다. 잘못된 직업을 유지하는 것도, 불안정하게 사는 것도, 시간이 없는 것도, 돈을 모으지 못한 것도 다 우리 잘못이다. 모든 것이 그렇게 되도록 행동했고, 계속 그렇게 하고 있다. 다른 이들을 탓하거나, 혹은 자신을 둘러싼 환경을 탓한다면 변화에 쓸 힘을 포기하는 것이다.

우리 자신은 모두 스스로 만든 것이다. 오직 성공한 사람들만이 그 사실을 인정한다.

Accountability

인생 수업 : 책임

실패를 남 탓으로 돌리는 순간,

변화할 수 있는 기회를 놓쳐버리게 된다.

•

방향

방향 : 움직이는 경로

정원에서 가장 즐거운 일 중 하나는 무슨 일이 벌어질지 기대하는 것이다.

W. E. 존스

부로 가는 길은 꾸준히 앞으로 나아가는 것이고, 그것이 인생을 만족시키는 길이 된다고 정원사는 믿었다.

지미는 회사에서 노트북을 응시하고 있었다. 화면 속에 있는 숫자들은 그가 하는 일 모두에서 상승 곡선을 보여주고 있었다. 그는 이제 여분의 돈을 모으는 방향으로 갈 수 있고, 경제적 자유라는 장기적 목표를 향해 꾸준히 올라가기를 희망했다. 하지만 자산 금액은 생각보다 보잘것없었고 조금은 실망스러웠다. 그는 목표 달성을 위해 얼마나 절약해야 할지 계산했다.

지미는 차를 몰고 정원사 집으로 향했다. 정원사가 잡초를 뽑고 있었다.

"어쩐 일로 왔니?"

"잠깐 이야기나 나눌까 해서 들렀어요."

정원사가 천천히 몸을 일으키고는 허리를 쭉 폈다. "잡초들이 전쟁에서 이기고 있어. 난 그저 대대적인 공세로 맞서고 있을 뿐이지. 무슨 이야기니?"

"경제적 자유에 관한 거요." 지미는 상승 곡선에도 불구하고 자신이 얼마나 낙담하고 있는지 설명했다.

인생에서 처음으로 청년은 수학적 계산을 했고, 그 숫자가 자신의 포부에 맞지 않는다는 것을 알았다.

"계산기를 사용하고, 그 계획을 표로 짜보기 전에는, 그냥 제 경제적 포부를 믿는 게 훨씬 쉬웠어요." 지미가 인정했다.

두 사람은 포도 농장 사이를 거닐다 둔덕 꼭대기에 이르러 걸음을 멈췄다. 발 아래로 이웃 농장까지 넓은 경치가 펼쳐졌다. 시야에 닿는 곳 저 멀리까지 곡식들이 뻗어나가고 있었다.

정원사가 그 풍경을 보면서 말했다. "가을 추수기는 아주 인상적인 풍경을 선사하지. 딱 8개월 전에 이 땅에 아무것도 없었다는 걸 생각해 보면, 이건 기적이 아닌가 싶다. 농부가 이런 풍성한 수확을 거두게 될 줄, 넌 알았니?"

지미가 눈살을 찌푸렸다. "그 농부는 깨어 있는 시간을 전부 일하면서 보냈겠죠?"

"아마도 어쩌면. 농부는 봄에 씨를 뿌리고 여름 내내 일하지. 씨앗이 자랄 거라고 믿는 게 전부야. 수확을 거두는 방향으로 매일의 의무를 수행할 뿐이란다. 농부란 자연의 법칙과 함께 일하는 낙천주의자야."

"그 말씀이 맞는 것 같네요."

"넌 이제 네가 삶에서 뭘 원하는지를 분명히 안 거야. 그 방향을 향해 하루하루를 사용하거라. 초조해하지 말고. 네게 주어진 역할을 하고, 매일 주의 깊게 물을 준다면 네 꿈이 뿌리를 내리는 게 보일 거야. 계획이란 늘 정돈된 정신에서 나온다는 사실을 잊지 마. 네 정신이 목적과 믿음으로 가득 채워지면, 가을 추수가 펼쳐질 거란다. 네가 상상할 수 없는 기회들이 나타날 거야."

방향은 누군가가 움직이는 경로다. 우리에게 목적 의식을 주고 새로운 기회로 이끈다.

"언제나 길바닥이 여관보다는 낫다"라고 세르반테스는 말했다. 이 말은 안주하기보다 우리가 스스로 선택한 방향을 향해 나아갈 때 삶이 더 가치 있다는 뜻이다.

삶의 방향성이 없으면 쉽게 지치고 의미마저 퇴색된다. 나는 '경제적 자유'라는 큰 방향을 따라 가기 위해, 하루에 1달러씩 저금하기로 했다. 돈을 모으고자 뚜껑 있는 플라스틱 콜라병 하나를 가져다 두었다. 당시 나는 서른이었다.

매일 1달러를 저축하는 것은 보기에는 하찮아도 삶에 영향을 주었다. 이 간단한 행동은 부에 관한 의식을 발전시켰다. 여분의 돈이 생기면 콜라병 안에 넣었다. 그리고 이따금 그 콜라병에 든 돈을 빼서 은행으로 가져갔다. 이는 내게 방향을 제시해주었다. 더 중요한 건, 이 작은 발걸음이 내게 희망을 주었다는 것이다.

"할 수 있는 게 거의 없는 것 같아도, 일단 발걸음을 떼라. 아무것도 하지 않으면 아무것도 남지 않는다"라고 정치인 에드먼드 버크는 말했다. "성공은 하루하루 반복된, 영향력 있는 작은 일들의 결과다"라고 작가 로버트 콜리어도 덧붙인다.

가장 좋았던 당시 기억은, 부의 방향으로 움직이고 있기 때문에 내가 일하는 날들이 의미가 있다고 느꼈다는 점이다. 사소하고 작은 루틴이 정신적인 위안을 준 것이다. 방향이 옳으면 속도는 그리 중요하지 않다는 깨달음도 얻었다. 멀리, 더 멀리 있는 목표에 대해 끊임없이 생각하게 해주었기 때문이다.

올리버 웬델 홈스 주니어는 이렇게 말했다. "세상에서 가장 위대한 것은 우리가 있는 곳에 존재하지 않는다. 우리가 움직이는 방향에 존재한다."

Direction

인생 수업 : 방향

삶의 방향성을 신중하게 잡으라.

방향을 설정하고 나면, 과정이 고되어도 마음에 큰 위안이 된다.

●

자기 수련

자기 수련 : 불쾌하고, 어렵고, 고통스럽고, 지치고, 무섭고,
불편한 일들을 하기 위한 의지.

모든 정원에는 때때로 하기 싫은 잡일들이 있다.
하지만 진짜 정원에는 그 잡일만 있는 것이 아니다.

낸시 그래스비

부에는 희생이 따르지, 정원사는 생각했다.

그는 교단 뒤에서 교실을 살펴보고 큰 소리로 말했다. "좋아, 모두.
나에게 집중해줄래? 올해 우리는 많은 것들을 얘기했단다. 주로 경제적
성공이 주제였지. 어떻게 돈을 벌지, 어떻게 경제적 안정을 이룰지, 따
라서 너희가 통제할 수 없는 힘에 기대서는 안 될 거라는 이야기를 했
었지. 오늘은 일자리 경쟁이 치열한 세상에서 성공하기 위해 너희가 가
진 주요 장점에 관해 이야기를 해보려 한다."

그가 칠판에 무언가 쓰자 교실은 조용해졌다.

성공하는 데는 힘이 든다, 그 역경은 너희의 강점이 될 것이다!

"너희는 올해 출소하게 될 거다. 이 담장 밖에서 너희가 성공을 얻
어내려면, 희생을 대가로 지불해야 한단다. 성공은 어렵고, 대부분의 사
람들은 그 고생을 견뎌내지 못해. 너희는 세상으로 나가 치열한 경쟁을

하게 될 거다. 힘든 도전들 앞에서 움츠러들지 않고, 크게 생각하고, 안주해서는 안 된다. 역경에 굴복하지 않고 싸워야 해. 절대 자기 연민에 빠지거나 변명하지 마라. 보상을 받기 위해서는 험난한 길을 추구해야 하고, 그로 인해 더 행복해질 수 있을 거야. 평범한 삶은 가장 힘든 삶이고, 너희들을 위한 게 아니야."

지미는 미래의 고난에 대한 이 대담한 수업을 아이들이 무서워하리라고 생각하며 교실 안을 둘러보았다.

정원사가 말을 이었다. "너희의 목표는 다른 사람들은 이겨내지 못할 시험을 통해 달성될 거야. 닥쳐온 고난을 기쁘게 받아들여야 한다. 그건 바로 너희가 이길 수 있다는 의미란다."

정원사는 칠판으로 걸어가 쓰여있던 글을 지운 뒤 빈 종이를 붙이고는 다음과 같이 썼다.

행복 = 방향
삶의 방향은 수련에서 온다.

- 저항이 있는 것을 하라, 모든 성장에는 저항이 요구된다.
- 고난을 뚫고 나아가라, 영광은 편안함 너머에 있다.
- 실패에 뛰어들라, 현재 능력에 도전하라.
- 고통을 받아들이라, 고통은 약점을 제거해주는 동업자다.
- 더 큰 목표를 세우라, 크게 생각하며 긴장을 유지하라.

교실 안은 쥐죽은 듯 고요해졌다. 한 소년이 크게 한숨을 내쉬며 말했다. "재밌어 보이진 않네요."

다른 아이들이 웃음을 터트렸다.

정원사가 동의했다. "재미있을 필요는 없단다. 하지만 이게 더 나은 방향이고, 행복한 삶으로 이끌어줄 거야. 나를 믿어라."

자기 수련은 불쾌하고, 어렵고, 고통스럽고, 지치고, 두렵고, 불편한 일을 하려는 의지다. 그러면 경제적 자유가 내 것이 되는 날이 온다.

"누군가를 다른 사람들과 다르게 만드는 하나의 자질, 다른 사람들이 평범함이라는 수렁에 빠져 있는 동안 누군가를 달라 보이게 만드는 핵심 요인은 재능도, 교육 수준도, 지적인 영민함도 아니었다. 그건 바로 자기 수련이다. 자기 수련이 없다면, 가장 단순한 목표도 불가능한 꿈처럼 보일 수 있다"라고 시어도어 루스벨트는 말했다.

부를 쌓는 동안 매일 벌어지는 힘든 일들이 즐거웠던 적은 없지만, 그것을 정복함으로써 보상받았다. 수련은 행해야 하는 일을 행하는 것이고, 행하고 싶지 않을 때에도 행하는 것이다.

당신이 해야 하는 것을 수행하도록 결심하라. 그리고 실패 없이 수행하라. 수련은 매일 새로운 싸움에 맞서는 것이고, 사람들이 가지 않은 길을 홀로 걸어갈 것을 요구한다.

수련은 당신이 '지금' 원하는 것과 '가장' 원하는 것 사이에서 선택하는 것이다. 자기 관리는 살아남는 데 적합한 사람을 구별하는 자질이다.

전문가는 자신이 맡은 일이 마음에 들지 않을 때도 최선을 다할 수 있는 사람이다. 『성공의 법칙』의 저자 맥스웰 몰츠는 "장기적인 보상을 즐기기 위해 단기적인 끌림을 지연시키는 능력은 성공의 필수적인 전제조건이다"라고 말했다. 편안하게 살기 위해서는 힘든 삶을 선택해야만 한다.

지난 시간을 돌이켜보면 거센 도전 앞에서 움츠러들지 않고 이겨나갈 때 자존감도 높아졌던 것 같다. 지금도 가장 자랑스러운 기억은 끊임없는 자기 수련의 과정을 거치면서 최악의 시기를 슬기롭게 헤쳐나갔던 일들이다. 스스로를 관리하는 사람은, 외적인 고통에 쉽게 쓰러지지 않는다.

Self-Discipline

인생 수업 : 자기 수련

모든 인생에는 수많은 걱정이 존재한다.

이것이 자기 수련이 필요한 절대적 이유다.

•

효율성 통계

효율성 통계 : 성공적인 결과로 나아가는 측정치

거둔 것들로 하루하루를 판단하지 말라.
그날 심은 씨앗으로 판단하라.

로버트 루이스 스티븐슨

부는 결과 위에 세워지는 것이지, 정원사는 반추했다.

소년원 수업이 끝나고 정원사와 지미는 함께 차를 몰고 집으로 가고 있었다. 두 사람은 수업의 교훈과 아이들의 반응에 대해 이야기를 나누었다.

지미가 말했다. "저는 다른 사람들을 앞서기 위해 자기 수련을 꾸준히 해왔어요. 하지만 성과를 내지 못한 적도 많아요."

정원사가 미소를 지었다. 차가 진입로에 들어섰다. 두 사람은 집 안으로 들어가 주방 의자에 마주 보고 앉았다. "너한테 최선의 결과는 어디서 나왔다고 생각하니?"

"효율적인 일이요. 그러니까, 어느 날은 아무리 바쁘게 일해도 많은 일을 끝내지 못해요." 지미가 대답했다.

정원사가 고개를 끄덕였다. "사람들이 모두 똑같은 시간을 일한다고 해도 결과는 아주 다르지. 바쁘다고 해서 꼭 성과가 나는 것은 아니니까. 일의 성과는 우리가 논의해야 할 주제이기도 해."

지미가 고개를 끄덕였다. "하지만 제가 지금 어떻게 성과를 확신할 수 있을까요?"

"한 가지에 초점을 맞추고 노력해야 해. 좀 더 명확한 이야기를 하나 해줄까? 나는 예전에 청소년 농구팀을 가르친 적이 있어. 아이들을 다그치고, 최선을 다해야 한다고, 상대편보다 더 잘해야 한다고 말했었지. 하지만 내 충고는 그저 아이들의 걱정과 불안을 부추기고, 지치게 만들 뿐이었지. 그저 결과 없이 바쁘기만 한 일의 희생양이 되었어. 그래서 나는 주요 통계들을 차트로 그려보고, 경기에 영향을 미치는 수치를 따라가봤지. 그때부터 아이들에게는 구체적인 목적이 생겼어. 아이들은 무작정 뛰기보다, 리바운드(농구 경기에서 슛을 한 공이 튕겨나올 때 잡는 기술-옮긴이)를 잡고, 공을 뺏고, 슛의 성공 확률에 신경 쓰게 되었지." 정원사가 핵심을 짚은 데 만족해하며 등을 기댔다.

지미가 고개를 끄덕였다. "제 업무에도 효율성 통계를 사용해볼 수 있겠네요."

"하루에는 많은 시간이 있단다. 구체적 목표 없이 분주한 건 큰 의미가 없어. 통계는 그걸 명확히 해준단다."

지미가 깨우친 표정으로 몸을 기댔다. "하루에 10시간 일하면서 똑같은 노력을 들이는데, 왜 결과가 다른지 이제 알 것 같아요."

효율성 통계는 성공적인 결과로 나아가는 일종의 수치상 목표를 말한다. 우리 모두에게는 하루 24시간, 1년 365일이라는 동등한 시간이 주어진다. 하지만 이 시간을 매우 효율적으로 사용하는 사람이 있는가 하면 반대로 허송세월하며 소중한 시간을 내버리는 사람도 있다.

나는 늘 바빴고, 항상 일을 했다. 시간을 효율적으로 보내고 있는지를 알기 위해 나는 먼저 어떤 활동이 나의 성과를 이끌어냈는지 분명히 해야 했다. 나는 이를 '효율적인 활동'이라고 불렀다. 이 과정을 거치며 가장 필수적인 활동들에 초점을 맞추기 시작했다.

지금 내가 하고 있는 일과 그 방식이 목표를 이루는 가장 효율적인 방법인지 어떻게 확인할 수 있을까?

스스로 두 가지 질문을 던져라.

첫째, 그 일을 하는 동안 완전히 몰두해 있는가? 이 질문에 답해보면 들인 시간만큼의 결과물이 자신에게 주어지는지, 그 일을 자신이 진정으로 즐기고 있는지 알 수 있다.

둘째, 하루라도 그 일을 하지 않는다면 어떤 결과가 펼쳐지는가? 이 질문에 끔찍한 상황이 떠오른다면, 그 일은 목표를 향해가는 데 매우 중요한 활동임이 분명하다.

자신이 생산적인 활동을 하고 있는지 알아보려면 시간이라는 수치와 결과라는 수치를 기준으로 나름의 통계를 내보라. 효율성 통계는 막연하게 느껴지던 일의 양과 질에 대해 의미 있는 숫자로 대답해준다.

Impact Statistics

인생 수업 : 효율성 통계

중요한 일과 급한 일 중에서 먼저 선택할 건 중요한 일이다.

효율성은 단순히 생산성 평가가 아닌

얼마나 목표에 다가갔는가에 따라 평가된다.

•

질문하기

질문 : 문을 열 수 있는 요청

정원은 끊임없는 선택을 의미한다.
덕분에 정원은 놀랍고도 만족스러운 가능성을 무한하게 제공한다.

제인 가메이

물어보면 받을 것이다, 정원사는 이 말을 되뇌이며 한숨을 쉬었다. 이는 모든 상황에서 통하는 완벽한 조언이 아닐 수도 있다. 하지만 질문하지 않으면, 아무것도 받을 수 없다는 건 맞다.

정원사와 지미는 정원용 의자에 앉아서 정원을 바라보고 있었다. 참나무 잎이 불그스름한 주홍빛을 내고, 가을 저녁 공기가 활력을 돋웠다. "그래서 최종 목표가 뭐니? 지금부터 5년 안에, 넌 어디에 있을 것 같니?" 정원사가 목이 쉰 듯한 소리로 말했다.

지미가 느릿하게 대꾸했다. "생각 좀 해볼게요. 왜 5년이죠?"

"왜 5년이냐고? 5년 후면 지금 삶에서는 알 수 없는, 새로운 환경에서 새로운 사람이 되어 있을 거야. 나는 5년보다 긴 계획을 세우지는 않아. 정원은 늘 5년마다 새로워지지." 정원사가 어깨를 으쓱했다.

"좋아요. 저는 5년 후에는 부동산 중개 회사를 차리고 열 명에서 열다섯 명 정도의 직원을 고용할 거예요. 또 부동산 관리 사업을 하고 있을 거라고 예상해요. 마지막으로 제 지난 과오를 속죄하기 위해 음주

운전 반대 운동을 돕고 싶어요."

정원사는 지미의 사고와 그 사고로 떠난 희생자를 떠올리면서 잠시 침묵했다. 그는 늘 지미가 자기 스스로 용서해야 한다고 믿었지만, 지금은 이 금기시된 주제를 피하기로 했다.

"정말 야심만만한 계획이로구나. 그런데 부탁 하나 해도 될까? 나는 꽤 오래 떠나 있을 예정이야. 네가 소년원 수업을 맡아주지 않겠니? 넌 내가 가르친 최고의 학생이고, 네가 그 일을 할 준비가 되어 있다고 생각한단다. 너에겐 아이들을 가르치는 재능이 있어."

지미가 머뭇머뭇했다. "생각해볼게요."

"네가 거절할 수도 있겠지만, 그럼 후회하게 될 거야. 내가 너에게 묻지 않았다면, 이 역시 후회했을 것도 알지." 정원사의 표정이 심각해졌다.

지미가 멀리 펼쳐진 풍경을 응시했다.

정원사가 덧붙였다. "결정하라고 재촉은 하지 않을게. 내가 여행을 떠날 때까지 두 달 정도 남았어. 그동안 생각해보렴. 거절해도 괜찮다."

"좋아요. 이제 제가 질문 하나 해도 될까요? 지난 넉 달 동안 아저씨는 사실 거의 은둔 상태셨어요. 어디 아프신 것 같은데. 살도 빠지셨고, 목소리도 쉬신 것 같고요. 무슨 일인지 말씀해주실 수 없어요?"

정원사가 한숨을 쉬었다. "알 거라고 생각하는데. 네가 소년원에서 사용할 책을 쓰고 있는 중이란다. 내년까지 내가 오지 않을 테니까 너에게 남기고 싶었지. 노인네가 하는 바보 같은 짓일지도 모르지만 난 지침서를 만들고 있단다."

"그게 아저씨의 끝내지 못한 과업인가요?"

정원사가 고개를 끄덕였다. "그래, 그렇단다. 내가 이곳을 떠나기 전에 끝마쳐야만 하는 일이지. 하지만 너도 보다시피, 그게 서서히 내 생명을 빨아들이고 있어."

돌풍이 세차게 불어와 머리 위의 나뭇가지들을 뒤흔들고, 나뭇잎들이 땅으로 떨어졌다.

"중개인으로 일한 지 얼마나 됐지?"

지미가 계산해보았다. "18개월 정도요."

"6개월 후면 수습 기간이 끝나겠구나. 그러면 중개사무소를 열 수도 있겠네."

"네. 법적으로는 가능하지만, 실제로 현실성은 없죠."

"회사 사장에게 그 회사를 팔 의향이 있는지 알아보았니?"

지미가 되물었다. "뭘 한다고요? 절대 저한텐 안 팔걸요. 게다가 그걸 살 만한 돈도 없어요."

정원사가 한숨을 쉬고는, 지평선을 응시하며 잠시 말없이 있었다. "내 최고의 제자가 아직 배울 게 많구나. 네 사장에게 묻지도 않고, 그 질문에 대답하는 것이 현명하다고 생각하니?"

지미는 말문이 막힌 표정을 지었다. "그게 가능할 것 같으세요?"

"그걸 가능하게 하는 데 뭐가 필요할까? 이게 훨씬 더 좋은 질문이란다."

"사업체를 팔 사장도 있어야겠지만, 지불할 돈도 있어야 해요. 그리고 그 두 가지가 어쨌든 6개월 안에 있어야 하는 거고요!"

"그게 불가능한 것 같니?"

지미는 방어적인 표정을 지었다. "제가 뭘 믿어야 할까요? 어떤 장애물이 있든, 어떤 시점에 맞춰서 뭐든지 가능하다고 순진하게 믿어야 할까요?

정원사가 말했다. "넌 '질문하기'라는 것을 잊고 있구나. 큰 문을 움직이는 건 작은 경첩들이야. 너무 자주 간과되는 사실이지만, 삶에서 네가 스스로 원하는게 뭔지 묻는 건, 엄청나게 큰 문들을 열 수 있게 해준단다."

지미가 그를 응시했다. 이해한 듯한 표정과 함께 날카로웠던 시선이 누그러졌다. "아저씨가 사업 자금을 빌려주신다는 건가요?"

"그래, 정말 그럴 거란다. 오직 네 요청을 기다리고 있었어. 꿈은 질문하지 않으면 사라져. 모든 삶의 기회는 침묵하면 사라지지. 질문은 문을 열어준단다."

지미가 활짝 웃었다. "좋아요, 그런데 진지하게 이야기해봐요. 제아무리 좋은 친구 사이라고 해도 관대한 선물로 수백만 달러를 투자할 수 있을까요?"

정원사가 싱긋 웃었다. "그렇진 않을 거다. 하지만 내가 거절해도 아무런 문제가 없다는 건 너도 알 거다. 질문하고 거절당하는 건, 퇴보가 아니야. 그저 스트라이크를 치지 못한 스윙 한 번일 뿐이야."

질문하기는 문을 열 수 있는 요청을 하는 행위다. 꿈은 질문하지 않으면 사라진다. 대범하게 질문하지 않으면 삶은 좌초된 상태로 남게 된다. 무엇을 원하는가, 그리고 그것을 가능하게 하려면 무엇을 해야 하는가?

사업을 하는 동안 나는 대범한 질문의 힘을 경험했다. 내가 원하는 것을 위해 질문하지 않는다면 경제적 자유는 얻지 못했을 것이다. 그리고 나는 다른 사람들에게 그 대답을 해주는 것이 아니라, 질문을 하는 것이 내 의무임을 배웠다.

"질문할 용기를 가지고 있다면 성공할 것이다." 오프라 윈프리의 말이다. 원하는 것을 질문하라. 다른 사람들에게 '그래'라고 대답할 기회를 줘라. 스스로 그들의 대답을 미리 계산하지 마라.

몇 해 동안 나는 계속 대담한 질문들을 해댔다. 여기에는 용기와 계획, 엄청난 불편이 수반되었다.

나는 계약금을 걸지 않고 탐나는 병원 건물을 살 수 있는지 물었다. 5년 동안 최종 지불 대금을 포함해 지불해도 되냐고 제안했다. 판매자들은 말을 잇지 못했지만 결국 "그렇게 하세요"라고 대답했다. 사실 말도 안 되는 제안이었지만 효력이 있었다는 사실이 놀랍기만 했다. 질문을 하지 않았다면 내가 얻을 수 있는 것은 무엇이었을까?

부동산 하나가 시장에 19만 달러로 경매에 나온 적이 있었는데, 나는 7만 5천 달러를 제시했다. 은행이 여기까지 가격을 떨어뜨리리라고 현실적으로 예측할 수 없었다. 하지만 이번에도 내 일은 묻는 것이지, 그들을 대신해서 대답하는 것이 아니었다. 나는 이 건물의 개보수 비용이 7만 5천 달러에 달할 것이라고 생각했다. 나는 공짜로 일하는 것이 아니었다. 이윤을 얻기 위해 집을 고치는 것이었다. 내 관점에서는 타당한 제안이었다. 하지만 은행은 처음에 응답조차 하지 않았다. 은행이 내 중개인에게 아직 그 제안이 유효한지 다시 물어오기 전까지 그랬다. 나는 지금 그 집에서 살고 있다. 질문을 하지 않았다면 내가 얻을 수 있는 것은 무엇이었을까?

내 생애 동안 모든 중요한 경제적 발전에는 대범한 질문이 따랐다는 사실을 알아야 한다. 물론 다른 그 요소들이 있었지만, 이런 요소들은 상황에 따라 달라졌다. 변치 않고 인생을 변화시키는 유일한 진보의 도약은, 대범한 질문에서 이루어진다. 대범한 질문은 알을 깨고 나오게 한다.

"많은 일들이 질문을 하지 않아서 사라진다"라는 영국 속담이 있다. 자신이 원하는 것을 소리쳐 말하지 못한다면, 문은 열리지 않는다. 최고의 기회는 다른 사람들에게 '그렇다'라고 대답할 기회를 줄 용기 있는 사람들에게 있다. 침묵하는 다수에게 문은 닫힌 채로 있을 것이다.

원하는 것을 뒤쫓지 않으면, 결코 그것을 가질 수 없게 된다. 묻지 않으면, 대답은 늘 '아니오'일 것이다. 앞으로 한 걸음 나가지 않으면, 늘 같은 자리에 머물게 될 것이다. 대담한 질문 자체가 문을 여는 열쇠다.

Asking

인생 수업 : 질문하기

묻지 않으면 아무런 변화도 없다.

대범한 질문은 알을 깨고 나오게 한다.

●

풍요

풍요 : 엄청난 양의 부를 가지고 있는 상태

무언가 자라는 것을 지켜보는 것은 사기 진작에 좋다.
그것은 우리에게 삶에 대한 믿음을 준다.

마이런 S. 코프먼

부자는 점점 더 부자가 된다고 정원사는 생각했다. 하지만 이는 수입과 지출을 관리할 때만 가능하다.

테라스에 앉아서 지미는 정원사에게 부동산 중개 회사를 사들이려고 한 시도에 대해 설명하고 있었다. "회사 대표는 가격이 맞으면 팔 거라고 해놓고, 일주일이 지나자 말도 안 되는 숫자를 제시했어요. 전 가격이 너무 높다고 말했고, 그래서 이 거래를 그만두려고요."

정원사가 눈썹을 치켜세웠다. "자제력이 대단하구나. 돈을 보호하려는 것도 인상적이야. 좋은 신호란다."

"무슨 말씀이세요?"

"흔히들 부자들은 원래 부자였다고 생각하는 경향이 있어. 하지만 처음부터 부자인 사람이 얼마나 되겠니? 모두에게는 아주 작은 시작이 있었던 거야. 적은 돈을 지출할 때도 신중했던 거지. 눈앞의 이익에 연연하기보다 멀리 보고 작은 희생들을 치른 결과란다."

지미가 물었다. "그런데 아저씨는 어떻게 부자가 되셨나요?"

"나도 마찬가지야. 수입과 지출을 잘 관리했지. 오랜 시간이 걸린다는 생각으로, 호화로운 생활은 뒤로 미뤄야 했어. 친구들이 당장의 행복을 위해 살아가던 것과 달리 나는 마음속 꿈을 키웠어."

"하지만 지금 제일 두려운 건 제게 온 한 번의 기회를 날려버리지 않을까 하는 거예요."

"누구에게나 한 번 이상의 기회가 있단다. 돈은 영리해서 늘 자기가 살 집을 찾게 되어 있어. 돈의 안전을 보장하고 성공적인 성과 기록을 보여줄 수 있다면, 너도 늘 투자자들을 찾을 수 있을 거야. 그런데 지금 계획이 뭐니? 매입할 만한 다른 중개 회사는 찾았니?"

지미가 크게 한숨을 내뿜었다. "길을 바꿨어요. 사업체를 매입한다면, 전 부동산 관리 회사를 하고 싶어요. 매도할 만한 소유주를 찾았는데, 문제는 우리가 이야기했던 금액의 두 배예요."

"그걸 가능하게 하려면 무엇을 할 수 있을까?"

"제가 타당하다고 생각하는 투자를 아저씨께 보여드리고 싶어요."

정원사가 씨익 웃었고, 두 사람은 그 사업에 대해 검토했다. 정원사는 지미가 제시한 손익 계산서, 연간 소득, 총 소득의 일관성, 세후 순이익 등을 꼼꼼하게 살폈다.

"네가 이 사업을 소유한다면 가장 중요한 건 뭐가 될 것 같니?"

"순이익과 현금 유동성이요. 하지만 목표는 관리하는 집들을 더 늘려서 총 소득을 늘리는 거예요."

"사장으로서 넌 얼마나 받을 거니?"

"그건 정확히 정하진 않았는데요. 제 사업이 되면, 세금을 제한 모든 수익이 제 것이 될 거예요. 현재 예상표를 보면, 제가 가져갈 수 있는 돈은 월 5천 달러 정도 될 것 같아요."

"이 돈으로 넌 뭘 하려고?"

지미가 웃음을 터트렸다. "아직 안 정했어요."

정원사가 반문했다. "정말? 난 네 목표가 경제적 자유라고 생각했는데. 부자가 되고 싶다면, 초과 수익을 사용하는 데 마음 가는 대로 결정해서는 절대로 안 된단다. 모든 흑자는 경제적 부를 쌓기 위해 모아두어야 해."

"수익을 동전 한 푼까지 죄다 모으라고요?"

"다는 아니겠지만 희생이 필요할 거다. 적은 돈도 부의 씨앗이 될 수 있거든."

"그렇게 할게요. 씨앗을 뿌리는 데에 수익을 쓸게요." 지미가 미소 지었다.

풍요는 엄청난 양의 부를 가지고 있는 상태를 말한다. 30대에 나는 부를 일구느라 한창 분투 중이었지만, 여전히 결승선은 수백만 킬로미터 떨어져 있었다.

부를 일구는 데는 시간의 희생이 요구되었다. 때론 자존심을 꿀꺽 삼켜야 했다. 빈털터리에게는 사치라고 생각했기 때문이다.

정치인이자 작가였던 에드워드 불워 리턴은 이렇게 말했다. "돈을 버는 사람 중에 어슬렁거리며 걷는 사람은 극히 드물다. 돈을 모으는 사람 중에 거들먹거리며 걷는 사람은 거의 없다." 하지만 그 희생이 가치가 있을까?

수년 후 40대의 나는 마침내 경제적 자유라는 목표에 다가가고 있었다. 어느 날 대형 은행의 은행장과 대출 담당 팀장을 만났다. 나는 그 만남에 긴장한 한편, 내심 기대했다. 중요한 대출을 받기 위한 상세한 제안서를 만들어 갔다. 수년 동안 나는 돈을 모으고, 그 시간 동안 이 은행을 꾸준히 이용해왔다.

나는 재무를 전공하고 있는 아들 마이크를 그 거래의 입회인으로 데려갔다. 대출 담당자는 정문에서 우리를 맞이하고 환영했으며, 그 자리에서 주요 과장들의 집무실들을 보여주었다. 그녀는 집무실마다 있는 직원들에게 우리를 소개했다. 팀원들은 일어서서 우리와 악수를 했다. 우리가 마치 귀족이라도 된 듯 존중을 표했다.

10분 동안 나는 다른 사람의 삶을 살고 있는 것만 같았다. 심지어 그 은행에서 가장 높은 자리에 있는 사람조차 우리를 레드카펫에 선 배우들처럼 예우했다. 나는 대출을 받았을 뿐만 아니라, 꿈꾸는 순간을 경험했다. 대출을 받기 위한 소규모 전투를 보여주려고 아들을 데려갔는데, 고된 노동의 결실을 스스로 증명했고, 내게 흠뻑 존경을 표하는 사람들을 만난 것이다.

"은행은 당신이 돈이 필요하지 않음을 입증하면, 돈을 빌려주는 곳이다"라고 코미디언 밥 호프는 농담처럼 말했다.

나는 늘 중고차를 몰았고, 시골 지역의 평범한 집에 살았고, 수의사 진료소 지하에서 사업을 운영했지만, 나중에는 시내에 있는 훌륭한 건물을 소유하게 되었다. 휴식, 술, 골프 대신 일과 경제적 자유를 위해 돈을 모으는 조용한 흥분을 즐겼다.

나는 자금의 요새를 쌓는 데 시간과 에너지를 들였다. 고난의 몇 년을 보냈을 때, 그 요새는 어떤 위기도 견뎌낼 만큼 충분히 단단해졌다.

풍족하다는 건 내가 사랑하는 사람들이 매일 걱정할 필요가 없다는 뜻이다. 나는 그들에게 따뜻한 담요가 되어준다. 그리고 자본이 가진 힘은 내게 안전망이 되어준다. 충분한 돈이 주는 궁극적인 축복은 돈이 충분한지 불안해하지 않아도 된다는 것이다. 마음의 평화는 값을 매길 수가 없다.

나의 시작은 하루 1달러 저축이었고, 그 여정은 금액을 바꾸며 20년 동안 꾸준히 이어졌다. 종종 지루하고 따분하기도 했다. 느릿느릿한 걸음이었다. 전부 열정은 아니었다. 하지만 지금에 와서 생각해보면 과정도 그리 불행하지 않았다. 오히려 삶에 활력을 주었다.

"돈은 끔찍한 주인이다. 하지만 훌륭한 신하이기도 하다"라고 P. T. 바넘은 말했다.

부는 힘이다. 경제적 풍요가 있으면 많은 일이 가능해진다. 부는 당신의 선택지를 확장시킨다.

Affluence

인생 수업 : 풍요

풍요에 이르는 길은 단순하다.

지출보다 수입을 늘릴 것.

●

자기 용서

자기 용서 : 죄책감, 후회, 부끄러움, 자기 혐오,
실패나 실수에 관한 자기 경멸을 놓아주는 것

정원사는 성공보다 실수에서 더 많은 것을 배운다.

바버라 도지 보랜드

대부분의 사람들은 부가 개인적인 실수, 잘못된 선택, 심지어 굴욕과
연관되어 있다고 믿지, 정원사는 생각했다. 자신의 후회와 불완전함을
용서하는 성숙함은 내면의 평화를 이루는 거대한 도전이자 가장 멋진
보물이다.

그는 오전 명상을 마치고 촛불을 껐다. 정확히 9시가 되자 누군가
문을 두드렸다. 지미가 막 들어오는 참이었고, 정원사는 이제 나가려던
참이었다. "오늘은 산책을 하고 싶구나."

"좋아요." 지미가 어깨를 으쓱했다. 두 사람은 포도 농장까지 이어진
작고 좁다란 길을 따라 느릿느릿 걸었다. 농장 가장자리에 있는 고요한
연못에 도착할 때까지 사소한 대화들이 이어졌다. 둔덕 근처에 세워진
메리의 비석이 보였다.

"끝나지 않은 마지막 과업이 있어." 정원사가 말했다. 공기를 가르는
차가운 바람 한 조각이 불어와 그가 잠시 말을 멈췄다. "앞으로 난 영면
에 들 거야. 곧 영원히 메리에게로 가겠지."

지미의 눈이 커졌다. "그러니까…… 돌아가신다는 말씀이세요?"

"말기 암이다. 안 건 1년 정도 됐어. 치료는 소용없었어. 힘들기만 했지. 아픈 채로 6개월을 더 살면서 죽어가느니 운명을 받아들이기로 결심 했단다. 빨리 말하지 못해서 미안하구나."

지미가 이 소식에 얼어붙었다. "시간이 얼마나 남았다고요?"

"몇 주가 될지, 며칠이 될지 나도 모르겠다."

"왜 빨리 말씀 안 하셨어요?"

정원사가 한숨을 쉬었다. "난 널 안다, 지미. 내가 1년 전에 이 말을 했더라면 넌 내 병으로 인해 네 삶의 과업을 수행하지 못했을 거야."

"어쩌면 선택을 제게 맡겨두시는 게 최선이었을지도 몰라요."

"용서하거라." 정원사가 대답했다. 두 사람이 벤치에 앉았고, 바람이 불어와 연못에 잔물결을 일으켰다.

정원사가 조심스럽게 말을 이었다. "다른 이유가 있어서 여기 오자고 했다. 메리의 죽음에 대해 말해야 할 것 같아서야. 아들아, 넌 속죄했다. 내가 죽기 전에 네가 그 일을 떠나보내고, 네가 스스로를 용서할 거란 걸 나는 알아야겠다."

지미는 잠시 말이 없었다. "전 그렇게 못 해요. 그 죄는 제 일부이고, 살면서 제가 짊어져야 할 짐이에요." 차가운 말투였다.

정원사가 오래도록 침묵하다가 마침내 입을 열었다.

"그 사고로 메리가 죽었을 때, 내가 일어나서 움직일 수 있도록 프레드가 도와주었어. 내 자신이 아닌 곳에서 원인을 찾을 수 있도록 도왔지. 사고 차량을 운전했던 아이를 만나자고 한 건 그 친구 생각이었어. 그 일에서 벗어나려고 소년원을 찾아갔을 때 나는 그곳에 겁에 질린 아이들만 있다는 걸 알았지. 넌 내가 상상하던 그런 짐승이 아니었다. 후회스러운 실수를 저지른, 연약한 인간일 뿐이었지. 그런데도 너는 내게 다가와 사과할 강인함과 품위를 지니고 있었지." 정원사가 몸을 돌려 지미를 바라보았다.

"난 아내를 비극적으로 잃었어, 지미. 하지만 이렇게 아들 하나를 얻었지. 널 만남으로써 나는 그 후의 나날들에서 의미를 찾았단다. 우리가 만난 그날 이후로 넌 내 삶에 축복이 됐어. 나를 치유해줬고, 이제 너는 스스로를 용서할 차례야. 너에게 청하는 건 오직 이것뿐이야."

지미가 느릿하게 고개를 저었다. "그렇게 해드릴 수가 없어요."

"그렇게 해다오. 날 위해서가 아니라, 널 위해서. 어렸을 때 저지른 실수고, 그게 지금의 너를 규정할 수는 없단다. 내 인생은 지나가겠지만, 네 인생은 아직 남아 있어. 창창한 미래가 기다리고 있어. 과거에 저지른 잘못에서 너 자신을 용서해야만 비로소 밝은 미래가 올 거야. 난 널 용서했다. 그리고 메리도 널 용서했어."

지미가 깊이 한숨을 들이쉬고는, 목소리를 가다듬었다. 마침내 그가 입을 열었다.

"전 아저씨 인생에서 가장 특별한 존재인 아주머니를 사라지게 했어요. 저 때문에 돌아가셨고, 그 사실을 잊을 수가 없어요. 고통스러워도 싸요. 그건 제 상처고, 전 그걸 놓지 못할 거예요. 스스로 책임을 다해서, 제 자신의 삶이 중요하다는 걸 증명하고 싶어요. 언젠가 아저씨가 절 자랑스러워하실 날이 올 거예요."

"이 마지막 말을 마음에 새기거라." 정원사의 목소리가 떨렸다. "난 무조건 네 존재를 받아들인단다. 헤아릴 수 없을 만큼 널 사랑해. 다른 누군가를 내 아이라고 부를 만큼, 이렇게 누군가를 자랑스러워해 본 적이 없단다."

지미가 말을 하려다가, 목구멍까지 올라온 말을 꿀꺽 삼켰다. 그가 고개를 떨구었고, 침착하려고 애썼다.

정원사가 손을 뻗어 그의 손을 꼭 잡았다. "그 상처로 인해 너 자신을 잃지 않도록 하거라. 네가 저지른 실수는 너 자체가 아니야. 넌 이미 용서받았단다. 이제 너 자신을 용서해라. 죽어가는 내가 너에게 하는 유일한 부탁이란다."

지미가 눈을 감았고, 눈물 한 줄기가 볼을 타고 흘러내렸다. 울음이 그치기까지는 한 시간이 걸렸다.

자기 용서는 죄책감, 후회, 부끄러움, 자기 혐오, 자기 경멸을 놓아주는 것이다.

내 남동생은 쉰두 살 때 세상을 떠났다. 차 한 대가 고속도로에서 경로를 이탈해 중앙선을 넘어 동생이 있던 곳을 덮친 것이다. 순간 동생은 그 차가 자신을 향해 곧장 오고 있다는 걸 깨달았다. 급히 자기 차 뒤에 몸을 숨겼지만 통제 불능의 차는 동생의 차를 들이받고 동생까지 덮쳤다. 그는 허공으로 날아올랐다. 6미터나 날아가 바닥으로 떨어졌고, 즉사했다.

가해 차량의 여든 살 노부인은 핸들을 잡고, 의식을 잃은 채였다. 알고 보니 당뇨병성 혼수 상태였다. 옆자리에 타고 있던 사람은 눈이 먼 남편이었다.

경찰이 사고 조사에 착수했다. 노부인은 운전 중 과실치사로 기소되었다. 그녀는 사고 전에 지역 은행에 갔었는데, 거기서 혈당 수치가 급격히 낮아져 쓰러질 뻔했다. 남편이 운전을 말렸지만, 그녀는 어쨌든 운전대를 잡았다.

몇 분 뒤에 내 동생이 죽었다. 나는 세 시간 뒤에 그 소식을 들었다. 전화를 걸어온 어머니의 목소리는 지금까지도 내 안에서 메아리치고 있다. "조가 사고를 당했어." 어머니의 목소리가 갈라졌다. "죽었대."

터무니없는 사고의 여파로 수많은 감정이 소용돌이쳤다. 우리 가족은 사랑하는 사람을 부당하게 잃은 일로 고통스러워하고 비탄에 잠겼다. 하지만 오랫동안 복수심에 빠져 있을 순 없었다. 우리는 고소를 취하했다. 우리는 용서를 택했지만, 그 노부인을 위해서는 아니었다. 우리 자신을 위해서였다.

오직 용서만이, 누군가를 잃은 비극이나 영혼이 부서지는 듯한 아픔에서 우리를 구원할 수 있다. 용서는 고통을 무시하는 것이 아니다. 고통이 남은 생에 영향을 미치지 못하도록 결심하는 것을 의미한다. 용서는 영혼의 상처를 치유한다. 가능하면 스스로를 용서하는 관대함을 베풀어야 한다.

넬슨 만델라는 말했다. "나를 자유로 이끌어줄 문을 향해 걸어갈 때, 비탄과 증오를 뒤로 하지 않는다면 여전히 나는 감옥에 있으리라는 걸 알았다. 용서는 영혼을 해방시킨다."

성공에는 여러 측면이 있다. 물질적인 부는 한 가지 요소일 뿐이다. 하지만 성공에는 건강과 에너지, 삶에 대한 열정, 충만한 관계, 창조적인 자유, 감정적·심리적 안정, 행복감, 마음의 평화도 포함된다.

무엇이 자신을 괴롭히든 언제나 스스로를 용서해야 하는 시기가 있다. 자신을 용서하기 힘들 정도로 감정의 소용돌이에 휩싸일 때, 스스로를 용서하고 돌보는 것은 일종의 용기다.

Self-Forgiveness

인생 수업 : 자기 용서

후회는 스스로를 괴롭히는 감정이다.

타인은 물론 스스로를 관대하게 용서하라.

●

성공 습관

습관 : 거의 벗어날 수 없게 될 때까지 따르는 어떤 행동 패턴

습관은 씨앗이 가득 뿌려진 정원과 같다.
어떤 씨앗은 꽃이 되고, 어떤 씨앗은 잡초가 된다.

마리 시오타

다음 날 지미는 출근을 하지 않고 메리의 비석 옆에 앉았다. 바람에 물결이 일고 하늘에 흰 구름이 떠가는 모습을 지켜보았다. 회한과 함께 낯선 평화로움도 느껴졌다.

정오가 되었을 때 정원사가 다가왔다. 그가 지미의 어깨에 한 손을 얹으며 말했다. "옆에 있어도 될까?"

"당연하죠." 지미가 미소를 지으며 돌아보았다.

정원사가 지미 옆 바닥에 앉았다.

"죽음에 대해서 한 가지 여쭤봐도 돼요?"

"그래, 그런데 내가 아직 죽진 않았다는 건 염두에 두고."

지미가 껄껄 웃었다. "죽음을 향해 가시면서 제게 마지막으로 해주고 싶으신 조언이 있을까요?"

"마지막 조언 하나를 해달라니, 쉽지 않구나." 정원사는 오래도록 말을 잇지 못했다. "하지만 한 가지를 말한다면, 압박을 받는다고 해서 절대로 유니콘의 등을 짚고 뛰어넘기를 해서는 안 된다(유니콘의 등을 짚

고 앞으로 뛰어넘으면 그 뿔에 걸려 크게 다치게 된다는 뜻으로, 자신에게 피해되는 일을 해서는 안 된다는 영미 속담_옮긴이)는 거야."

지미가 크게 웃음을 터트렸다. "아저씨, 전 진지하다고요!"

"좋아, 그렇다면 성공의 습관을 만들라고 말하고 싶어. 우리가 먼저 습관을 만들면, 그다음부터는 습관이 우리를 만든단다. 인생의 가장 핵심적인 전략이지."

지미가 호기심 어린 시선으로 정원사를 바라보았다.

"부란 삶의 방식일지도 몰라. 올바른 일을 향해 나아가는 하나의 방향 말이야. 올바른 일을 오래 할수록 습관이 된단다. 습관은 힘들이지 않고 성취해낼 수 있다는 말이 아니라, 시간이 지남에 따라 의지를 발휘하지 않고도 저절로 행해지게 된다는 말이다. 습관은 우리를 나아가게 하고, 결국 우리를 지배하지."

지미는 그 말에 대해 생각하는 동안 아무 말도 하지 않았다. 그는 매일 자신의 목표를 어떻게 적었는지, 그 의례가 얼마나 자연스러웠는지 생각했다. 그는 그것이 습관임을 알았다. 왜냐하면 그 의례가 자신을 앞으로 나아가도록 하는 것 같았기 때문이다. 목표를 적고 나면 늘 기분이 좋았다. 반대로 그 의례를 건너뛴 날은 기분이 좋지 않았다.

지미가 고개를 끄덕였다. "어떻게 하면 소년원 아이들에게 줄 아저씨의 지침서를 제가 가질 수 있나요?"

"그건 네가 결정할 일이지."

"제게 주지 않으실 건가요?"

"만약 네가 준비가 된다면, 넌 그 책을 받을 필요가 없단다. 네가 준비되어 있으면, 그 책이 널 찾을 거야."

지미가 농담을 했다. "그 내용을 알아낼 시간이 필요하겠네요. 그런데, 개인이 부를 만들어내는 기초에 관해서는 거의 아는 게 없는데요.

저희가 나눈 대화는 모두 부로 이끌어주는 활동이나 행동에 관한 거잖아요."

"그건 잘못된 행동이 주요 장애물이 되기 때문이란다. 매일 아침 우리가 만나는 시간을 한 시간 남겨두렴. 내가 열 가지 부의 씨앗을 가르쳐줄 수 있도록."

습관은 의지를 발휘하지 않고도 될 때까지 따르는 행동 패턴을 말한다. 나는 늘 습관의 힘에 대해 경멸을 느껴왔다. 그건 게으름, 장애물을 뛰어넘을 의지력이 없거나 자제력이 부족한 사람들을 위한 철학처럼 보였다. 종국에 그 습관의 힘에 내가 겸허하게 두 손 들 때까지, 성공 습관이란 그 약점에 대한 책임 회피처럼 보였었다.

하지만 습관은 작은 실천이 몸에 배는 것이다. 사소해 보이지만 그 힘은 엄청나다. 운동을 하면 몸에 근육이 붙듯이 습관은 뇌를 변화시키고 삶 자체를 변화시키기 때문이다. 독서가 습관인 사람은 아무리 어려운 책도 술술 읽는다. 그렇게 습득한 지식은 평생 그에게 좋은 영향을 미친다.

"나쁜 습관은 서서히 시작된다. 그리고 당신은 그걸 알아차리기 전에 그 습관을 가지게 되고, 그 습관은 당신을 지배한다"라고 지그 지글러는 말했다. 이 말은 진실이다. 나쁜 습관이든 좋은 습관이든 습관은 우리를 지배한다.

우리는 습관을 만들고, 습관은 우리를 만든다. 내 경제적 성공을 이끈 가장 큰 힘을 꼽으라면 '습관'이라고 말하겠다.

"동기는 우리가 뭔가를 시작하게 한다. 습관은 우리가 그 일을 계속하게 한다"라고 짐 론은 말했다. 반복적인 행위들은 시간의 흐름에 따라 대부분 의지를 발휘하지 않고도 자연스럽게 행해지게 된다.

찰스 두히그는 『습관의 힘』에서 이렇게 썼다. "습관을 바꿀 수 있다는 것을 이해하게 되면, 습관을 다시 만들 자유와 책임도 갖게 된다. 습관을 다시 세울 수 있다는 것을 이해하게 되면, 습관의 힘을 파악하는 것이 더 쉬워지고, 유일하게 남은 선택지는 일을 시작하는 것뿐이다."

Success Habits

인생 수업 : 성공 습관

습관이란 나약한 사람들을 위한 것이라고 생각하는 우를 범했다.

하지만 내가 얻은 부 역시 일상의 습관들로 일군 것이었다.

•

5장

10가지 부의 씨앗

부를 생각하라

부 : 재산이나 돈의 풍족함

꽃을 찾는 사람은 꽃을 발견하게 될 것이며
씨앗을 사랑하는 사람은 씨앗을 발견하게 될 것이다.

헨리 워드 비처

정원사가 지미에게 이야기했다. "부자가 되는 데 필요한 전략은 어린아이들도 이해할 수 있단다. 그런데도 많은 사람들이 실패하는 원인은 인간의 행동에 있지."

지미가 그 말에 대해서 생각했다. "부는 자기 수련의 문제라는 뜻인가요?"

"그래, 하지만 그게 다는 아니란다. 가장 중요한 건 자신이 뭘 원하는지 아는 거야. 어떤 특정한 날짜에 어떤 목표를 분명하게 이루겠다는 것 말이다. 그리고 왜 그걸 원하는지 잘 알고 있는 것이지. 부자는 자신이 부를 일구고 싶은 이유를 알고 있단다. 아주 명료한 이유를 가지고 있지. 부를 추구하는 강력한 목표가 우리의 결단력을 강하게 해주지."

"부자란 부를 원하는 이유를 더 분명하게 알고 있는 사람들이라는 말씀이세요?"

"그렇단다. 많은 사람이 부를 원하지만, 그들의 욕망은 다른 많은 욕구와 경쟁하지. 부자들은 목표를 좁히고, 시간과 노력을 그 방향으로만 쏟는단다. 그들은 생각 없이 뭔가를 추구하진 않아. 경제적으로 자유로운 생활 방식을 바라기 때문이지."

"비싼 차를 몰고 다니는 것처럼요?" 지미가 씨익 웃었다.

정원사가 미소를 지으며 말했다. "네 주전자로 뭘 끓이든 네 맘이지. 하지만 그거 아니? 대부분의 부자들은 검소한 생활 태도를 가지고 있단다. 그들은 모으는 사람이지 크게 쓰는 사람이 아니야. 장기적인 게임에 초점을 맞추지. 부자들은 올바른 부를 원한단다."

"누구나 다 그렇지 않나요?" 지미가 자신에게 묻듯 질문했다.

"그래, 하지만 보통 사람들은 돈을 모으는 희생 없이 그저 바랄 뿐이지. 부자들은 돈에 더욱 진지하게 접근한단다. 더 큰 비전을 늘 염두에 두지. 부자는 축적을 생각해. 그들에게는 다르게 생각하는 두뇌 회로가 있지."

"정확히 어떤 면에서 다른데요?"

"그들은 자신의 방향을 생각한단다. 자신의 목표를 알고 항상 심사숙고하고, 부에 관한 책을 읽지. 부자가 되는 방법을 공부하고 계획하지. 자신이 얼마나 가치 있는지, 얼마나 버는지, 얼마나 쓰는지, 돈이 어디로 가는지 알고 있어. 부자는 앞으로 나아가는 데서 행복을 느낀단다. 지출을 감소하고, 수입은 증가시키며 더 많은 수익을 내려고 늘 애쓰지."

"그럼 부의 첫 번째 씨앗은 부에 대해 많이 생각하는 건가요?"

정원사가 미소를 떠었다. "그리고 그게 너에게 왜 중요한 건지 아는 거지."

부는 재산이나 돈의 풍족함을 뜻한다. 부를 얻는 사람은 부에 대해 많이 생각한다. "우리는 남다른 드러머의 비트로 걸어가야 한다. 부자와 똑같은 비트. 그 비트가 평범하다면, 즉시 댄스 플로어에서 내려와라. 목표는 평범하지 않은 것이어야 한다. 평범함이란 무일푼이기 때문이다"라고 데이브 램지는 말한다. 우리에게는 분명한 목표와 큰 이유가 필요하다.

부에 대한 비전을 간직하라. 목표를 적고, 밤낮으로 읽으라. 부를 이룬 자신의 모습을 그려보고, 그 보상을 얻어내기 위해 몸 바치는 모습을 상상하라. 부가 당신의 운명이라고 스스로에게 확신을 주어라. 자연스러워질 때까지 풍족함을 머릿속에 그리라. 부를 마음 깊숙한 곳에 심으라. 온갖 의심을 쫓아낼 수 있는 믿음을 세우라.

"부를 생각하는 일은 철이 자석에 달라붙듯 경제적 안정을 끌어당긴다." 브라이언 트레이시의 말이다. 초점을 가지고, 하루하루를 보내면 부는 커져갈 것이다.

부를 생각하는 것은 더 나은 선택을 하는 데 영향을 미칠 것이다. "부자가 되고 싶다면, 얻는 것만큼 모으는 것을 생각하라"라고 벤저민 프랭클린은 말했다. "가난한 사람, 보통의 사람이 사치품을 먼저 사는 반면, 부자는 가장 나중에 산다"라고 『부자 아빠 가난한 아빠』의 저자 로버트 기요사키는 말했다.

내일의 부자들은 오늘 축적한 사람들이다. 그들은 지출을 싫어하고, 집중하고 절제하며 꾸준하게 돈을 버는 사람들이다. 그들은 부에 대해 생각하고, 부가 삶에 어떤 의미가 있을지를 생각한다. 그리고 오늘의 사치를 포기한다.

왜 부를 원하는지를 아는 것은 상당한 부를 축적하는 데 반드시 필요한 인내심에 필수적이다. 우리가 가진 남다른 이유가 우리의 결단을 확고하게 만든다. 부자는 왜 자신이 부를 원하는지 안다.

조지 오웰은 부에 관해 분명한 동기를 지니고 있었다. "돈이 없는 건 불편을 의미하고, 치사한 걱정을 의미하며, 담배가 떨어진 것을 의미하고, 실패자라는 의식이 떠나지 않는 걸 의미한다. 무엇보다도 외로움을 의미한다."

워런 버핏과 찰리 멍거 역시 자신들이 부를 필요로 하는 이유를 알고 있다. 멍거는 말했다. "워런처럼, 나는 부자가 되겠다는 상당한 열망을 가지고 있었다. 페라리를 갖고 싶어서가 아니라 독립을 원했기 때문이다. 나는 필사적으로 부를 바랐다."

부를 쌓는 일은 어떤 행동이나 선택 전에 비범한 사고 과정을 요한다. 부자는 편안함, 사치, 사회적 지위를 원하는 것보다 훨씬 더 부를 원해야 한다.

부는 자신이 원하는 것과 그것을 왜 원하는지를 분명히 알고 그것을 생각하는 데 많은 시간을 쓰는 사람을 찾아가게 마련이다.

Think Wealth
인생 수업 : 부를 생각하라

부가 무엇인지, 어떻게 이룰 것인지, 왜 부를 원하는지,

생각하고 또 생각하라.

•

검약

검약 : 돈을 극히 적게, 정말 필요한 것에만 쓰는 것

검약의 씨를 뿌림으로써 우리는 자유, 황금 수확을 거둔다.

아게실라오스

지출을 제한하지 않고 부자가 되려는 것은 많이 먹으면서 살을 빼려는 것과 같다고 정원사는 소파에 누워 생각했다. 얼굴이 창백하고 약해 보였다. 지미는 옆에 놓인 흔들의자에 앉아 있었다.

"부자들은 모두 비싼 차를 몰고 멋진 집에 살아요."

정원사가 상체를 뒤척여 편하게 누웠다. "정말 그럴까? 넌 그들의 은행 잔고가 아니라 씀씀이만 보는 건 아닐까? 네가 보는 건 그저 고소득자들이 고급 물건을 소비하는 모습이야. 그들의 지출을 볼수록, 저축은 덜 보게 되지."

"어쩌면 그들은 그렇게 소비하고도 여전히 모을 만큼 벌겠죠."

"불가능하진 않지. 하지만 가능성은 적어. 대부분 버는 것보다 많이 쓰지. 그러나 진짜 부자들의 셈법은 달라. 그들은 검약을 실천하는 사람들이야. 언제나 수입이 지출보다 월등히 많지. 나도 마찬가지야. 내가 소유한 것들은 내가 가만히 있어도 돈을 벌어들인단다. 내 지출은 수입을 절대 따라가지 못해. 나는 필요한 게 적어서 검약도 쉬워. 난 단순한

게 좋단다."

"저도 단순함과 자유가 좋아요." 지미가 동의했다.

"누가 내 초라한 집 밖에 새 차를 세워두었다고 하던데. 수영장과 피트니스 센터, 테니스 코트가 딸린 고급 타운하우스에 산다고도 하던데." 정원사가 눈썹을 치켜올리며 말했다.

지미가 뻣뻣하게 굳어 대답했다. "저도 차와 집이 필요해요."

정원사가 동의를 표했다. "물론 그렇겠지. 하지만 오직 현명한 사람만이 필요와 욕망을 구분한단다. 네게 차가 필요한 건 맞지만, 너는 새 차를 원하지. 네겐 집이 필요하지만, 너는 고급 타운하우스를 바라고. 늘어난 생활 규모의 함정이라고 할 수 있지."

"하지만 가난한 사람처럼 살고 싶진 않은걸요."

"오직 네 선택이야. 스스로를 속이지 말거라. 쓰는 게 재미는 있겠지만 검약은 네게 자유를 줄 거야. 지출은 즉각적인 만족감을 주지만, 동시에 너를 그냥 월급쟁이로 남게 할 거란다. 고급 차와 고가 주택에는 대가가 따른다. 그것은 부를 격감시키지."

지미가 대답 없이 이 말을 생각해보았다.

"누구나 경제적 문제들을 해결하고 싶어 하지만, 아무도 검약을 좋아하지 않아. 검약이 바로 약인데 말이야." 정원사가 한숨을 내쉬었다.

지미가 반박했다. "전 희생하는 건 괜찮아요. 단지, 부라는 게임에서 이기기 위해 수입을 더 늘리고 싶을 뿐이에요."

"검약하지 않는 한, 개인의 재정 상태는 금이 많이 간 댐과 같아. 강이 계속 흘러도 물은 불어나지 못한단다."

검약은 돈을 적게 지출하고, 필요한 데만 쓰는 것이다. 아샨티족 속담에 이런 말이 있다. "잔치를 하면서 부자가 될 수는 없다." 벤저민 프랭클린도 이렇게 말했다. "작은 지출을 조심하라. 작은 누수가 거대한 배를 가라앉힌다." 옛날에는 돈을 모을 줄만 알고 쓸 줄 모르는 사람을 낮잡아 '수전노'라고 했다. 오늘날에는 똑같은 사람에게 경탄을 보낸다. 검약을 실천하는 사람은 드물다. 검약이 부를 축적하는 지름길임에도 불구하고.

미국에서 자수성가로 백만장자가 된 사람들은 인구의 3퍼센트 미만으로 추산된다. 극히 드물게 이런 지위를 만들어낸 이들은, 나이 쉰이 넘어서야 부에 도달한다. 그들은 근면과 절제를 신뢰하고, 돈을 빌리지 않는다. 보통의 백만장자들은 부를 과시하는 경향이 없다. 친구와 가족들은 몇몇 단서를 가지고 그들이 백만장자라고 추측할 따름이다.

진짜 부자들은 겸손함을 지니고 있으며, 독립적 사고를 한다. 부자들은 빈털터리처럼 살아서 부자가 되고, 파산자들은 부자처럼 살면서 파산 상태에 머문다. 미래의 백만장자는 지출을 관리한다. 그들은 사치스러운 생활을 뒤로 미룬다. 만족감을 뒤로 미루는 것은 경제적 축적의 핵심이다. 즉각적인 만족은 장기적인 부를 방해한다.

상류층처럼 보이려고 시간과 돈을 할애하는 것은, 종종 예측 가능한 결과를 낸다. 경제적으로 더 나빠진다는 것이다. 부자의 프로필을 만드는 세 가지가 무엇인지 아는가? 검약, 검약, 검약이다. 부는 검약을 통해 쌓여간다.

Frugality

인생 수업 : 검약

우리는 매일 소비와 저축 사이의 선택에 직면한다.

쓸 것인가, 모을 것인가는 오직 선택에 달렸다.

●

수익성

수익성 : 초과 수익을 만들어내는 능력

부는 나무와 같아서 아주 작은 씨앗에서 자라난다.

조지 S. 클라슨

정원사가 말했다. "부는 수익성에 기반을 둔단다."

"재량소득(실소득에서 생활비를 뺀 금액_옮긴이)을 말씀하시는 건가요?" 지미가 물었다.

"빙고! 그거야. 사업에서 이윤을 사치품에 쓰는 소유주는 대개 실패로 끝나지. 불필요한 물건에 돈을 쓰는 건 결국 경제적 취약성으로 이어져. 부자가 되기 위해서는 여유 자금이 있어야 한단다."

지미가 이 말을 생각했다. "거의 모든 사람들이 돈을 모아서 투자해야 한다는 생각을 하긴 하죠. 그런데 월말에는 돈이 없다는 게 공통적인 문제고요."

정원사가 눈살을 찌푸렸다. "가계 경제는 가장 먼저 해결해야 할 문제다. 잘 벌고, 잘 모으고, 덜 써야만 하지. 부자는 이런 것들을 잘해내지. 수익은 균형 잡힌 계획에서 나온단다."

지미가 반박했다. "사람들의 수익에 한계가 있다면요? 월 수입이 간신히 고정 생활비를 충당할 정도라면요?"

"그러면 경제적으로 불안한 삶에 속박당하게 되지. 월급의 노예가 되는 거야. 생활비를 충당하고 세금을 내기 위해 살겠지."

지미가 그와 같은 운명을 생각하면서 한숨을 쉬었다.

"우리에게 필요한 건 경제적 제약이야. 강제로 부족한 상태를 만들어서 월급의 일정 부분을 따로 빼놓아야 하지. 이 계획이 씀씀이를 줄여줄 거야. '너 자신에게 먼저 써라'라는 말을 들어본 적 있니?"

"당연하죠. 먼저 아끼고 남은 걸 쓰라는 말이잖아요."

"그게 작동하는 이유는, 부족한 상황을 인위적으로 만들기 때문이란다. 쓸 돈이 적으면, 우리는 분명 원하는 것이 아니라 필요한 것을 선택하지. 그렇다 해도 그럭저럭 살게 되지. 하지만 보통의 평범한 사람들은 벌어들이는 돈이 얼마인지와 관계없이 일단 다 써버리고, 그 외에 조금 더 쓰는 경향이 있다고 할 수 있어. 지출이 수입에 따라 증가하지. 대부분의 사람들은 첫 직장에서 번 것보다 현재 몇 배나 되는 돈을 벌지만 현재의 생활 방식을 유지하기 위해서 남은 한 푼까지 다 써버려. 얼마를 버는지는 중요하지 않고, 늘 충분하지 않아 보이지. 그게 사람들이 파산하는 주된 이유야."

수익성은 초과 수익을 만들어내는 능력이다. 파산한 사람들은 매달 초에 저축하는 것을 이해하지 못한다. "어떻게 월초에 돈을 저축하죠?"라고 그들은 묻는다. "월말에 남은 돈이 한푼도 없었는데요!"

돈을 모으는 사람들은 파산한 사람들과는 다른 식으로 생각한다. 예를 들어 그들은 100달러를 저축하고, 시간이 지나면서 매월 더 많이 저축한다. 이들은 생활 방식의 변화를 받아들인다. 비용을 삭감한다.

사람들은 묻는다. "비용을 줄여도, 저축하기에는 수입이 여전히 충분치 않다면 어떻게 하나요?"

"절약하지 않는 자는 고뇌해야만 할 것이다"라고 공자는 말했다. 수익을 내기 위해서는 더 많이 벌어야 할 수도 있다. 부는 최소한의 노력으로는 이룰 수 없다. 돈을 모으는 데는 희생이 요구된다. 더 영리하게, 더 힘들게, 더 오래 일해야 한다는 말이다. 이 사실은 부가 왜 그토록 희귀한 것인지를 설명해준다. 수입을 더 얻으려면 부업을 해야 할 수도 있고, 수익 창출 능력을 증대시키기 위해 공부를 더 해야 할 수도 있으며, 부수적인 사업을 운용할 수도 있을 것이다.

"노동은 부를 이끄는 가장 확실한 방법이다"라고 데이브 램지는 말했다. 소포클레스 역시 말했다. "노동 없이는 부도 없다." 더 많은 것을 원한다면, 더 많이 일하라.

"하지만 더 일할 시간이 없는 걸요"라고 불평하는 사람들에게 짐 론은 이렇게 말할 것이다. "텔레비전은 당신에게 1년에 4만 달러를 지불하게 합니다. 단지, 보는 데만 말이죠! 그 시간에 당신이 뭘 더 할 수 있을까요? 일을 하거나, 돈을 벌거나, 아니면 뭘 배우는 건 어때요? 시간 낭비는 돈을 잃고 부를 버리는 것입니다."

깨어 있는 시간을 모두 사용할 때, 모을 돈이 생겨날 것이다. 지출이 수입보다 느리게 증가한다면, 우리는 그 차액을 모으거나 투자할 수 있고, 마침내 부를 쌓을 수 있을 것이다.

Profitability

인생 수업 : 수익성

수입과 지출의 당연한 상관관계를 알기 전까지

수년간 돈을 모으지 못한 채 분투했다.

•

LESSON 5-4

빚에서 빠져나오라

빚 : 갚아야 할 돈이나 의무

빚에 대한 이자는 비가 내리지 않아도 쑥쑥 자란다.

유대 격언

정원사가 말했다. "자유를 원한다면, 빚을 떨쳐내야 한다. 빚이란 자유시장 경제에서 노예의 주인이고, 힘들고 단조로운 일을 불가피하게 만들어. 미래의 시간과 돈을 도둑질하고 노동자를 월급에 묶어놓지."

"노예라니, 무척 센 비유네요." 지미가 응수했다.

"그럼 넌 먹고, 자고, 입고, 빚을 갚기 위해 일하는 걸 뭐라고 부르겠니? 노예의 삶과 같지. 그런 삶에서 더 나은 조건에 대한 희망이 어디에 있을까?" 정원사가 고개를 저었다.

"희망은 더 많이 버는 데 있죠. 빚을 상환하기 위해서요."

"그 말이 맞다. 빚에 빠지기는 아주 쉽지만, 거기서 빠져나오기는 무척 어렵단다. 빚을 진 사람들은 자신의 미래가 채권자들에게 팔렸다는 걸 깨닫게 되고 덫에 걸리지. 생활 방식은 괜찮아 보일 수 있지만, 이자가 그들의 수익을 빨아먹어. 월급을 빚 갚는 데 다 써버리면, 영혼이 늘 지치게 되지."

"그렇게 살 바엔 죽는 게 낫겠어요. 전 시간이 있는 한 세 가지 일을 할 거예요. 사는 동안 빚이 저를 다스릴 리는 없어요." 지미가 말했다.

정원사가 몸을 앞으로 숙이더니 테이블에서 서류 뭉치를 집어 지미에게 건넸다. 20년 상환 일정의 6퍼센트 이율로 585,000달러의 사업 자금 대출에 관한 것이었다.

"빚의 세계에 온 걸 환영한다. 이제 내가 널 소유했구나." 정원사가 빙그레 웃었다.

지미가 종이를 넘겼다. 서류는 그가 대형 부동산 관리 업체를 사들이는 데 빌린 대출금이었다. "매월 지급할 게 4,191달러네요. 이 정도는 감당할 수 있어요."

"그래, 우리는 그 숫자를 검토했어. 이익을 가져오는 빚은 좋은 빚이야. 그런데, 이 대출금이 얼마나 되는지 가늠이 되니?"

지미는 어이없는 질문에 놀란 표정이었다. "585,000달러요."

"전혀." 정원사가 말했다. "20년 동안 이자까지 해서 네가 지불해야 할 돈은 1,005,869달러야. 그게 실제 비용이야. 매월 갚을 돈만 고려하는 건 매우 근시안적이지."

"제가 아니라 사업이 그 비용을 해결해줄 것 같은데요."

"수익으로 그 돈을 지불할 수 있다면 이자는 그리 중요하지 않지. 하지만 너무 많은 사람들이 오직 월 지불액만 고려해서 개인 빚을 내곤 하지. 학자금, 주택, 자동차, 심지어 가구를 사들일 때는 특히 더 위험해. 상환 시스템은 양의 탈을 쓴 늑대거든." 정원사가 말했다.

"하지만 갚을 만큼 벌면……."

"오늘 갚을 만큼 번다 해도 내일은 어떻게 될지 모르는 거란다. 누가 미래에 어떻게 될지 알겠니? 수입, 건강, 부유한 시기가 계속 이어지리라고 확신할 수 있을까? 경기 침체에서 가장 크게 다치는 건 빚을 진 사람들이란다. 걱정에서 자유롭고 싶다면, 빚에서 자유로워져야 해."

"좋아요, 하지만 모두들 집과 차가 필요해요."

"연간 실수익의 절반 이하로 담보 대출금을 유지하렴. 자동차에 3만 달러 이상의 비용이 필요하진 않아." 정원사가 조언했다.

지미는 조용히 자신의 타운하우스 담보 대출을 계산했다.

"아저씨가 돌아가시면…… 이 대출은 어떻게 되는지……" 그가 조심스럽게 물었다.

"대출 과정에 대한 교육 차원에서 이 대출 서류를 만든 거야. 하지만 대출해준 사람이 사망하면, 빚은 탕감될 게다. 넌 아주 어린 나이에 대단한 출발을 하게 될 거야. 그게 네 인생을 어떻게 바꿀까?"

지미가 어깨를 으쓱했다. "매달 저축하기 위해 추가로 4,191달러가 더 있어야겠네요."

빚은 갚아야 할 의무, 즉 채무의 상태를 말한다.

칼럼니스트 얼 윌슨은 다음의 사실을 관찰했다. "오늘날에는 세 종류의 사람이 있다. 가진 자, 가지지 못한 자, 자신이 가진 것에 대해 돈을 지불하지 못하는 자."

수익성에 빚보다 더 큰 장애물은 없다. 그리고 수익 없이는 모을 것도 없고, 부자가 될 희망도 없다. 빚은 오늘 원하는 것에 대가를 치르기 위해 내일을 도둑질하는 것이다.

"빚은 최악의 빈곤이다"라고 성직자 토머스 풀러는 말한다. 또한 "빚이 있는 사람은 노예와 다를 바 없다"라고 에머슨은 썼다. 작가 켄트 너번은 "경제적 측면에서 삶의 질에 가장 큰 적은 가난이 아니라 빚이다"라고 말했다.

빚들을 규모에 따라 갚아나가라. 이자가 높은 빚부터 갚는 것이 경제적으로 현명하지만, 심리적으로는 규모가 작은 빚을 먼저 갚고 수월해지는 편이 현명할 것이다. 작은 승리를 얻어내고 나면, 갚은 빚들이 남은 빚을 지불할 여유 자금을 증가시켜 줄 것이다.

빚진 이들은 희생의 고통이나 노예의 고통으로 몸부림친다. 빚은 우리가 잠자는 동안에도 이자를 누적시키는 잔인한 주인이다. 데이브 램지는 빚 진 사람의 인생을 이렇게 요약했다. "나는 빚지고, 나는 빚졌으니, 이제 일하러 가야 한다."

"빚에서 빠져나오고, 빚 없이 사는 게 핵심이다. 빚은 부의 가장 큰 장벽이고, 기생충이다"라고 앤 윌슨은 조언한다.

그리고 우리는 빚 때문에 노예가 된다. 빚을 갚으라.

Get Out of Debt

인생 수업 : 빚에서 빠져나오라

빚은 우리를 노예로 만든다.

빚 없는 삶은 해방이다.

•

절실하게 모으라

절실하게 모으기 : 최우선으로 저축하는 것

봄에 충직하게 씨앗을 뿌린 농부만이 가을에 수확을 거둔다.

B. C. 포브스

"돈을 모으는 것이 너를 엄청난 부자로 만들어줄 거라고 장담할 수는 없지만, 널 더 행복하게 하고 더 부자로 만들어줄 거야." 정원사는 말했다.

지미가 웃음을 터트렸다. "돈으로 행복을 살 순 없지 않나요?"

정원사가 소파에 비스듬히 누워서 껄껄 웃고 있었다. 얼굴이 창백했다. "오히려 정반대다. 걱정은 비참하지. 저축이 없다면 걱정 속에서 살게 될 거고, 저축이 있다면 상황은 좀 더 나을 거야."

지미가 그 말에 대해 생각했다. "사람들은 모두 돈을 일부 저축해야 한다는 사실을 알고 있는데, 실제로 그러지는 않죠."

"사람들은 미래를 저버리고 하루만 살지. 적절한 균형을 찾지 못한 거야." 정원사가 창 너머를 응시했다.

"저축하는 사람을 비난하는 사람도 있어요. 그런 사람들은 부를 추구하는 걸 피상적인 삶이라고 여기고, 쓰고 즐기는 걸 최고라고 생각하죠."

"누구에게나 자기에게 맞는 길이 있지. 하지만 저축하지 말라고 충고하는 사람은 더 이상의 충고를 고려할 수 없는 어리석은 사람이지."

지미가 대답 없이 고개를 끄덕였다.

"나도 다른 사람들처럼 바빴단다." 정원사가 한숨을 내쉬었다. "하지만 나는 목표가 있었어. 벌어들인 것의 일부를 절실하게 모았지. 그 저축 덕분에 나는 돈이 없는 사람들은 갈 수 없는 호화로운 연회에 초대를 받았었지."

지미가 궁금하다는 듯이 그를 쳐다보았다. "어떤 연회요?"

"소유와 투자에 관한 연회였어. 부자가 되기 위해서는, 소비자에서 소유주이자 투자자로 전환해야 한단다. 주식, 채권, 부동산, 사업체를 소유하는 건 부를 일구는 방식이지. 저축이 없었다면 그 연회에는 참석하지 못했을 거야. 충분한 저축이 생기자 그 문이 열렸단다."

"그게 아저씨가 다른 사람들보다 부자가 된 이유인가요?"

"나와 내 친구들은, 출발점이 다르지 않았어." 정원사가 말을 이었다. "우리는 같은 학교에 들어갔지. 하지만 나는 절실하게 돈을 모았고, 그 지점이 모든 차이를 만들어냈단다. 친구들이 쓰는 동안 나는 모았고, 내 선택지는 늘어났어. 절실함이 없다면, 다른 일에 주의를 기울이게 돼. 내 친구들은 나를 행운아라 불렀지. 친구들 눈에는, 내가 우연히 부자가 된 거였어." 정원사가 말했다.

지미가 미소를 지었다. "친구들과 달리 아저씨는 어떻게 돈을 모을 수 있었죠?"

"거기에 대해서 꽤 생각해봤는데, 우리는 각자 다른 걸 원했고, 각자의 욕망이 우리를 다른 방향으로 데려간 것 같구나. 나는 항상 인생에서 내가 하는 일에 힘을 가지고 싶었어. 이런 욕망은 절실하게 돈을 모으게 만들었지. 친구들이 돈을 모으는 데 크게 신경 쓰지 않는 동안에 말이야. 또 나는 생활 방식을 단순하게 유지했어. 돈을 저축하고, 남은 돈으로 살았지. 내 친구들이 돈을 낭비하면서 빚을 지는 동안, 나는 정원 가꾸기를 즐겼어. 그리 대단하지 않은 소박한 삶을 택했단다. 대출, 자동차, 고급 가구가 그 친구들에게서 초과 수익을 훔쳐갔지. 내가 돈을 모으고 투자를 하는 동안 친구들은 비용을 지불하느라 일을 했어. 결국 사소한 경제적 선택들로 성장의 보폭이 달라진 거야. 친구들이 소비자로 남아 있는 동안 나는 자산 소유자가 되었지. 그리고 순리대로 휴식을 얻었단다."

"행운의 휴식이 저축 때문에 온 건가요?"

"내 경제적 행운은 저축에 따른 수많은 사소한 것들 덕분이었단다. 저축된 돈 없이는 어떤 일도 일어나지 않아. 나는 내 인생을 다스리고 싶었어. 끌려다니지 않고."

절실하게 돈을 모으는 것은 저축을 최우선으로 삼는 것이다. 돈을 모아야 한다는 절실함 없이는, 낭비하고 후회하게 된다. 빈 은행 잔고는 절망감을 유발하기 때문에 절실함은 필수다.

은행에 있는 돈은 삶을 상당 수준 변화시킨다. 돈을 모으는 것은 재앙을 막을 수 있다. 저축에는 절제가 필요한데, 숙달되면 거대한 연회에 참석하는 자격이 주어진다.

"돈을 모으라, 그러면 돈이 당신을 구할 것이다." 자메이카 속담이다. 만일 돈을 모으지 않는다면, 얼마나 버는지와 상관없이 늘 쪼들리게 될 것이다.

부를 이루는 일은 적은 돈을 계속 모아나가며 결승선까지 한 걸음씩 나아가는 마라톤과도 같다. 그리고 어느 정도 저축액이 쌓이게 되면, 더 큰 부자의 길로 들어설 새로운 문이 열린다.

"꿈을 달성하는 데 시간이 든다고 해서 꿈을 포기하지 마라. 어쨌든 시간은 흘러간다"라고 얼 나이팅게일은 말했다. 매월 초 월급에서 저축 통장으로 자동이체 하는 방식을 사용하여 돈을 모으라. 이런 계획이 지출을 관리할 견고한 구조물을 만들어줄 것이다. 의지력을 발휘하지 않아도 계속 앞으로 나아가게 해줄 것이다. 우리는 보이지 않는 것을 사용할 수는 없기 때문에, 돈을 쓰기 전에 먼저 은행으로 옮겨두는 게 중요하다.

지금 저축하는 것은 부를 일구는 길이지만, 언젠가 저축하는 것은 간신히 먹고사는 길이다. "돈을 모을 수 없다면, 위대함의 씨앗은 당신 안에 존재할 수 없다." 무일푼으로 시작해 미국 50대 부자로 선정되었던 W. 클레멘트 스톤의 말이다.

Save Urgently

인생 수업 : 절실하게 모으라

빈 은행 잔고는 우리를 무력하게 만들지만,
현금 더미는 안정성과 가능성을 제공한다.

•

점수를 기록하라

점수 : 객관적인 척도, 성공을 판단하는 수치

거두는 수확물로 인해 행복하지 않다면, 다른 씨앗을 뿌려야 한다.

필 프린글

정원사의 제안으로, 토요일에 지미가 그를 만나러 왔다. 확신하지는 못했지만 지미는 자신과 정원사 모두 시간과 다투고 있다고 느꼈다.

정원사가 입을 열었다. "점수를 기록해야 하는 이유는, 부를 이루는 데 영향을 미치는 매일의 선택들에 관한 정확한 시각을 얻기 위해서란다. 순자산은 추적할 수 있는 가장 중요한 경제적 지표 중 하나야. 편리하게도 숫자 하나로 너의 재정 상황을 종합적으로 보여주지."

"자산에서 빚을 빼는 거죠, 맞죠?"

정원사가 눈을 찡긋해 보였다. "바로 그거야. 이번 주에 네가 얼마나 벌었는지, 얼마나 썼는지, 수익으로 무엇을 했는지, 너를 위해 어디에 투자를 했는지에 따라 수치가 바뀌지. 순자산은 부에 관한 단편적인 정보라고 할 수 있어."

"좋아요, 그럼 제 순자산에 관한 수치를 어떻게 찾죠?"

"자, 이걸 보자. 네 빚이 얼마지?"

지미가 잠시 생각했다. "새 차를 사느라 38,500달러를 대출받았어요. 타운하우스는 150,000달러지만, 생애 첫 주택 구입자라서 145,000달러만 갚으면 돼요. 집에 들일 가구 구매 비용 3,500달러 대출이 있고, 사업체를 인수하느라 580,000달러를 대출받았어요."

정원사가 고개를 끄덕였다. "그게 네 부채다. 그것들을 더해보렴."

"전 767,000달러의 빚 진창에 들어앉아 있네요."

"좋아, 이제 네가 가진 것 중에 당장 팔 수 있는 게 있을까?"

지미가 혼란스러운 표정을 지었다. "아마도 이런 거겠죠? 차는 최고로 쳐주면 38,000달러 정도 될 것 같고, 타운하우스는 평가액이 150,000달러예요. 가구는 3,500달러의 가치가 있고, 부동산 관리 회사는 600,000달러 가치가 있어요."

"이번 주에 네 계좌에 돈이 얼마나 있지?"

지미가 잠시 생각했다. "어제 15,000달러가 있었어요."

"모두 더해보렴. 그것들이 네 자산이다."

잠시 후 지미가 말했다. "총 합이 806,500달러네요."

"그럼 지금 이 순간 네 순자산은 얼마일까?"

지미가 휴대전화를 꺼내 계산을 했다. "806,500달러에서 767,000달러를 빼니 순자산이 총 39,500달러네요."

"이제 한 품목씩 나눠보자. 너는 가구를 3,500달러에 샀는데, 실제 구입 가격에 중고로 팔 수 있을 것 같니?"

"아뇨, 하지만 제가 그 수치를 선택한 건……."

"네가 어째서 가치를 잘못 매겼는지는 상관없어. 자산은 오늘 네가 그 품목에 대해 얻을 수 있는 현금의 가치일 뿐이야. 그 가구의 예상 가치를 절반으로 떨어뜨리렴."

지미가 다시 계산을 했다. "좋아요, 제 순자산은 37,750달러예요."

"이렇게 정확한 숫자로 계산을 해보면, 네 선택에 따른 영향을 저울질 할 수 있지. 네가 다음 달에 500달러를 모으거나, 빚을 500달러 갚으면 순자산은 그만큼 늘어나게 될 거다. 네가 집에 30,000달러를 들여 만든 실내 수영장이 집의 가치를 20,000달러 올려준다면, 네 순자산은 10,000달러 줄어들게 될 거야. 휴가를 가려고 저축에서 3,000달러를 쓴다면, 순자산은 3,000달러 감소하게 되지. 순자산 명세서는 네 재무 상태에서 바뀌어가는 부분을 엑스레이로 찍은 것과 같단다."

"결정을 내리는 데 이게 얼마나 도움이 될지 이해했어요."

"현재의 경제 상태 점수표가 중요한 이유는 많단다. 그건 전체적으로 하루하루의 진척 상황을 보여주지. 온라인으로 간단하게 사용할 수 있는 도구들도 많아. 순자산을 추적하면 부를 향해 가는 마라톤을 하는 동안 부의 방향을 알 수 있어."

"그리고, 결심에 더 불을 지피겠죠." 지미가 말했다.

"나는 그게 필수적이라고 믿는단다. 계속 일하고, 계속 저축하고, 계속 투자하고, 계속 반복하거라. 부의 핵심 동력이 될 거야. 그 방향을 찾은 사람은 대개 그 과정을 유지하게 된단다."

점수는 성과에 대한 객관적인 척도, 성공을 판단하는 수치다. 측정하는 일은 분명 우리의 주의를 끈다. 경제적인 축적을 바란다면, 측정하고, 누계 수치를 꾸준히 기록하라.

재정 점수를 기록하는 것은, 삶에서 회오리가 몰아치는 혼란스러운 상황이 벌어졌을 때 부를 추적 관찰하게 해준다. 지출, 빚, 대출 상환, 저축, 투자, 외식 등 모든 것은 순자산 점수에 영향을 준다. 순자산을 추적하는 일은 결정을 내리고 행동을 취하는 데 매우 유용한 도구가 된다. 부는 어쨌든 근본적으로 숫자에 관한 것이다.

T. 하브 에커는 조언한다. "순자산을 동전 한 닢까지 알게 해줄 방침

을 만들어라. 순자산을 이루는 네 가지 요소 모두에 주목해라. 수입 증가, 저축 증가, 투자 수익 증가, 생활 방식을 단순화한 데서 오는 생활비 절감 말이다." 현실을 계속 파악해나가라.

오히려 우리가 흥미로운 무언가를 하지 않을 때, 점수를 기록하는 것은 올바르게 행동하고 있음을 상기시켜줄 수 있다. "투자가 오락거리가 된다면, 그리고 그것이 즐겁다면 아마 어떤 수익도 낼 수 없을 것이다. 좋은 투자란 지루하기 때문이다"라고 금융인 조지 소로스는 말했다. "투자란 페인트가 마르거나 잔디가 자라는 것을 지켜보는 일과 별반 다르지 않다. 짜릿함을 원한다면, 800달러를 들고 라스베이거스에 가라." 현대 경제학의 아버지라 불리는 폴 새뮤얼슨의 말이다. 개인적인 씀씀이도 이와 똑같이 지루함이 수반된다.

Keep Score

인생 수업 : 점수를 기록하라

점수를 기록하지 않으면 혼란스러워진다.

순자산을 추적하는 것은 올바른 행동을 지속하도록 이끌어준다.

•

인플레이션을 이겨라

인플레이션 : 재화나 서비스의 비용 상승

자연은 자비를 전혀 베풀지 않는다. 자연은 말한다.
"내가 눈을 내릴 거야.
네가 스노슈즈도 신지 않고 비키니를 입고 있다면, 가혹하겠지.
어쨌든 난 눈을 내릴 거야."

마야 안젤루

"인플레이션은 돈을 잡아먹는 위협이지. 그건 저축한 돈이 구매력을 잃게 함으로써 돈을 잡아먹어." 정원사가 난롯불을 부지깽이로 한번 쑤시고 소파에 앉았다. 일요일이었다.

지미는 정원사가 생기 있어 보인다고 생각했다. 아니 어쩌면 그의 바람일 뿐일지도 몰랐다.

"돈을 잡아먹는다는 게 무슨 의미죠?" 지미가 물었다.

"돈의 가치가 떨어진다는 말이다. 지금까지 우리는 은행에 돈을 차곡차곡 넣어두는 일의 중요성에 대해 이야기했지. 하지만 인플레이션이 문제야. 현금을 더 나은 곳에 쓸 방법을 찾아야만 한다. 투자를 하거나, 그렇지 않으면 구매력을 잃는 거야."

"그럼 지금 말씀하시는 건, 이제 제 저축을 주식, 채권, 부동산, 어쩌면 사업으로 옮겨야 한다는 건가요?"

"그게 바로 인플레이션의 현실이야. 은행 안에 있는 현금은 인플레이션에게 먹힐 테니까."

지미에게는 공식적인 투자 경험이 없었다. "자세히 설명해주시겠어요?" 그가 물었다.

정원사는 인플레이션이 돈의 가치에 어떻게 영향을 미치는지 설명할 가장 간단한 방법을 골똘히 생각했다. "'립 밴 윙클' 이야기 알지? 한 남자가 잠이 들었다가 깨어나 보니 20년이 흘러가 있었다는 이야기. 미국 독립혁명도, 아내가 죽는 것도, 딸들이 결혼하는 것도, 손주들이 태어나는 것도 못 보고 말이다."

지미가 대답 없이 고개를 끄덕였다.

정원사가 말을 이었다. "작가가 말하지 않은 건, 이 불행한 친구가 잠이 들 때 지갑 속에 100달러가 들어 있었다는 거야. 20년 후에 깨어났을 때, 100달러가 도둑맞지 않은 채 지갑에 들어 있는 걸 보고 기뻐했어. 하지만 잠을 오래 자는 사이에 물건 값이 두 배로 뛰었다는 걸 곧 알게 되지."

지미가 미소 지었다. "물리적으로 한 푼도 잃지 않았지만, 그가 깨어났을 때는 100달러로 살 수 있는 것의 절반밖에 못 산다는 사실을 깨닫게 된 거네요. 그러니까 인플레이션 상승 효과로 더 가난해져서 깨어난 거군요."

정원사가 거드름 피우는 목소리로 말했다. "네가 이 이야기에서 읽어내야만 하는 게 있지. 립 밴 윙클과 우리의 경우가 크게 다르지 않다는 거야. 역사적 인플레이션 비율을 감안하면, 재화의 가격은 20년마다 두 배로 뛴단다. 은행에 있는 돈을 생각할 때, 가엾은 립 밴 윙클에게 일어난 일을 절대 잊지 말거라."

"알았어요. 돈을 투자하고 싶어지네요." 지미가 말했다.

정원사가 어깨를 으쓱했다. "그건 선택이 아니란다. 우리는 매일 인플레이션과 경쟁하지. 인플레이션은 평균적으로 매년 2, 3퍼센트 이상씩 상승해. 자, 이제, 립 밴 윙클 같은 결말을 맞지 않으려면, 네 돈에 대한 투자 상환금이 어때야 할까?"

"구매력을 유지하려면, 돈을 3퍼센트 성장시켜야겠지요."

"맞아. 돈이 그 가치를 유지하기 위해서는 인플레이션율만큼 성장해야 하지. 비용과 세금을 제하고 나서 말이다. 이게 고려해야 할 중대한 사항인데, 인플레이션과 똑같이 회수한다고 해도 그건 실제로 회수율이 0이라는 거야. 부자가 되려면 늘 인플레이션과 맹렬하게 경쟁해야만 한단다."

"아저씨가 말씀하시는 건, 일반적인 회수율과 실제 회수율에 관한 거네요. 최근에 재무 관련 책에서 공부했어요."

"이놈 보게!" 정원사가 큰 소리로 외쳤다. "그러면서 내 얼굴이 파랗게 질릴 때까지 설명하게 했다니……."

"아저씨께 확실히 이해시켜 드려야 할 텐데요." 지미가 농담을 했다. "제가 이해한 방식으로는, 우리는 돈을 투자해서 늘릴 거고. 그 돈은 특히 치솟는 인플레이션 비용보다 늘어나야 해요. 실제 수익률은 물가 상승률을 이겨야 하죠. 이 정도면 정리가 되었나요?"

"다 이해한 것 같구나." 정원사가 빙그레 웃음 지었다.

지미가 기뻐했다. "칭찬 감사합니다. 인플레이션을 따라잡는 게 중요하지만, 더 중요한 건 인플레이션을 이기는 거죠."

인플레이션은 재화와 서비스의 비용이 상승하는 것이다.

1980년대에 투자자들은 힘들게 번 돈을 연간 이율이 12.68퍼센트인 과세 가능한 금융 시장으로 이동시킬 수 있었다. 미숙한 투자자들은 그때가 호시절이었다고 말한다. 많은 사람들이 투자에 대한 보상을 받을 것이라고 느꼈기 때문에 당시 이런 높은 금리는 저축을 부추겼다.

하지만 1980년에 금융 시장의 '실제 수익률'은 어땠을까?

'실제 수익'이라는 질문은 저축을 상당한 부로 성장시키길 원하는 사람들에게 중요한 문제다.

어떻게 인플레이션을 상대할까?

1980년에 금융 시장의 회수율은 12.68퍼센트였고, 이는 보통 사람들의 저축이 유입된 것으로 알려졌다. 그러나 같은 해에 발표된 물가 상승률은 무려 13.5퍼센트나 됐다.

그렇다면, 1980년에 금융 시장의 실제 수익은 얼마였을까? 이를 계산해보고자 명목상 수익률에서 인플레이션 비율을 빼보았다.

$$12.68\% - 13.5\% = -0.82\%$$

보다시피 1980년에 보통 사람들은 실제로 12.68퍼센트의 수익을 얻었지만, 사실은 구매력을 잃고 있었다. 많은 사람들을 투자하게 만들었던 이자율은 결국 실패한 것이었다.

아이러니한 사실은, 나이든 많은 사람들이 이 시기에 수익율이 엄청났다고 말하고 있다는 것이다. 그 기간 동안 인플레이션의 영향은 까마득히 잊은 채 말이다. 인플레이션은 조용히 그들의 돈을 먹어치웠다.

"인플레이션을 이겨내기 위해서는 어디에 돈을 투자해야 할까?" 부를 축적하고자 하는 모든 사람이 직면하는 질문이다. 진정한 투자를 하기 위해서는 현재 상황이 주는 편익에 올라타려 하기보다, 현명한 눈으로 미래를 응시하며 지금 있는 위치에서 무엇을 해야 하는지 깨달아야 한다.

모든 부의 근원은 처음에는 은행에 돈을 쟁여두는 능력이다. 하지만 효과적인 부의 축적을 위해서는 인플레이션과의 치열한 경쟁이 필요하다. 인플레이션을 이겨야만 구매력을 확장하고 부를 축적할 수 있다.

재화와 서비스의 비용 상승을 따라잡는 방법은 하나뿐이다. 우리는 은행에 있는 돈을 사용하여 가치 있는 자산을 사들이는 것으로 인플레이션을 이겨내야 한다.

Beat Inflation

인생 수업 : 인플레이션을 이겨라

연간 수익률에 의해 돈이 늘어나고 있다고 생각했지만,

인플레이션을 감안한 실제 수익률은 다른 결과를 보여준다.

●

위험을 최소화하라

위험 : 손실 가능성

농업은 항상 변화가 있을 것이며, 늘 일련의 위험을 지닐 것이다.

라이트 모턴

"돈에 있어서 쉬운 건, 돈을 잃는 것뿐이야. 틀림없다는 확신이 들 때, 이 말을 명심하렴." 정원사가 말했다.

지미가 잠시 그 말을 생각하고는 물었다. "위험을 피하라는 말씀인가요?"

"위험을 무조건 피하라는 말은 아니지만, 극한 상황에서만 위험을 감수하라는 거야. 손실을 건전하게 타진해보는 건 지혜로운 판단의 신호지. 힘들게 얻은 돈을 투자할 목표를 세울 때는 늘 얻을 것들보다는 손실을 피하는 것을 생각해야 한단다. 주식 시장이란 게 어떠니, 오르락내리락하지 않니?"

"어떤 기간 동안요?" 지미가 조용히 그 질문을 고심했다.

"주식 시장은 20, 30퍼센트의 하락에도 허둥지둥하지 않고 견딜 수 있는 사람들을 위한 거란다. 수십 년 동안 주식 시장에 있다 보면, 심지어 40퍼센트 하락하는 순간도 볼 수 있을 게다. 하지만 과거에는 그 가치가 늘 기다리는 사람들에게 돌아왔지. 그래서 주식 투자 기간은 최소

10년을 잡기도 했어. 남아 있는 사람들이 승리하곤 했지. 감정에 따라 행동하는 사람들은 돈을 잃곤 한단다."

"저렴하게 사서 비싸게 파는 건 어때요?"

"그게 작동한다면 대단히 좋지만, 단기 거래는 투기야. 사서 가지고 있는 것이 실제 투자야." 정원사가 말했다.

"좋아요, 그럼 투자에 대해 콕 집어 말씀해주세요. 어떻게 하면 은행에서 주식 시장으로 제 돈을 안전하게 옮기죠?"

"아주 느리고 꾸준하게."

그 접근법이 의심스럽다는 듯 지미는 고개를 주억거렸다.

"위험은 '정액 정기 매입'으로 최소화할 수 있단다. 주식 시장에 매월 꾸준히 일정액을 투자한다는 말이지. 이 계획의 핵심은 시장이 급락했을 때도 투자를 절대적으로 계속 유지해야 한다는 거야. 비관론이 횡행할 때 투자를 하지 못하면, 이 전략의 이점을 얻지 못하게 되는 걸 명심하렴."

"꾸준하고 지속적으로, 어떤 주식을 사야 할까요?"

정원사가 말했다. "위험을 최소화하는 방법은, 잘될 주식을 고를 만큼 자기가 영리하다고 절대 생각하지 않는 거야. 보통 현명한 방법은 광범위한 인덱스 펀드(장기적으로 증권시장이 성장한다는 것을 전제로 주가지표의 변동에 연동되게끔 포트폴리오를 구성하여 운용하는 것_옮긴이)에 투자하는 거야. 네 돈을 수많은 국내 주식, 해외 주식, 다양한 채권으로 쪼갠다고 상상해보렴. 돈을 광범위한 지표들에 투자하면, 대부분의 자산 관리인도 이길 수 있게 될 게다."

"그게 다인가요?"

"어이없을 만큼 간단하지. 부자가 되는 사람들은 자신의 행위에 집중한단다. 세상 모든 귀재들이 비관적인 예견을 할 때조차 그들은 꾸준히 돈을 벌기 위해 일하고, 꾸준히 투자한단다." 정원사가 말했다.

"다른 형태에 제 돈을 투자하는 건 어떨까요?" 지미는 더 알고 싶은 표정이었다.

"부동산 투자는 좀 더 복잡하지. 아마 너도 수습 기간 동안 알게 되었겠지만……."

"전 중개인으로 수업을 받은 거죠. 투자가 아니라요." 지미가 끼어들었다.

"내가 그걸 생각 못 했구나. 부동산 투자에서는 위험을 최소화하는 부분을 많이 공부해야 해. 주식 시장에 투자하는 것보다 돈이 더 많이 들어가기도 하고. 부동산 투자자들은 현금 흐름, 수익성, 예상 보수 비용, 지출 비율, 부동산 평가 방법에 익숙해져야만 한단다. 위험은 전문 지식으로 완화될 수 있어. 부동산 투자에서 안전성은 잘 훈련된 매입 기준에 달려 있지."

"어리석은 실수를 피하는 게 투자의 대부분인 것 같네요."

"그 말이 맞다. 하지만 현실은 좀 달라. 어리석은 실수들이 오직 지나고 나서만 보인다는 거야. 투자자들의 과제는 문제가 일어날 걸 미리 예측하는 거란다."

위험의 최소화는 돈을 잃을 가능성을 줄이는 것이다.

경제학자 피터 번스타인은 이를 투자자들이 벽에 걸어 둘 만한 말로 표현했다. "수익률을 극대화하는 것은 아주 특정한 상황에서만 합당한 전략이다. 보편적으로는 살아남는 것이 부자로 가는 유일한 길이다. 다시 한 번 말하겠다. 살아남는 것만이 부자로 가는 유일한 길이다."

성공한 투자자들은 오판이나 실수에 대한 건전한 공포심을 가지고 있다. "영리한 사람들이 바보 같은 일을 한다. 사람들은 영리해지려고 애쓴다. 나는 바보가 되지 않으려 하지만, 이는 대부분의 사람들이 생각하는 것보다 훨씬 어렵다"라고 찰리 멍거는 말했다.

경제적 위험을 구별하고 최소화하는 능력은 무척이나 어려운 과제가 될 수 있다.

"첫 번째 법칙, 절대 돈을 잃지 마라. 두 번째 법칙, 절대 첫 번째 법칙을 잊지 마라." 워런 버핏의 말이다. 약간 손실이 있어도 경제적으로 괜찮다고 생각한다면, 결국 많이 잃게 될 것이다. "여든 살 아침에 파산한 상태로 눈뜨지 않고 싶다면, 더 지루한 상태로 있어도 된다"라고 스티브 맥도널드는 말했다.

'느리고 꾸준한 것'이 현명한 조언이다. 주식 시장에서 장기적 관점을 유지하는 것은 위험을 최소화한다. 워런 버핏의 스승 벤저민 그레이엄은 말했다. "한 해 한 해의 결과를 지나치게 심각히 여기지 마라. 대신 4~5년간의 평균에 초점을 맞춰라."

인덱스 펀드는 투자하기 위해 바쁘게 돈을 버는 보통 사람들에게 최고의 방법이다. 대부분의 관리형 펀드들보다 더 나은 결과를 내는데, 따라서 당신이 힘들게 번 돈을 넣어둘 이상적인 곳이다. "기관이든 개인이든, 대부분의 투자자들은 최소한의 수수료만을 부과하는 인덱스 펀드를 통해 공동 투자를 하는 것이 최고의 방법이다"라고 워런 버핏은 조언한다.

CPA(공인회계사 시험 등에 의해 자격을 얻을 수 있는 회계, 세무, 재무 등의 업무를 담당하는 전문가_옮긴이)나 변호사들같이 편견 없는 조언자들은 이 흔한 전략을 지지할 것이다. 하지만 인덱스 펀드로는 수익을 발생시킬 수 없는 자산관리인들은 그것을 개탄할 것이다.

투자의 위험은 잘못된 행동에 의해 더 많이 발생한다. 위험은 두려움의 위협이나 탐욕의 유혹으로부터 충동적으로 일어난 결과다. 안전하려면, 주식 시장이 완전히 망하고 얻을 게 없을 때 팔지 않아야 하고, 다른 사람들이 당신의 꾸준한 수익률을 능가할 때도 욕심내지 않아야 한다.

Minimize Risk

인생 수업 : 위험을 최소화하라

나는 모든 투자 과정에서 위험을 최소화하는 걸 추구했고,

지루한 전략들에서 지속적인 성장 동력을 구축했다.

●

증식시켜라

증식 : 그 자체로 수가 불어나는 것

비옥한 땅에 자리한 옥수수 한 알은 빠르게 초록 줄기를 뻗어 꽃을 피우고,
하나의 옥수수 대는 씨앗 하나의 역할을 하는 옥수수 알을 수백 개 품는다.

R. H. 재럿

"너에게 이것 하나는 보증하지. 위대한 사람들은 복리에 경외심을 갖는
다. 모든 소득을 계속 재투자할 때, 시간이 지날수록, 돈이 어떻게 증가
하는지 정확히 가늠하기는 어렵단다."

지미가 고개를 저었다. "정중하게 말씀드리자면, 스승님께 감히 도
전을 해도 될런지요? '72의 법칙'을 아십니까?" 장난스러운 말투였다.

정원사가 미소 지었다. "최근에 본 책에 나온 거니? 72의 법칙은 고
정 금리에서 돈이 두 배가 되는 기간을 결정하는 유용한 법칙이지. 네
가 완전히 이해한 것 같은데?"

"72를 수익률로 단순히 나누어서, 원금의 두 배가 되는 데 걸리는
시간을 알아내는 겁니다. 예를 들어 9퍼센트의 이율로 투자한 돈은 8년
후에 그 자체로 두 배가 되죠. 72를 9로 나누면 8이 되니까요."

정원사가 눈을 감고 심호흡을 하며 고개를 끄덕였다. 안색이 수척
했다. 지미는 정원사가 간신히 생명을 붙잡고 있다는 것을 감지했다.

"하지만 공식이 최고의 가능성을 제한하기도 한단다." 정원사가 말

했다. "예를 들어, 네가 끈기 있게 평생 10만 달러를 저축했다고 해보자. 그럼 너에겐 선택지들이 생길 거다. 10만 달러면 부동산에 투자할 수도 있고, 작은 사업체에 투자할 수도 있지. 아니면 주식 시장에 그 돈을 맡길 수도 있어. 하지만 이걸 알아야 해. 저축액이 클수록 기회 역시 커진다는 걸."

지미가 말없이 흔들의자에 앉아 있었다.

"네가 긍정적인 현금 흐름을 위해 부동산에 투자할 것을 선택했다고 가정해보자. 이 분야를 공부해서 숫자의 달인이 된 다음, 10만 달러 복층 아파트 한 채를 샀지. 세후에 긍정적인 현금 흐름이 12,000달러라면, 수익은 얼마일까? 네 돈이 아파트 투자에 잘 사용된 걸까? 아니면 주식 시장에 투자하는 게 더 나았을까?"

지미가 계산기를 두드렸다. "아파트 투자는 12퍼센트 수익을 얻어요. 주식보다 재정적으로 더 나은 것 같네요."

"네가 모든 수익을 재투자하는 경우에만 의미가 있지. 그리고 그걸 관리할 시간이 충분할 경우에만 실질적으로 가능하고. 임대 수입은 주식 시장 수입만큼 불로소득은 아니란다." 정원사가 말했다.

"하지만 부동산에서는 레버리지라는 큰 이점이 있잖아요."

"맞아, 레버리지는 부를 증식시키는 전략이지. 네가 이 아파트를 대출을 끼고 샀다면 어떨까? 예를 들어 네 돈 2만 달러를 투자하고, 매달 450달러의 대출이자를 갚아야 한다면, 아파트 투자에서 네 수익률은 얼마나 될까?"

지미가 계산을 했다. "연수익이 5,600달러로 감소할 거고, 하지만 이 경우에는 초기 현금 지출이 2만 달러뿐이니까, 상환하면…… 28퍼센트요! 아파트는 인플레이션 자산이네요."

"이 수익률은 전국 많은 지역에서 일반적이란다." 정원사가 말했다.

"예를 한 가지 더 들어보자꾸나. 소규모 사업을 시작했거나 프랜차이즈를 구매했다면 어떨까? 이렇게 사업을 시작하는 데 네 저축에서 75,000달러를 지불하고, 남은 대금은 대출을 받는다고 해보자. 사업에는 시간이 필요하고, 너는 자영업이라는 자유를 위해 직장을 그만두기로 결심하겠지."

정원사는 잠시 말을 멈추고 기다렸다가 다시 말을 이었다. "앞으로 10년 동안 너는 이 사업에서 75,000달러의 급여로 살게 될 거다. 투자 수익은 어찌 될까?"

"75,000달러 외에도 이익을 가져가는 건가요?"

"소유주로서 이 사업의 전체 수익인 75,000달러를 가질 수 있지."

"그럼 제 투자 회수율은 0이네요. 전 그저 직업을 산 것뿐이네요. 75,000달러를 지출했고, 소득을 얻었는데, 투자하기 전에 이미 가지고 있던 돈에 지나지 않아요. 돈 낭비였네요." 지미가 통찰력 있게 말했다.

정원사가 희미하게 웃었다. "충분히 이해했구나. 부를 증식시키기 위해서는, 초과 수입을 벌고 그것을 재투자해야만 한단다."

부를 증식시키는 것은, 일반적으로 수십 년에 걸쳐 그 돈에 또 돈이 더해져서 몇 배로 불어나는 것을 말한다.

첫 해에 참나무는 약 1미터 자란다. 그러고 나면 매월 5센티씩 자라고, 세 번째 생일에는 2미터 정도 된다. 4년 이상을 느리게 성장한 끝에, 일곱 번째 생일이 되면 참나무는 4미터 정도가 된다. 첫해 이후, 참나무는 매일매일 조금씩 자라지만, 부가 증식하는 것과 마찬가지로 수십 년 후에는 거대해진다.

저축을 시작할 때, 성장의 유일한 원천은 우리가 매달 저축에 할당하는 금액이다. 첫 해에 7,000달러를 투자하고, 다음 해에 또다시 7,000달러를 투자했다면, 은행에서 14,000달러를 보는 즐거움을 누리게 된다. 우리의 돈나무를 28,000달러로 두 배 늘리려면 2년의 저축이 더 필요할 것이다. 이 수준에서 10퍼센트의 금리는 2,800달러다.

많은 액수는 아니지만, 우리는 시간이나 노력이 더 들어가지 않은 돈을 받고서 득의양양한 기쁨을 느낀다. 그리고 현명하게 축척된 돈은 천천히, 저절로 불어나기 시작한다. 부의 씨앗이 자라기 시작한다. 꾸준한 저축은 상상할 수 없는 방식으로 부를 증식하며, 우리는 저축뿐만 아니라 씨앗을 심고 내버려두는 것으로 부를 증식한다.

찰리 멍거는 말한다. "큰돈은 사고파는 것에 있지 않다. 기다림 속에 있다. 대부분의 사람들은 너무나 조바심을 내고 너무 많은 걱정을 한다. 성공은 인내심을 필요로 하지만, 때가 되면 대단히 적극적이다."

Multiply It
인생 수업 : 증식시켜라
조바심은 절대 돈을 증식시키지 못한다.
부는 인내하는 자에게 찾아오는 달콤한 꿀이다.

●

불로소득

불로소득 : 노력이 거의 혹은 전혀 필요 없는 지속적인 현금 흐름

평생 죄수로서 하루하루를 살기보다 자유를 위해 싸우다 죽는 게 낫다.

밥 말리

"부의 궁극적인 목적은 안전과 개인의 자유란다. 직업으로 벌 수 있는 돈보다 투자에서 더 많은 돈을 벌게 될 때, 극히 적은 사람들만이 맛보는 자유의 과실을 맛보게 될 거야." 정원사는 느릿느릿 말했다.

지미는 우울한 마음이 떠나지 않았다. "아시겠지만, 전 경제적 자유를 바라요. 하지만 어젯밤에 나눴던 대화가 계속 떠올라서 잠을 설쳤어요. 사업에 돈을 쏟아붓는 것이 투자를 위한 좋은 모델은 아니라는 걸, 아저씨께서 은연중에 말씀하신 것 같아서요."

정원사가 한숨을 내쉬었다. "직업은 너의 시간과 돈을 맞바꾸는 거란다. 투자는 너의 돈과 돈을 맞바꾸는 것이고. 직업은 네가 돈을 벌기 위해 일하는 것이고, 투자는 돈이 너를 위해 일하는 거야. 이건 큰 차이가 있단다."

지미가 고개를 끄덕였다. "활동 소득이냐, 불로소득이냐를 말씀하시는 거예요?"

"사실 불로소득은 자유를 꿈꾸는 사람들의 목표지. 소유자와는 직

접적인 관계 없이 수익, 현금 흐름, 사업이나 기업체로부터 나오는 소득이지. 마치 전설에나 있는 황금이 흐르는 강과 같아."

"하지만 사업이 불로소득을 발생시키지 못한다면요?"

정원사는 눈에 띄게 지쳐 하며 말했다. "그게 내가 자유를 얻었던 방식이란다. 난 정원사고, 내 생활 방식은 단순해. 많은 돈이 들지 않기 때문에 사업에서 돈을 적게 끌어와도 되지. 이를 통해, 이윤을 이용하여 더 큰 사업으로 확장할 수 있었어. 알다시피 내 사업체는 돈을 벌었고, 나는 수익을 재투자했어. 20년 동안 이런 투자는 내게 불로소득을 보상으로 주었지."

"하지만 아저씨는 사업으로 늘 바쁘셨잖아요?"

정원사의 입꼬리가 크게 올라갔다. "선택이지. 내게 있어 불로소득이 발생한다는 건, 몸을 움직이지 않고 게으르게 사는 것을 의미하지 않는단다. 더 부자가 되고, 더 충만한 삶을 사는 선택지들을 갖게 해주고, 또 그런 선택지들이 많아지는 걸 의미하지."

"아저씨가 주식 시장에서 은퇴하시려면 얼마의 돈이 필요해요?"

"나는 많은 은퇴 자금이 필요 없단다. 연간 3만 달러면 살아. 정원 일에는 돈이 안 들고, 독서에도 돈이 안 들지. 운동, 오랜 산책, 명상에도 돈이 안 들어. 나는 몇 안 되는 중요한 친구들을 귀중하게 생각해. 특히 너와의 우정 말이다. 그리고 소년원에서 주말 수업을 하지. 하지만 이걸 알아두렴. 이런 단순한 생활 방식조차도 유동 자산으로 100만 달러가 필요하다는 걸."

"100만 달러요?" 지미의 목소리가 높아졌다.

정원사가 말했다. "안전한 은퇴 법칙에 따르면, 우리는 저축에서 연간 3퍼센트를 인출할 수 있어. 수학 신동인 너라면, 100만 달러의 3퍼센트가 3만 달러라는 걸 금방 알았겠지?"

"많은 사람들이 그렇게 할 수 있을 것 같진 않은데요."

"분명 많은 사람들이 그렇게 할 수 있지만 그렇게 하지 않지. 자유를 얻기 위해서는, 즐거움을 희생하고 수십 년간 인내심을 발휘해야 한단다. 돈을 모으는 것은 절실해야 하고, 투자에는 다른 간섭 없이 인내심을 가져야 하지."

"우리에게 사회 보장 제도가 있는 게 다행이네요."

"사회 보장 제도보다 훨씬 좋은 게 자급자족이란다. 다른 사람들이나 정부에 의존하면 안전할 수가 없어. 나는 인생 초반에 노년에 즐길 자유를 얻었단다." 정원사가 말했다.

지미가 나이 든 친구를 바라보며 물었다. "그 대가가 그럴 가치가 있었나요?"

"사실 선택의 여지가 없었어. 혼신의 힘을 다했지. 자유는 선택의 문제가 아니란다." 정원사의 목소리가 희미해졌다.

불로소득은 노력을 적게 들이거나 혹은 들이지 않은 현금 흐름이다.

불로소득이란 정확히 무엇인가? 소유자가 직접 관계하지 않고도 사업으로부터 얻는 이익, 현금 흐름, 소득을 말한다. 부동산 소득, 예금이나 연금 계좌에서 오는 이자 소득, 투자에서 오는 배당금, 특허, 인세, 저작권 같은 것이다. 주식, 화폐, 금, 은, 상장지수펀드, 유가증권과 같이 원자재나 증권으로부터 발생하는 배당금이나 이자를 뜻한다.

워렌 버핏은 "잠자면서 돈을 벌 방법을 찾지 못한다면, 죽을 때까지 일하게 될 것이다"라고 경고한 바 있다.

임대 부동산 소득은 보통 소득이 있는 평균 사람들이 불로소득을 얻는 가장 보편적인 방법이다. 은퇴 후 연간 소득이 3만 달러가 되려면 100만 달러가 필요하다고 할 때, 야심 있는 사람들은 제한된 자원을 가지고 창의력을 발휘하곤 한다.

언젠가 부동산 전문가가 팟캐스트에서 강연하는 것을 들은 적이 있다. 그는 40대 후반에 자녀들이 집을 떠나고 아내는 이혼을 요구해왔다고 했다. 두 사람은 자산 합의를 위해 험악하게 싸웠다. 마침내 그가 평생 모은 저축을 아내가 가지기로 하고, 그는 임대 부동산들을 가지기로 합의했다. 임대 부동산은 그녀가 좋아하지 않았기 때문이다. 그건 그녀에게 그저 골칫거리였다.

그녀 입장에서 유리해 보였던 이 거래에 대해 나중에 질문을 받았을 때, 남자는 부러 낄낄대며 말했다. "아내는 황금 알을 얻었던 셈이죠. 전 황금 알을 낳는 거위를 얻었고요."

불로소득으로 우리는 모든 것을 가지게 된다. 로버트 기요사키는 말했다. "경제적 자유를 얻기 위해서는 사업체 사장이나 투자자, 혹은 둘 다가 되어서 월 단위로 생성되는 불로소득을 발생시켜야 한다."

결국 부란 그 자체로 풍성하게 흘러가는 소득의 강물이다.

Passive Income

인생 수업 : 불로소득

불로소득은 자유로 가는 길이다.

불로소득에 대한 이해가 부의 지름길이다.

●

6장

15가지 부의 덕목

LESSON 6

15가지 부의 덕목

덕목 : 공적, 사적 위대함을 도모하는 것으로 평가되는 특징

악덕을 뿌리뽑고 미덕을 심기 위해,
신이 당신을 정원사로 만드셨음을 생각하라.

시에나의 카타리나 수녀

지미가 작별 인사를 한 뒤 정원사는 홀로 침대로 갔다. 눈을 감자 눈물이 흘러내렸다. 지미는 그에게 가족이었고, 아들 같은 존재였다. 두 사람은 다시 만나지 못할 것이었다. 정원사의 시간은 이제 끝을 향해 다가가고 있었고, 지미가 그에게 한 마지막 말은 이 질문이었다. "그 대가가 그럴 가치가 있었나요?"

부를 추구하는 과정은 미덕과 고결함이 요구되는 영적 여정이었다. 그것은 많은 시간의 토대 위에 세워진다. 안주하는 삶이 아니라, 분투하는 삶 위에 세워진 것이다.

마음속에 이런 생각들을 품고서, 정원사는 침대에서 일어나 컴퓨터 앞에 앉았다. 지미를 생각하며 책에서 전달할 마지막 교훈을 심사숙고했다. 이 고난에서 어떻게 성장했지? 부를 추구하는 동안 어떤 덕목들을 배웠지?

그는 자판을 두드리기 시작했다.

1. 단순함 Simplicity

부를 추구하는 일에는 단순성이 필요하다. 나는 매일 아침 영혼을 재충전하고자 명상을 했다. 압박 속에서 차분하고 이성적인 정신을 유지하기 위해 하루하루 마음 챙김 상태로 있었다. 내 앞에 놓인 일들에 온전히 초점을 맞추고 완전히 집중하자, 시간이 천천히 흘러가는 듯했다. 경제적 자유를 추구한 덕분에 나는 단순함의 미덕을 배웠다.

정원과 서재를 가지고 있다면, 필요한 모든 걸 가지고 있는 것이다.

키케로

2. 무심함 Detachment

부를 추구하는 일에는 물질적 소유에 대한 무심함이 필요하다. 나는 물질주의를 억제하고 무시하는 법을 습득했다. 내가 누릴 수 있는 것보다 수수한 생활 방식을 택했다. 열망을 이루기 위해서는 충동을 조절하고, 당장의 만족감을 유예하고, 유혹을 경계해야 했다. 부를 추구했기 때문에 나는 물질적 소비에 저항하는 미덕을 키웠다.

고통은 집착에서 온다.

부처

3. 자기 수련 Self-Discipline

부를 추구하는 일은 나를 자기 수련으로 몰아갔다. 좋든 싫든 내가 해야 한다고 알고 있는 것들을 행하기 위해 매일 노력했다. 내 목표와 나 자신 사이에는 기이한 저항감이 우뚝 솟아났다. 나는 하루 중 가장 원치 않는 일을 먼저 하도록 내 자신을 수련했다. 목표들을 검토하지 않고는 하루도 그냥 넘어가지 않았다. 나는 부에 관한 목표 때문에 좋든 싫든 행동하기 위해 자기 수련의 미덕을 익혔다.

수양을 통해 자유를 이루게 된다.
아리스토텔레스

4. 온전한 시간 Vital Engagement

부를 추구하기 위해서는 시간을 완전히 써야 한다. 여유 시간에 나는 공부하고, 기술을 연마하고, 지혜를 구했다. 시간을 죽이는 일을 하지 않으려 노력했다. 목적과 의미를 위해 쾌락과 즐거움을 억제했다. 부정적인 마음가짐으로 보내는 시간을 없애고, 대신 혼자 생각하고, 책을 읽고, 계획을 세우며 많은 시간을 보냈다. 가능성 있는 일들을 행했고, 초과 근무를 했다. 부로 향하는 여정 때문에 나는 사용 가능한 시간을 목적을 가지고 온전히 사용하는 미덕을 배웠다.

시간은 돈이다.
벤저민 프랭클린

5. 영성 Spirituality

부를 추구하는 일은 나를 영성으로 이끌었다. 깊이 집중하는 정신 수양 시간은 힘을 불러오고, 보이지 않는 힘을 움직이는 것처럼 보였다. 부를 향한 열망으로 나는 기회들을 잡으려고 노력했다. 바라던 일들이 충족되었다고 생각하고 불타오르는 감사의 마음을 먼저 가졌다. 목표에 대한 절대적인 믿음을 키웠다. 부를 추구한 덕분에 나는 내면을 다스리는 능력을 배양했다.

힘이 그대와 함께 하길.

요다

6. 효율성 Effectiveness

부를 추구하는 일에는 효율성이 필요하다. 즉 하루의 시간을 대부분 질적, 양적으로 모두 사용해야 한다. 부를 얻기 위해서는 아주 분명한 목표를 가지고, 즉 순이익을 발생시키도록 해야 한다. 나는 대부분의 소극적인 사치도 모두 줄이고, 유흥을 피함으로써 부자가 되었다. 부를 추구한 덕분에 나는 삶의 시간들을 효율적으로 온전히 살아낼 수 있었다.

바쁜 것만으로는 충분치 않다. 개미도 바쁘게 움직인다.

헨리 데이비드 소로

7. 끈기 Persistence

부를 추구하는 일은 매일 끈기 있게 해나가도록 나를 몰아세웠다. 경제적 자유는 내 꿈이었고, 이 꿈은 수십 년 동안 지루한 일들과 역경을 이겨낼 수 있는 힘을 주었다. 때로는 내가 지닌 거대한 두려움이 부를 이룰 때까지 계속 끈기를 발휘할 수 있게 해주었다. 부를 추구한 덕분에 끈기의 미덕을 키웠다.

세상 그 무엇도 끈기의 자리를 차지하지는 못한다.

캘빈 쿨리지

8. 인내 Patience

부를 추구하는 일은 내게 인내의 미덕을 가르쳐주었다. 인내하지 못하면 좌절하게 된다는 사실을 어렵게 배웠다. 언젠가 나는 고수익이 보장되지만 위험이 큰 투자를 했다가 돈을 다 날린 뒤로, 두 번 다시 조바심 때문에 돈을 날리지 않았다. 부를 추구한 덕분에 나는 좋은 것들에는 시간이 걸린다는 것을 깨달았다.

> 자연은 서두르지 않는다. 그럼에도 모든 것이 이루어진다.
>
> 노자

9. 희생 Sacrifice

부를 추구하는 일은 희생을 가르쳐주었다. 나는 모든 것을 다 가질 수 없음을 받아들이고, 그리하여 돈과 시간 사이에서 선택해야 했다. 부를 일구기 위해 시간을 희생하기로 택했다. 또한 '지금' 원하는 것과 '가장' 원하는 것 사이에서 선택하는 법을 배웠다. 부를 얻기 위해서는 욕망을 희생하여 저축해야 한다. 부를 추구한 덕분에 나는 희생의 미덕을 배웠다.

> 희생 없이는 보상도 없다.
>
> 칼슨 그레이시

10. 극기 Self-Mastery

부를 추구하는 일에는 극기가 필요하다. 나는 매일 돈에 대한 믿음을 다시 세웠다. 내가 엄청난 부를 이룰 만한 자격이 있다고 스스로 확신했다. 내 발전을 방해하는 것들을 그만두었고, 이전에 보지 못했던 기회들을 알아차렸다. 정신을 통제하여 부를 창출하는 행동들을 하게 되었다. 부를 추구한 덕분에 나는 내 성정을 더욱 더 튼튼하게 하고, 생각을 다스리는 법을 배웠다.

자신의 생각을 다스리고 실천하라.

나폴레온 힐

11. 용기 Courage

부를 추구하는 일에는 두려움과 용기 사이의 싸움이 끊임없이 수반된다. 내 용기는 어마어마하게 불확실한 시기에 앞으로 나아가는 행동 그이상이 아니다. 나에게 용기는 힘든 선택을 하는 것이다. 이는 불확실성의 세계로 걸어 들어가는 능력이다. 난관에 부닥칠 때마다 내 역량은 그 일에 맞춰 커졌다. 부를 추구한 덕분에 용기의 미덕을 배웠다.

행운은 용감한 자를 좋아한다.

베르길리우스

12. 전념 Commitment

부를 추구한 덕분에 전념하는 법을 배웠다. 내게 맞는 직업, 그러니까 내 가치관, 성향, 재주, 야망, 내면의 목소리에 적합한 일을 선택했다. 부유한 삶을 살기 위해 이런 개인적 요소들과 조화를 이루는 일에 전념했다. 부를 추구했기 때문에, 내가 사랑하는 노동에 전념하는 방법을 배웠고, 그 미덕은 초과 수익으로 되돌려 받았다.

너 자신으로 있어도 괜찮다는 걸 기억하라.

리처드 브랜슨

13. 정확한 판단 Accurate Judgement

부를 추구하는 일에는 계속 정확한 판단을 해나갈 것이 요구된다. 정확한 결정은 발전을 이끌고, 잘못된 선택은 참담한 후퇴를 야기한다. 한 발 물러나 객관적으로 보고, 이성적으로 사고하는 것은 부를 일구는 데 매우 유용하지만, 나는 직관과 예감, 감정의 안내 역시 무시하지 않았다. 부를 추구한 덕분에 비판적인 판단들 속에서 내가 오류를 범할 수 있음을 인정하는 태도를 배웠다.

오류보다는 지연이 더 낫다.

토머스 제퍼슨

14. 기여 Contribution

부와 자유를 추구한 덕분에 나는 공통의 이익에 기여하는 걸 배웠다. 나의 경제 활동은 간단한 패턴을 따랐는데, 내가 한 일이 얼마나 필요한 일인지, 그것을 어떻게 잘했는지, 나를 대체하는 것이 얼마나 힘들었는지, 얼마나 많은 사람에게 기여했는지에 따라 부가 내 주머니 속으로 들어왔다. 돈은 내 기여의 가치와 규모를 보여주는 실질적인 지표였다. 숭고하게 부를 추구한 덕분에 나는 공익을 위한 귀중한 기여의 미덕도 배웠다.

인간의 기여가 근본적인 요소다.

에설 퍼시 앤드러스

15. 만족감 Satisfaction

부를 추구한 덕분에 힘을 얻었고, 매일 엄청난 만족을 느꼈고, 뜻밖의 기쁨을 발견했다. 미래에 관한 희망과 기대감으로 고군분투하는 내게 보상을 주었다. 하지만 무엇보다도, 이번 생에서 완전한 자유를 얻는 여정을 위해 내가 최선의 노력을 다하고 있다는 것에 깊은 만족감을 느꼈다.

만족감은 노력에 있다.

마하트마 간디

정원사는 컴퓨터 모니터에 쓰인 글을 다시 한번 보고는, 수정하지 않기로 했다. 완전히 진이 빠지고, 피곤하고, 고갈된, 스스로 늘 그려보았던 자신의 마지막 모습, 바로 그 상태였다.

완전히 살기 위해서는 죽을 때 만족스러운 상태로 녹초가 되어 있어야 한다고 그는 믿었다. 그것은 삶을 잘 살아낸 것에 대한 보상이었다. 그는 최선의 노력을 다하고, 자신의 능력을 전부 발휘했다.

마침내 그는 저장 버튼을 누르고, 잠자리에 들었다. 책 한 권이 자신의 우편함에 당도할 때까지, 그는 일주일 동안 영혼을 육신에 붙여두려고 의지를 발휘하여 삶에 매달렸다.

그리고 책이 도착하자, 조용한 연못으로 가지고 가서 확인해보고는 그 안에 서문을 휘갈겨 썼다. 그러고 나서 터벅터벅 집으로 돌아갔다. 그는 비닐 봉투에 그 책을 싸서 몰래 정원에 묻었다. 그렇게 그의 인생 수업은 지미가 발견하거나, 아니면 영원히 사라질 것이었다.

그는 운명에 맡기기로 했다. 마침내 만족한 그는 피곤한 듯 침대로 갔다. 마지막 순간, 평화롭기 그지없는 잠 속으로 그의 의식이 희미해져가면서, 그는 지미가 책을 발견하고, 열린 마음으로 읽고, 생각하는 것을 머릿속에 그렸다…….

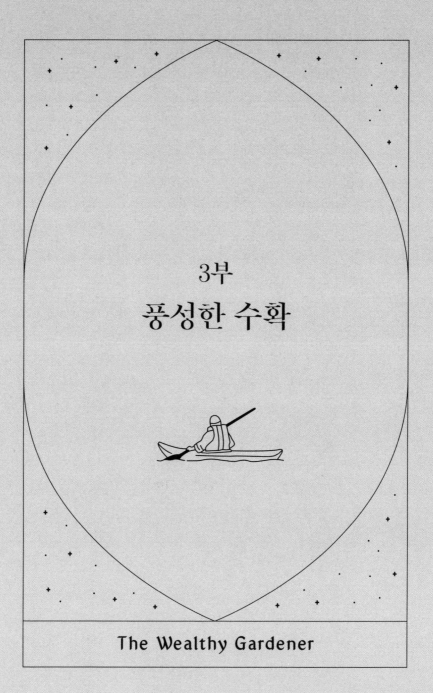

3부

풍성한 수확

The Wealthy Gardener

7장

정원사의 유산

정원사의 유산

유산 : 누군가가 뒤에 남긴 것

> 나이 든 사람들이 자신들이 그늘을 누릴 수 없다는 걸 알면서도 나무를 심을 때,
> 사회는 크게 성장한다.
>
> 그리스 속담

닫힌 관은 연못이 내려다보이는 아내의 묘비 옆에 놓여 있었다. 보슬비에 문상객들이 조금씩 줄었다. 남은 사람들은 대부분 독수리 클럽 학생들이었다. 산투스와 그의 친인척들도 있었고, 그들 옆에서 프레드의 장례식 때처럼 코니가 흐느껴 울고 있었다. 제러드는 오지 않았다. 지미가 문상 올 사람들에게 서신을 보낼 때 빼먹은 탓이었다. 서신에는 정원사가 며칠 전 작성해둔 내용이 적혀 있었다.

사람들이 관을 지나쳐 걸어갈 때, 지미의 머릿속에는 자유로운 삶을 사는 것에 대해 정원사와 나누었던 대화들이 둥둥 떠다녔다. 정원사는 정원을 가꾸는 데는 옳고 그름이 없다고 강조했지만 전혀 가꾸지 않는 것은 잘못이라고 했다. 그는 삶을 정원 일에 비유하길 좋아했고, 그것을 수없이 되풀이해 말했다.

이토록 슬픈 날 한 가지 위안이 있다면, 그건 정원사가 충실한 삶을 살다 간 것이라고 지미는 생각했다. 그는 목적을 추구하며 살았고, 자신의 시간을 의미 있게 사용하고, 스스로에게 대의를 부여했으며, 내면

의 지혜를 따르는 삶을 살았다.

장례식이 끝났고 그날도 마무리되었다. 지미는 고요한 연못으로 갔다. 참나무 아래 어두운 벤치에 홀로 앉아서 둔덕 위에 있는 두 개의 비석을 응시했다. 지미는 고요한 밤의 적막함에 감정을 쏟아냈다.

그의 시선이 조문 서신에 닿았다. 이 고적한 순간에, 먼저 이 메시지를 읽기로 했다.

우리 친애하는 정원사들에게,

삶은 경쟁이고, 그 경쟁 상대는 시간이다. 삶의 의미는 목적 있는 삶이며 여러분은 그 내용을 선택할 수 있다. 운명은 없다. 오직 결정만이 있을 뿐이다. 하지만 시곗바늘은 째깍째깍 움직인다. 게임에서 승리하기 위해서는, 오직 하루하루 승리해야만 한다. 하루를 승리하기 위해서는, 웃으라. 하루를 승리하기 위해서는, 감사하라. 하루를 승리하기 위해서는, 목적을 가지고 시간을 쓰라. 마음이 이끌리는 곳으로 가라. 내면의 지혜는 언제나 진실하다. 여러분이 자신의 길을 선택할 자유를 얻기를 바란다.

부의 정원사

유산을 찾다

장례식 다음 날, 지미의 우편함에 평범한 봉투 하나가 도착했다. 스승의 죽음을 애도하고자 한 주 휴가를 낸 지미는 그 편지를 보고 얼어붙었다. 주소란에 정원사의 글씨가 적혀 있었다. 다른 우편물들은 그대로 두고, 그는 이 편지만을 가지고 집으로 들어갔다.

지미는 소파에 앉아 말없이 봉투를 응시했다. 몇 분 후에야, 깊이 숨을 들이쉬고, 천천히 봉투를 열었다. 손편지였다.

지미에게,

소년원 아이들을 비롯해 불우한 청소년들을 위한 신탁 기금 집행자로
너를 지정한다. 또한 부에 관한 지침서를 너에게 남긴다. 내가 전하는
교훈이 담긴 보물을 발견하지 못한다면, 내 마지막 분투는 한낱 어리
석은 늙은이의 꿈이 되겠지. 운명에 그 결정을 맡긴다. 그것을 찾는 데
도움이 될 몇 가지 단서를 적어두마. 삶이라는 정원에는 표식들이 존
재하고, 너는 그 표식을 찾아야만 한다. 그러면 교훈을 얻을 수 있을 것
이다. 정원사는 정원의 비밀을 파지 않는 사람에게는 그 비밀을 누설
하지 않는다. 무엇보다도, 부의 정원사가 지닌 내면의 특성을 발견하
고, 항상 내면을 들여다보라.

너의 여정에 행운이 있기를.

부의 정원사

지미는 엄청난 혼란을 느끼면서 수수께끼를 탐구했다. 그러고 나서 몇
주 전에 들었던 이상한 말을 떠올렸다. 지미가 그 책을 받을 준비가 되
어 있다면 그 책이 지미를 찾을 것이라는 정원사의 말이었다.

지미는 대답이 있을 것이라 완전히 믿으며 명상을 했다. 그는 문
제와 씨름하지 않고, 해답이 반드시 있으리라는 걸 알고, 허용하고, 받
아들이려고 했다. 정신적 통제, 직관적 깨달음, 침착한 인내가 필요했
다. 몇 시간 동안 그는 침묵 속에 홀로 앉아 이 단어들을 반복했다. 신
호…… 교훈…… 그리고 내면의 목소리가 들려오기를 인내심 있게 기
다렸다.

첫째 날에는 아무 일도 일어나지 않았다.

둘째 날에도 지미는 믿음과 감사, 기대를 가지고 정신 수양을 이어
갔다. 갑자기 정원사의 집으로 가야 할 것 같은 느낌이 들었다. 확실치

않았지만, 정원사의 집에서 책이 있을 만한 장소를 여기저기 뒤졌다. 심지어 컴퓨터까지 켜봤지만, 암호에 가로막혔다. 암호를 찾는 힌트는 다음과 같았다.

찾고 있는 대답은 늘 자기 안에 있다.

이 메시지는 정원사가 만든 수수께끼에는 물리적 영역 이상의 것이 필요하다는 것을 알려주었다.

셋째 날 아침, 샤워를 하는데 지미의 머릿속에서 영감이 번쩍 떠올랐다. 그는 오랫동안 잊고 있던 정원에 있는 표지판을 떠올렸다. 정원사가 소년원에서 자원 봉사한 일로 받은 선물이었다.

이 번뜩임은 우리가 강렬한 믿음을 가지고 원하는 결과에 정신을 완전히 집중할 때, 아이디어가 떠오르고 계획이 생긴다는 마지막 교훈이라고 지미는 생각했다.

지미는 정원사의 집 뒤뜰로 향했고, 땅 깊숙이 꽂힌 철제 표지판을 발견했다. 그는 무릎을 꿇고 앉아서, 독수리 클럽의 선언문을 읽었다.

세상에서 가장 부유한 정원사

세상에서 가장 부유한 정원사는 시간을 들여 삶을 이룩한 사람이며, 조건에 구애받지 않는 태도를 익힌 사람이다. 스스로 얻는 것 외에 어느 것도 허용하지 않으며, 결과에 상관 없이 노력에 대한 자부심을 아는 사람이며, 적은 것에 만족하기보다 "나라고 안 될 게 뭐야?"라고 조용히 묻는 사람이다.

그는 비현실적인 선지자이며 때론 조롱받을 각오를 한 사람이고, 독립적으로 생각하는 사람이다. 그리고 영혼의 이끌림을 따랐을 때 무슨 일이 벌어질지 궁금해하면서 후회할 일을 저지르지 않도록 내면의 목소리에 귀 기울이는 사람이다.

그는 목적을 가지고 살아가는 사람이다. 매일 나가서 열심히 일하는 사람이다. 행복보다는 만족감을 추구하는 사람이다. 차이를 만들어내고, 세상을 더 나은 곳으로 만들려는 사람이다. 그러나 자신의 행동들이 영향력을 발휘하지 못했을 때도, 노력을 다하지 않아서 실패한 게 아님을 아는 사람이다.

마침내 삶의 마지막 순간에 이르러 목적을 지니고 열정과 양심에 따라 살았노라 말할 수 있는 사람이다.

정원에 꽂힌 이 표지판은 정원사의 특성을 묘사하고 있었으며, 이는 실로 정원의 간판이었다. 그 옆에 무릎을 꿇고 앉아서, 지미는 자신을 이곳으로 이끈 내면의 지혜에 경이로움을 느꼈다.

지미는 표지판이 꽂힌 흙을 파기 시작했다. 곧바로 아래 묻혀 있던 비닐 봉투가 나타났다. 봉투 안에는 딱딱한 표지를 씌운 책이 있는 듯한 느낌이 왔고, 지미는 축축한 흙바닥에 주저앉아 내용물을 열어보았다. 그 보물을 펼치는 그의 손이 떨렸다.

책 사이에 쪽지 한 장이 끼어 있었지만, 그는 먼저 책 표지를 살펴보았다. 제목은 부의 정원사들을 위한 지침서였고, 작자는 미상이었다. 그는 책을 펼치고 헌사를 읽었다. '문제 많은 정원과 미래의 숙련된 정원사들에게 바친다.' 그러고 나서 그는 책 사이에서 쪽지를 꺼냈다.

지미에게,

나는 침묵의 힘이다. 나는 번뜩이는 생각, 예감, 영감, 아이디어, 충동, 끌림, 떨림, 본능을 통해 너에게 말을 건다. 나는 육감이다. 무언가가 무척이나 제대로 되지 않을 때 느껴지는 거부감, 그것이 제대로 된 것일 때 느껴지는 차분함이다.

나는 네 내면의 지혜다. 나는 보이지 않는 힘이다. 나는 우연한 행운이
며, 네 지속적인 믿음에 따라 발생하는 기회다. 나는 경이, 경탄, 경외,
생명, 기적이다. 나는 협력적인 에너지로서, 네 일상의 명료함, 전략, 헌
신, 집중, 믿음에 따른 모든 열망을 돕는다. 나는 네가 감각하는 것 그 이
상이다. 정원에서 고군분투하는 것이 나를 가장 잘 기리는 일이다.

익명의 누군가로부터

지미는 그 쪽지를 두 번 읽었고, 책을 펼치고 있으니 정원사가 옆에 있
는 듯한 기분이 들었다. 이 느낌을 따라서 그는 둔덕 위 연못이 내려다
보이는 자리에 세워진 두 개의 비석으로 터덜터덜 다가가 한적한 벤치
에 앉았다. 무릎에 이 책을 올려놓고, 첫 문장을 읽기 시작했다.

마지막 당부

고독한 형상 하나가 생각에 잠긴 채 황무지를 따라 걸어가고 있었다. 갑자기 그가 인근 정원 옆에 발길을 멈췄다. 한 정원사가 따분한 노동에 완전히 빠져 있었다. 그 해는 AD 1200년, 정원사는 로마 가톨릭교회의 수사 아시시Assisi의 성 프란치스코였다.

길을 걷던 이방인은 장차 성자가 될 수도사에게 이상한 질문을 하나 던졌다. "만일 오늘 밤에 생이 끝난다면, 당신 인생의 마지막이 될 오늘을 어떻게 보내시겠습니까?"

성 프란치스코는 잠시 멈춰 생각하고는 심오하게 대답했다. "내 정원에서 계속 괭이질을 할 겁니다." 그러고 나서 그는 하던 일을 이어서 했다.

부를 쌓고 만족스러운 삶을 사는 데 있어 가장 중요한 핵심은 삶과 사회에 관한 정신적 태도에 있다.

나는 이 책에 내 생각과 믿음을 모두 펼쳐놓았다. 내가 모든 것을 안다고 말하지는 않겠다. 하지만 내게 무엇이 도움이 되었는지는 알고 있다. 확실히 말할 수 있는 건, 부로 향하는 문이 열리기까지는 정말 쉽지 않았다는 사실이다.

만일 이 책이 도움이 되었다면, 해답을 찾는 친구에게 건네주길 바란다. 경제적 자유를 찾는 당신과 같은 친구에게 말이다.

아들을 위해 이 책을 쓰는 동안 나는 이것이 아들의 아이들에게, 또 그 아이들의 아이들에게 도움을 줄 수 있기를 바랐다. 나는 그들이 부를 일구는 방식들을 이해하길 바란다.

경제적 성공의 의미는 시간에 따라 바뀌겠지만, 그 법칙들은 하늘의 별자리들처럼 변치 않고 유지될 것이다.

이 인생 수업을 다른 사람들과 함께 나누길 바란다.

지은이 존 소포릭John Soforic

특별한 재능이나 전문 기술, 뛰어난 학력 등 차별화된 경쟁력 없이 20대를 시작했다. 부의 상징인 돈은, 없으면 불편함을 넘어서 삶을 불안과 공포, 절망 상태로 끌고 갈 수 있다는 것을 경험했다. 척추 교정사로 일하며 평범한 소득을 벌었지만 평생 부를 추구하는 삶을 산 끝에 성공적인 부동산 사업가가 되었다. 진짜 부란 '경제적 자유'라는 믿음으로, 아들에게 부자가 되기 위한 지혜를 들려주기 위해『부자의 언어』를 썼다.

옮긴이 이한이

출판기획자이자 번역가로 활동하고 있다. 옮긴 책으로『창조적 괴짜를 넘어서』,『몰입, 생각의 재발견』,『New』,『아주 작은 습관의 힘』,『울트라러닝』,『킬러 넥스트 도어』,『지옥에서 보낸 한철』등 다수가 있으며 지은 책으로는『문학사를 움직인 100인』이 있다.

부자의 언어 어떻게 살아야 부자가 되는지 묻는 아들에게

펴낸날 초판 1쇄 2020년 3월 25일
　　　　신판 1쇄 2023년 5월 1일
　　　　신판 10쇄 2024년 10월 27일
지은이 존 소포릭
옮긴이 이한이
펴낸이 이주애, 홍영완
편집장 최혜리
편집2팀 문주영, 박효주, 홍은비, 이정미
편집 양혜영, 박주희, 장종철, 김하영, 강민우, 김혜원, 이소연
디자인 김주연, 박아형, 기조숙, 윤소정, 윤신혜
마케팅 김태윤, 연병선, 정혜인, 최혜빈
해외기획 정미현
경영지원 박소현
펴낸곳 (주)월북 **출판등록** 제2006-000017호
주소 10881 경기도 파주시 광인사길 217
전화 031-955-3777 **팩스** 031-955-3778 **홈페이지** willbookspub.com
블로그 blog.naver.com/willbooks **포스트** post.naver.com/willbooks
트위터 @onwillbooks **인스타그램** @willbooks_pub
ISBN 979-11-5581-591-5 03320

• 책값은 뒤표지에 있습니다.
• 잘못 만들어진 책은 구입하신 서점에서 바꿔드립니다.